高等教育"十三五"规划教材

ERP沙盘模拟教程

ERP Sandbox Simulated Tutorial

童杰成　潘爱民　编著

中国矿业大学出版社

图书在版编目(CIP)数据

ERP 沙盘模拟教程 / 童杰成,潘爱民编著. —徐州:
中国矿业大学出版社,2017.10(2019.8 重印)
　　ISBN 978-7-5646-3743-9

Ⅰ. ①E… Ⅱ. ①童… ②潘… Ⅲ. ①企业管理—计算机管理系统—高等学校—教材 Ⅳ. ①F270.7

中国版本图书馆 CIP 数据核字(2017)第 264381 号

书　　名	ERP 沙盘模拟教程
编　　著	童杰成　潘爱民
责任编辑	姜　华
出版发行	中国矿业大学出版社有限责任公司
	(江苏省徐州市解放南路　邮编 221008)
营销热线	(0516)83885307　83884995
出版服务	(0516)83885767　83884920
网　　址	http://www.cumtp.com　E-mail:cumtpvip@cumtp.com
印　　刷	江苏淮阴新华印刷厂
开　　本	787×1092　1/16　印张 14　字数 350 千字
版次印次	2017 年 10 月第 1 版　2019 年 8 月第 2 次印刷
定　　价	32.00 元

(图书出现印装质量问题,本社负责调换)

前　言

随着高校经管类专业对实践教学的日益重视,沙盘模拟这种教学形式得到了前所未有的关注。企业沙盘模拟经营是配合工商管理相关专业理论教学而研发的体验式教学方式,通常的做法是以某个企业为对象,模拟企业运营的关键环节:战略规划、资金筹集、市场营销、产品研发、生产组织、物资采购、设备投资与改造、财务核算与管理等。在模拟过程中,把企业运营所处的内外部环境抽象为一系列的规则,由学生组成若干个相互竞争企业,通过模拟若干周期的经营过程,使学生模拟分析市场、制定战略、营销策划、组织生产、财务管理等一系列活动的体验,感悟企业的管理规律,提升企业管理的实践能力。

从过去教学时间看,采用"物理沙盘+计算机模拟"形式的教学效果远大于单纯的物理沙盘或电子沙盘形式。本书以 ERP 管理思想为理念,总结日常教学经验和提炼学生竞赛感悟,为工商管理类专业沙盘模拟经营实践教学提供一种贴近实战的教材。本教材主要特点如下：

1. 兼顾物理和电子沙盘的优势。物理沙盘形象直观,为学生提供一种体验式互动学习平台,使战略规划、资金筹集、市场营销、产品研发、生产组织、物资采购、设备投资与改造、财务核算等经营与管理环节形象化、直观化。电子沙盘步骤严谨,为教师提供便捷的监控后台,以利于即时地发布财务报表等信息,快捷地进行各种经营和竞争态势分析,充分发挥教师在各环节中作为调动者、观察家、引导者、分析员、教练员等角色的作用。

2. 突出 ERP 管理思想。过去的 ERP 沙盘与一般意义上的 ERP 存在"两张皮"的现象,没有考虑到 ERP 沙盘和 ERP 软件系统之间的本质联系。本教材对 ERP 管理思想、ERP 软件系统、ERP 沙盘等概念进行了严谨的界定,按 ERP 管理思想设计教学环节、制定游戏规则,使学生在紧张、有趣的游戏过程中透彻理解企业经营的基本原理,感悟企业管理的精髓。

3. 提供与各教学环节相匹配的真实案例。实战模拟虽然尽可能为学生提供了虚拟的市场环境,但与真实的企业经营仍存在较大的距离。本书在规则介绍、虚拟运营、经营评价、总结反思等教学环节选用了与教学内容严格匹配的真实案例,以期解决虚拟经营教学方式没有办法完全模拟真实市场的缺憾,使学生能够在实战模拟中正确理解 ERP 等企业管理思想。

4. 汇聚历届参赛选手智慧。历届夺得全国总冠军的参赛选手留下了许多有价值的感悟与心得,本教材从中遴选出反映学生创新思维的内容,以在经营流程各环节中设置提问的形式,引导学生进行由表及里的思考,由定性到定量的分析,培养学生透过现象看穿本质的能力。尤其是作为阅读材料的《夺冠心得》和《经营分析报告》等资料,汇聚了多位参赛选手的智慧,在引导初学者进行创新性思维、有效地进行团队协作、全方位完善专业综合素质结构等方面能起到独特示范和启发作用。

2017 版在 2013 版的基础上,主要做了如下修订:

1. 动态跟踪 ERP 最新发展和演化。例如:在第一章 ERP 概述中新增"云 ERP"概念。

2. 电子沙盘操作使用介绍以主流电子沙盘系统最新版本为蓝本。

3. 以华为、阿里巴巴等公司的典型案例替换原版本较为陈旧的案例。

4. 删繁就简,增强实用性。删去旧版教材中堆砌的部分生硬理论;附录中增加"创业者"标准规则,便于学生翻阅查找。

5. 调整内容顺序及版面格式,突出重点难点。新增"学习目标"与"课前导读",提高学生学习效率。

本书在编写过程中得到了柯明、何晓岚等专业人士的热心帮助,楚万文、孔绘、李振飞、刘勇、周晓红、陈聪等"全国大学生 ERP 沙盘模拟经营大赛"冠军队队员参与了本书的编写或提供素材,编者在此深表谢意。

对书中的不当和疏漏之处,敬请读者批评、指正。

如要获取本书工具或数据,可登录论坛 www.erpsp.cn 获取,也可在该论坛进行教学、比赛的经验交流。

编 者
2017 年 8 月

目 录

导论 ERP 与 ERP 沙盘模拟

第1章 ERP 简介 ... 3
- 课前导读 趣解 ERP 系统 ... 4
- 1.1 ERP 概述 ... 5
  - 1.1.1 ERP 的概念 ... 5
  - 1.1.2 ERP 相关概念辨析 ... 5
  - 1.1.3 ERP 的发展历程 ... 6
- 1.2 ERP 的管理思想 ... 6
  - 1.2.1 管理整个供应链资源 ... 7
  - 1.2.2 精益生产与敏捷制造 ... 7
  - 1.2.3 事先计划与事中控制 ... 7
  - 1.2.4 财务税务协同管控 ... 7
  - 1.2.5 "以人为本"的人才竞争机制 ... 8
  - 1.2.6 实现企业创新发展 ... 8
- 1.3 ERP 的系统功能 ... 8
  - 1.3.1 生产管理模块 ... 8
  - 1.3.2 财务管理模块 ... 9
  - 1.3.3 物流管理模块 ... 10
  - 1.3.4 人力资源管理模块 ... 11
- 1.4 ERP 的实施效益 ... 12
- 阅读理解 互联网时代下 ERP 的新发展——云 ERP ... 14

第2章 ERP 沙盘模拟简介 ... 15
- 课前导读 沙盘模拟课程的起源 ... 16
- 2.1 ERP 沙盘模拟的含义 ... 17
- 2.2 "ERP 沙盘模拟"课程的组成 ... 18
  - 2.2.1 沙盘教具 ... 18
  - 2.2.2 课程设计 ... 18
  - 2.2.3 教学主体 ... 21
- 2.3 ERP 沙盘模拟的意义 ... 21
  - 2.3.1 领悟意会性知识 ... 21
  - 2.3.2 提升管理技能 ... 22
  - 2.3.3 拓展综合素质 ... 24

    2.3.4 实现"知行合一"的目标……………………………………………25
   阅读理解 各类模拟经营系统介绍……………………………………………25

上篇 规绳矩匿：认识ERP沙盘

第3章 沙盘模拟经营规则……………………………………………………29
   课前导读 稻盛和夫：京瓷哲学手册精选………………………………30
3.1 认识物理盘面………………………………………………………31
    3.1.1 生产中心……………………………………………………32
    3.1.2 物流中心……………………………………………………33
    3.1.3 营销与规划中心……………………………………………34
    3.1.4 财务中心……………………………………………………35
    3.1.5 制造业运营流程……………………………………………36
3.2 市场规则……………………………………………………………37
    3.2.1 市场划分与市场准入………………………………………37
    3.2.2 参加订货会选取订单………………………………………38
3.3 企业运营规则………………………………………………………40
    3.3.1 厂房购买、出售与租赁……………………………………40
    3.3.2 生产线购买、转产与维修、出售…………………………40
    3.3.3 产品生产……………………………………………………42
    3.3.4 原材料采购…………………………………………………42
    3.3.5 产品研发与国际认证体系…………………………………42
    3.3.6 企业筹资方案………………………………………………43
3.4 经营评比规则………………………………………………………45
    3.4.1 违规及扣分…………………………………………………45
    3.4.2 破产清算……………………………………………………45
    3.4.3 评分标准……………………………………………………45

第4章 企业运营说明…………………………………………………………47
   课前导读 精益管理与六西格玛…………………………………………48
4.1 "创业者"平台介绍…………………………………………………49
4.2 企业运营流程………………………………………………………50
    4.2.1 年初4项工作………………………………………………51
    4.2.2 每季度18项工作……………………………………………54
    4.2.3 年末5项工作………………………………………………62
4.3 企业运营记录………………………………………………………63
    4.3.1 财务处理要点与综合费用表………………………………64
    4.3.2 企业的经营成果……………………………………………65
    4.3.3 企业的财务状况……………………………………………66

中篇　运筹帷幄：管理自己的企业

第5章　企业经营与管理 71
　　课前导读　华为的管理哲学 72
　5.1　企业经营的本质——股东权益最大化 73
　　5.1.1　企业效益 73
　　5.1.2　企业生存 73
　　5.1.3　企业盈利 74
　5.2　职能定位——分工协作，人尽其才 74
　　5.2.1　首席执行官(CEO) 75
　　5.2.2　营销总监(CMO) 75
　　5.2.3　财务总监(CFO) 76
　　5.2.4　生产总监(CPO) 76
　　5.2.5　采购(物流)总监(CLO) 77
　5.3　战略决策——谋定而后动 77
　　5.3.1　企业战略的含义 78
　　5.3.2　企业战略的内容 78
　　5.3.3　选择战略 79
　　5.3.4　战略调整 79
　5.4　科学规划——企业发展了然于心 80
　　5.4.1　商业情报分析 80
　　5.4.2　产品定位 81
　　5.4.3　生产计划 83
　　5.4.4　采购计划 84
　　5.4.5　销售计划 84
　　5.4.6　设备管理 85
　　5.4.7　资金管理 85
　5.5　执行与控制——为企业经营保驾护航 87
　　5.5.1　任务清单 87
　　5.5.2　订单登记表 87
　　5.5.3　产品核算统计表 88
　　5.5.4　综合费用明细表 88
　　5.5.5　利润表 89
　　5.5.6　资产负债表 89

第6章　解密企业经营 91
　　课前导读　宝洁为什么会衰败，而且永远不能复苏？ 92
　6.1　战略决策 93
　　6.1.1　以长期战略规划为指导 93

  6.1.2 以销售预测为起点 ·· 93
  6.1.3 以竞争对手分析为基础 ··· 93
  6.1.4 以营销、生产、采购、财务的紧密结合为保障 ················· 94
6.2 财务板块 ··· 94
  6.2.1 财务预算 ··· 94
  6.2.2 融资策略 ··· 95
  6.2.3 税收管理 ··· 97
  6.2.4 财务费用最小化 ·· 98
6.3 市场板块 ··· 98
  6.3.1 市场领导者地位 ·· 99
  6.3.2 商业间谍 ··· 99
  6.3.3 广告投放策略 ·· 100
  6.3.4 选单策略 ··· 101
6.4 生产板块 ··· 102
  6.4.1 产品组合策略 ·· 102
  6.4.2 企业生产 ··· 103
  6.4.3 生产线分析 ··· 103
6.5 采购板块 ··· 104
  6.5.1 零库存管理 ··· 104
  6.5.2 百变库存管理 ·· 104
  6.5.3 紧急采购 ··· 105
6.6 团队管理 ··· 105
  6.6.1 创造良好氛围 ·· 106
  6.6.2 修炼领导力 ··· 106
  6.6.3 摆正心态 ··· 106
阅读理解 第十二届全国大学生"新道杯"沙盘模拟经营大赛夺冠心得 ············ 106

下篇 鞭辟入里：评析企业的价值

第 7 章 企业评价 ·· 117
课前导读 小米1.4亿元冠名《奇葩说》，这笔钱砸得值吗？ ························· 118
7.1 营销业绩 ··· 119
  7.1.1 广告投入产出分析 ·· 119
  7.1.2 市场占有率分析 ·· 120
7.2 透过财务看经营 ··· 121
  7.2.1 财务分析的基本方法 ··· 121
  7.2.2 五力分析 ··· 122
  7.2.3 成本结构变化分析 ·· 125
  7.2.4 产品盈利分析 ·· 127
  7.2.5 杜邦分析——挖掘影响利润原因的工具 ························· 128

7.2.6　资金周转分析——筹集资金的依据 ································ 130
　　　7.2.7　资金使用效果分析——资金利用的优劣评判 ···················· 131
　7.3　企业综合评价 ·· 131
　　　7.3.1　企业决胜 ··· 131
　　　7.3.2　平衡计分卡 ·· 132

第8章　企业经营分析报告 ··· 135
　课前导读　阿里巴巴第四财季业绩：收入同比增60%、净利同比增38% ···· 136
　8.1　企业经营分析报告概述 ··· 137
　　　8.1.1　经营分析报告的类型 ·· 137
　　　8.1.2　经营分析报告的使用者和编制者 ·································· 137
　　　8.1.3　经营分析报告编制的基本要求 ····································· 138
　8.2　企业经营分析报告的编制 ·· 138
　　　8.2.1　企业经营分析报告的基本格式 ····································· 138
　　　8.2.2　企业经营分析报告的结构要素 ····································· 139
　　　8.2.3　企业经营分析报告的主要内容 ····································· 139
　　　8.2.4　成本控制部门的经营分析报告 ····································· 140
　　　8.2.5　利润控制部门的经营分析报告 ····································· 141
　阅读材料　ERP沙盘模拟经营分析报告 ······································· 143

附录 ·· 152
　附录A　企业经营过程记录表 ·· 152
　附录B　生产计划及采购计划 ·· 187
　附录C　开工计划 ·· 190
　附录D　采购及材料付款计划 ·· 191
　附录E　公司贷款记录 ·· 192
　附录F　公司应收款登记表 ··· 193
　附录G　杜邦模型 ·· 194
　附录H　市场预测 ·· 195
　附录I　ERP沙盘模拟经营规则速查表 ······································· 209

参考文献 ··· 212

导 论

ERP 与 ERP 沙盘模拟

第 1 章

ERP 简介

学习目标

◇ 了解 ERP 及其相关概念
◇ 熟悉 ERP 管理思想的主要内容
◇ 了解 ERP 软件系统功能的主要内容
◇ 通过搜集资料了解实施 ERP 对企业的意义

课前导读

趣解 ERP 系统

一天中午,丈夫在外给家里打电话:"亲爱的老婆,晚上我想带几个同事回家吃饭,可以吗?"(订货意向)

妻子:"当然可以,来几个人,几点来,想吃什么菜?"

丈夫:"6 个人,我们 7 点左右回来,准备些酒、烤鸭、番茄炒蛋、凉菜、蛋花汤,你看可以吗?"(商务沟通)

妻子:"没问题,我会准备好的。"(订单确认)

妻子记录下需要做的菜单(MPS 计划),具体要准备的东西:鸭、酒、番茄、蛋、调料……(BOM 物料清单),发现需要:1 只鸭,5 瓶酒,4 个鸡蛋(BOM 展开),炒蛋需要 6 个鸡蛋,蛋花汤需要 4 个鸡蛋(共用物料)。打开冰箱一看(库房),只剩下 2 个鸡蛋(缺料)。

来到自由市场,妻子:"请问鸡蛋怎么卖?"(采购询价)

小贩:"1 个 1 元,半打 5 元,1 打 9.5 元。"

妻子:"我只需要 8 个,但这次买 1 打。"(经济批量采购)

妻子:"这有一个坏的,换一个。"(验收、退料、换料)

回到家中,准备洗菜、切菜、炒菜……(工艺线路),厨房中有燃气灶、微波炉、电饭煲(工作中心)。妻子发现拔鸭毛最费时间(瓶颈工序,关键工艺路线),用微波炉自己做烤鸭可能来不及(产能不足),于是在楼下的餐厅里买现成的烤鸭(产品委外)。

下午 4 点,接到儿子的电话:"妈妈,晚上几个同学想来家里吃饭,你帮忙准备一下。"(紧急订单)

"好的,你们想吃什么,爸爸晚上也有客人,你愿意和他们一起吃吗?"

"菜你看着办吧,但一定要有番茄炒鸡蛋,我们不和大人一起吃,6:30 左右回来。"(不能并单处理)

"好的,肯定让你们满意。"(订单确定)

"鸡蛋又不够了,打电话叫小贩送来。"(紧急采购)

6:30,一切准备就绪,可烤鸭还没送来,急忙打电话询问:"我是李太太,怎么订的烤鸭还不送来?"(采购委外单跟催)

"不好意思,送货的人已经走了,可能是堵车吧,马上就会到的。"

门铃响了。"李太太,这是您要的烤鸭。请在订单上签一个字。"(验收、入库、转应付账款)

6:45,女儿的电话:"妈妈,我想现在带几个朋友回家吃饭可以吗?"(紧急订购意向,要求现货)

"不行呀,女儿,今天妈妈已经需要准备两桌饭了,时间实在是来不及,真的非常抱歉,下次早点说,一定给你们准备好。"(这就是 ERP 的使用局限,需要有稳定的外部环境,要有一个起码的提前期)

送走了所有客人,疲惫的妻子坐在沙发上对丈夫说:"亲爱的,现在咱们家请客的频率非常高,应该要买些厨房用品了(设备采购),最好能再雇个小保姆。"(人力资源系统存在缺口)

丈夫:"家里你做主,需要什么你就去办吧。"(通过审核)

妻子:"还有,最近家里花销太大,用你的私房钱来补贴一下,好吗?"(最后就是应收货款的催要)

相信通过这则小故事,大家一定初步了解了什么是ERP。实施企业资源计划(ERP)是中国企业顺应历史潮流,走向世界市场的必然趋势。ERP强调在管理变革的基础上,实现企业的信息化建设,体现了企业迈向知识经济时代,顺应管理革命发展趋势的要求,是提高企业管理水平的有效手段。

1.1 ERP 概述

1.1.1 ERP 的概念

ERP(Enterprise Resource Planning)是企业资源规划的简称,是20世纪90年代初由美国著名咨询公司Gartner Group总结MRPⅡ的发展趋势而提出的一种全面企业管理模式。它是指建立在信息技术的基础上,利用现代企业的先进管理思想,通过对企业内外资源的优化配置以实现信息流、物流、资金流的全面集成,为企业提供决策、计划、控制和经营业绩评估的管理平台。企业资源计划的实质就是在资源有限的情况下,对企业的生产经营活动进行事先计划、事中控制和事后反馈,从而达到合理利用企业资源、提升企业应变能力、增强企业市场竞争力和实现企业经济效益最大化的目的。

Gartner Group 提出 ERP 具备的功能标准应包括 4 个方面。

◇ 超越 MRPⅡ 范围的集成功能,包括质量管理、试验室管理、流程作业管理、配方管理、产品数据管理、维护管理、管制报告和仓库管理。

◇ 支持混合方式的制造环境,包括既支持离散又支持流程的制造环境,按照面向对象的业务模型组合业务过程的能力和国际范围内的应用。

◇ 支持能动的监控能力,提高业务绩效。包括在整个企业内采用控制和工程方法,模拟功能,决策支持和用于生产及分析的图形能力。

◇ 支持开放的客户机/服务器计算环境。包括客户机/服务器体系结构,图形用户界面(GUD),计算机辅助设计工程(CASE),面向对象技术,使用SQL对关系数据库查询,内部集成的工程系统、商业系统、数据采集和外部集成(EDI)。

1.1.2 ERP 相关概念辨析

对于初次了解ERP的读者来说,有时可能弄不清什么是ERP,什么是ERP系统。而对于学习ERP沙盘模拟的学生来说,甚至误把ERP沙盘当成企业经营管理所用的ERP系统。为此,下面将相关概念从含义和逻辑关系上予以辨析。

◇ ERP 管理思想:ERP首先体现出来的是先进的管理思想,内在地包含着通过标准化的业务流程和信息数据,帮助企业整合各种资源,提升运营效率和经营水平的管理思想。

◇ ERP 管理系统:ERP管理系统采用现代信息技术,集成ERP管理理念与企业业务实践,借助ERP应用软件,为企业产、供、销、财务等人员提供统一平台,贯彻统一的业务流程,存储企业各项基础业务数据,产生管理报表,全面体现企业经营状况,形成完整的综合管理系统。

◇ ERP软件产品:ERP管理思想通过实施成熟的企业级管理信息系统得以实现。这些软件产品基于优化和通用的业务流程开发,实现在统一技术平台上的信息共享。

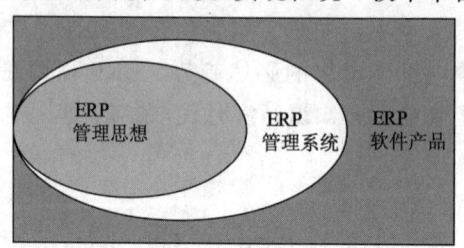

图1-1　ERP相关概念逻辑关系

1.1.3　ERP的发展历程

纵观ERP的发展历程,它主要经历了四个阶段,即订货点法、物料需求计划(MRP)、制造资源计划(MRPⅡ)和企业资源规划(ERP)。

订货点法起源于20世纪30年代,在此之前,传统库存管理系统采用发出订单和催货的计划管理模式。订货点法是在当时的条件下为避免缺货的发生而提出的一种按过去的经验预测未来的物料需求的方法,它是通过制定订货点来确定订货时间,再通过提前期来确定需求日期。这种做法其实是本末倒置的,从而引发了时段式MRP的产生。时段式MRP通过物料清单(BOM)把所有物料的需求联系起来,并对物料的库存状态数据引入了时间分段的概念。

20世纪70年代,由于计算出来的物料需求通常会因为设备和工时的不足而导致生产的耽误,从而造成整个计划的调整。为了解决这个问题,MRP系统在70年代发展了闭环MRP系统。这个闭环MRP系统在将物料需求计划纳入的同时,还将生产能力需求计划、车间工作计划和采购计划也纳入了系统中,形成了一个内部的封闭式系统。

闭环MRP系统的出现使生产管理的各个子系统得到了统一,但是生产管理过程中涉及的主要是物流一个方面,与物流相关的资金仍然被独立出来由财务人员进行单独管理。于是,在20世纪的80年代,人们开始将生产、财务、销售、物流、采购等各个子系统集成起来,形成了制造资源计划(Manufacturing Resource Planning)系统,即MRPⅡ阶段。

20世纪90年代以来,由于经济全球化和市场国际化的发展趋势,制造业所面临的竞争更加激烈。以客户为中心、面向整个供应链成为新形势下企业发展的思想开始被提出,MRPⅡ开始正式进入ERP时代。

1.2　ERP的管理思想

ERP对企业所拥有的人、财、物、信息综合资源进行平衡和优化管理,协调企业各管理部门,围绕市场导向开展业务活动,提高企业的核心竞争力,从而取得最好的经济效益。对于一个企业而言,管理思想是ERP的核心和灵魂,管理手段和信息手段为企业更好地实施和应用ERP系统提供了辅助的作用。总的来说,ERP的管理思想的核心是实现对整个供应链和企业内部业务流程的有效管理,主要体现在以下几个方面。

1.2.1 管理整个供应链资源

在知识经济时代企业仅靠自己的资源不可能有效地参与市场竞争,还必须把经营过程中的有关各方如供应商、制造工厂、分销网络、客户等纳入一个紧密的供应链中,才能有效地安排企业的产、供、销活动,满足企业利用全社会一切市场资源快速、高效地进行生产经营的需求,以期进一步提高效率和获得竞争优势。换句话说,现代企业竞争不只是单一企业与单一企业之间的竞争,而是一个企业供应链与另一个企业供应链之间的竞争。ERP实现了对整个企业供应链的管理,适应了企业在知识经济时代市场竞争的需要。

1.2.2 精益生产与敏捷制造

ERP支持对混合型生产方式的管理,主要管理思想表现在两个方面:其一是"精益生产"(Lean Production),它是由美国麻省理工学院提出的一种企业经营战略体系,即企业按大批量生产方式组织生产时,把客户、销售代理商、供应商、协作单位纳入生产体系,企业同其销售代理、客户和供应商的关系是利益共享的合作伙伴关系,这种合作伙伴关系组成了一个企业的供应链,这就是精益生产的核心思想。其二是"敏捷制造"(Agile Manufacturing),当市场发生变化,企业遇有特定的市场和产品需求时,其基本合作伙伴不一定能满足新产品开发生产的要求,这时,企业会组织一个由特定的供应商和销售渠道组成的短期或一次性供应链,形成"虚拟工厂",把供应和协作单位看成是企业的一个组成部分,运用"同步工程"(Simultaneous Engineering)组织生产,用最短的时间将新产品打入市场,时刻保持产品的高质量、多样化和灵活性,这即是敏捷制造的核心思想。

1.2.3 事先计划与事中控制

ERP的计划体系主要包括主生产计划、物料需求计划、能力计划、采购计划、销售执行计划、利润计划、财务预算和人力资源计划等,这些计划功能与价值控制功能已完全集成到整个供应链系统中。同时,ERP系统通过定义与事务处理相关的会计核算科目与核算方式,以便在事务处理发生的同时自动生成会计核算分录,保证了资金流与物流的同步记录和数据的一致性。

此外,计划、事务处理、控制与决策功能都在整个供应链业务处理流程中实现,要求在每个流程业务处理过程中最大限度地发挥每个人的工作潜能与责任心,流程与流程之间则强调人与人之间的合作精神,以便在有机组织中充分发挥个体的主观能动性,实现企业管理从"高耸式"组织结构向"扁平式"组织机构的转变,提高企业对市场动态变化的响应速度。

1.2.4 财务税务协同管控

针对企业不同成长阶段的需要,ERP在充分发挥财税领域优势的基础上,推出了拥有"税务会计处理系统"的"懂税的ERP"产品,对企业经营过程涉及的诸多税种(增值税、所得税、营业税、消费税、关税、出口退税等)进行业务处理,既可准确核算各种应纳税金进行申报纳税,提高财税人员工作效率,也可对企业账务、票证、经营、核算、纳税情况进行评估,更好地帮助企业正确执行国家税务政策，进行整体经营筹划及纳税风险防范，为企业管理决策献计献策，为创造利润打下坚实基础。最终实现财务税务互联、实时动态管理的目标。

1.2.5 "以人为本"的人才竞争机制

在 ERP 的管理思想中，"以人为本"的管理思想一直占据着重要的地位，但是"以人为本"的前提是在企业内部建立合理的人才竞争机制。在企业的内部管理中，仅仅依靠员工自身的自觉性和职业道德是远远不够的，因此，ERP 主张建立"以人为本"的人才竞争机制，依照员工们自身个性的特点以及工作能力的高低为其制定相应的工作评价标准，并作为约束其行为的原则和进行绩效评估的依据，督促每个员工能够达到自身订立的标准，并鼓励员工不断地超越这个标准。

1.2.6 实现企业创新发展

创新已成为 21 世纪以来炙手可热的一个词，采用创新管理机制的企业往往能够提高企业的工作效率，节约劳动成本。ERP 在一定程度上有助于企业实现创新，而这种创新主要体现在体制的创新，其意义在于能够帮助企业建立一种新型管理机制，加强企业内部之间的交流与监督，保证每个员工都能自觉发挥自身的潜能投入到工作中去，同时将员工的薪酬与他们所付出的劳动成果紧密相连。

1.3　ERP 的系统功能

ERP 系统功能是为了解决企业中面临的各种业务问题所具有的能力。虽然 ERP 系统基本原理是非常明确的，但是在 ERP 系统基本原理的基础上形成的 ERP 系统功能却是模糊的，不同的 ERP 厂商提供的产品功能也不尽相同。但是各种 ERP 软件的原理是一致的，基于 ERP 系统的一般原理，目前用于生产企业的 ERP 软件的系统功能一般包括四个方面的内容：

(1) 生产管理模块：包括主生产计划、物料需求计划、能力需求计划、车间管理和制造标准等；

(2) 财务管理模块：包括会计核算、财务管理等；

(3) 物流管理模块：包括分销管理、库存管理、采购管理等；

(4) 人力资源管理模块：包括人事管理、招聘管理等。

1.3.1 生产管理模块

生产控制管理是 ERP 系统的核心功能，它将企业的整个生产过程有机地结合起来，使得企业能够有效地降低库存、提高效率，同时使原本分散的生产环节自动衔接，使生产流程得以连贯顺畅地进行，而不会出现生产脱节、延误产品交货时间的现象。生产控制管理是一个以计划为先导的先进的生产管理方法。首先，企业确定生产计划大纲，再经过系统层层细分之后，下达到各部门执行；生产部门和采购部门分别据此生产和采购相关物资。具体内容包括以下五个方面。

1. 主生产计划

主生产计划(Master Production Schedule,MPS)是确定每个具体的产品在具体的时间段的生产计划,并根据生产计划大纲、经验预测和客户订单来安排各周期中提供产品的种类和数量。主生产计划在 ERP 中起着承上启下的作用,实现从宏观计划到微观计划的过渡与连接,它既是企业在一段时间内生产活动的安排,又是联系客户与企业的桥梁。

2. 物料需求计划

物料需求计划(Material Requirement Planning,MRP)是根据主生产计划和物料清单、工艺路线以及库存等信息,将最终产品分解成零部件生产作业计划和原材料、外购件的采购作业计划的过程。在制定企业产品总生产计划后,企业确定最终产品的数量,再根据对历史物料使用情况的分析以制定物料清单,把整个企业要生产的产品数量转化为企业生产所需要的零部件数量,再与企业现有的库存量进行对比,制定采购清单。

3. 能力需求计划

能力需求计划(Capacity Requirements Planning,CRP)是在得出初步的物料需求计划之后,对各生产阶段和工作中所需的各种资源进行精确计算,得出人力负荷、设备负荷等资源负荷情况,并做好生产能力与生产负荷的平衡工作。能力需求计划是一种短期的、当前实际可行的计划。

4. 车间管理

车间管理是随着时间变化的动态作业计划,是将作业分配到具体的各个车间进行作业排序、作业管理、作业监控。车间管理处于 ERP 的计划执行与控制层,其管理目标是按物料需求计划的要求,按时、按质、按量与低成本完成加工制造任务。

5. 制造标准

制造标准主要来源于企业在编制计划过程中所需要的生产制造方面的信息,这些信息主要包括零件、产品结构、工序和工作中心,都是用唯一的代码在计算机中标识。

1.3.2 财务管理模块

在企业实际经营中清晰分明的财务管理是极其重要的,因而这也是 ERP 系统整个解决方案中不能缺少的重要部分。ERP 系统中的财务管理模块和一般的会计财务软件不同,ERP 软件中的财务管理模块主要分为会计核算与财务管理两个子模块,下面做详细阐述。

1. 会计核算

会计核算主要是指记录、核算、反映和分析资金在企业经济活动中的变动过程及其结果,它由总账、应收款、应付款、现金管理、固定资产核算、多币制、工资核算、成本计算等部分构成。会计核算各部分的功能如表 1-1 所示。

表 1-1　　　　　　　　ERP 系统会计核算各模块功能

模块名称	对应功能
总账模块	处理记账凭证的输入、登记,输出日记账、一般明细账及总分类账,编制主要会计报表
应收账模块	进行发票管理、客户管理、付款管理、账龄分析等,和客户订单、发票处理业务相联系,同时对各项事件自动生成记账凭证,导入总账

续表 1-1

模块名称	对应功能
应付账模块	进行发票管理、供应商管理、支票管理、账龄分析等
现金管理模块	主要是对现金流入、流出的控制以及零用现金与银行存款的核算,包括对现金、支票、汇票和银行存款的管理
固定资产核算模块	登录固定资产卡片和明细账、计算折旧、编制报表以及自动编制转账凭证,并转入总账
多币制模块	主要负责外币业务的结算
工资核算模块	进行企业员工的工资结算、分配、核算以及各项相关经费的计提
成本计算模块	依据产品结构、工作中心、工序、采购等信息进行产品成本计算

2. 财务管理

财务管理总目标是最大化利用资金和剩余资金的最优投资。基于这样的总目标,财务管理的功能主要是基于会计核算的数据,对其加以分析,从而进行相应的预测、管理和控制活动。其中,财务分析就是通过使用用户定义的差异数据的图形显示和查询功能,对企业进行财务的绩效评估、账户分析等;财务计划就是根据前期财务分析作出下期的财务计划、预算等;财务决策是财务管理的核心部分,主要内容是作出有关于资金的决策,包括资金的筹集、投放及资金的管理。

1.3.3 物流管理模块

ERP 中的物流管理主要是由三个部分组成,即分销管理、库存管理和采购管理。物流管理是指根据物品流动的规律,运用管理原理与科学方法,对物流活动进行计划、组织、指挥、协调、控制和监督,使各项物流活动实现最佳的协调与配合,以降低物流成本,提高物流效率和经济效益。

1. 分销管理

分销管理主要包括客户信息管理、销售订单管理、销售统计与分析。它主要是通过客户信用审核及查询为企业建立一个客户信息档案,并可以对该档案进行分类管理,同时进行有针对性的客户服务,实现最高效率地保留老顾客、争取新顾客的目标。系统将根据销售订单的执行情况,依据各种指标对销售信息进行统计,生成统计报表;企业根据统计报表对实际销售效果进行分析评价。

2. 库存管理

库存管理是企业物料管理的核心,是指企业为了生产、销售等经营管理需要而对计划存储、流通的有关物品进行相应的管理,主要包括以下三方面的内容:

(1) 企业根据不同物料的实际需要设置仓库的属性,建立仓库档案;

(2) 为企业仓储的所有物料进行日常管理,如到货管理、入库管理、出库管理、调拨管理、盘点管理等;

(3) 从各个角度对库存物料信息进行分析,这是制定库存策略的重要依据,也是其他部门的信息参考依据。

3. 采购管理

采购管理是从采购计划制定、下达直到采购结算的采购活动的全过程,对采购过程中物流运动的各个环节状态进行严密的跟踪、监督,实现对企业采购活动执行过程的科学管理。其主要功能包括:基础数据管理、供应商管理、采购计划管理、采购订单管理、采购到货管理等。

1.3.4 人力资源管理模块

人力资源管理是指通过招聘、甄选、培训、报酬等管理形式对组织内外相关人力资源进行有效运用,满足组织当前及未来发展的需要,保证组织目标实现与成员发展的系列活动。其实质就是预测组织人力资源需求并作出人力需求计划、招聘人员并进行有效组织、考核绩效、支付报酬并进行有效激励、结合组织与个人需要进行有效开发以便实现最优组织绩效的全过程。

1. 人事管理

人事管理是人力资源管理的基础工作,人力资源管理也是从人事管理工作发展而来的。人事管理的业务主要包括:工种、职位的管理;人员调动职位调整;离职管理;假期管理;考勤管理;人事档案管理;住房管理等。

2. 人力资源计划管理

人力资源计划是组织为实现其发展目标,对所需人力资源进行供求预测、制定系统人力资源政策和措施,以满足自身人力资源需求的活动。人力资源计划是一种将人力资源管理与组织宏观战略相结合,并最终实现组织目标的途径。

3. 人力资源管理工作分析

人力资源管理工作分析是为了了解各种工作的特点和能胜任此种工作的人员的能力而进行的一系列活动,是对某种工作作出明确规定,并确定完成这一工作需要什么样的行为的过程。工作分析主要包括两个内容,即工作描述和工作说明书。

4. 招聘管理

招聘管理工作主要是为企业招聘到合适的人才,满足企业长期稳定发展过程中对人才的需求。人力资源管理模块中招聘系统的使用可以优化企业的招聘过程,减少工作人员的业务工作量;对招聘所花费的招聘成本进行科学的管理,从而降低招聘成本;在招聘工作开展的同时为招聘岗位提供辅助信息,并有效地帮助企业进行人才资源的挖掘。

5. 合同管理

企业的经济往来,主要是通过合同形式进行的。一个企业的经营成败与合同和合同管理有密切关系。企业合同管理是指企业对以自身为当事人的合同依法进行订立、履行、变更、解除、转让、终止以及审查、监督、控制等一系列行为的总称。它主要包括合同订立管理、合同变更管理、合同解除管理、合同到期时对合同各方意向的征询,以及劳动争议事件的记录与统计管理。

6. 报酬管理

企业报酬管理中的报酬主要分为金钱和非金钱两大类。企业中非金钱报酬通常表现为职业性激励、社会性奖励等;金钱报酬主要包含工资、奖金、福利三个部分。

7. 绩效管理

人力资源部门的绩效管理是指员工个人的绩效管理,是人力资源管理中动态性最强、内容最复杂、对员工影响最大的管理内容。绩效管理通常是由多个指标组成的,不同的岗位和不同的职位之间都会有不同的指标评价体系,而这些考核指标在进行功能设置时是灵活可变的。绩效管理强调组织目标和个人目标的一致性,强调组织和个人同步成长,形成"多赢"局面;绩效管理体现着"以人为本"的思想,在绩效管理的各个环节中都需要管理者和员工的共同参与。

上述重点分析了 ERP 系统的四大常见功能。此外,有的 ERP 系统还包括了金融投资管理、质量管理、运输管理、项目管理、法规与标准、过程控制等补充功能。ERP 的功能拓展如图 1-2 所示。

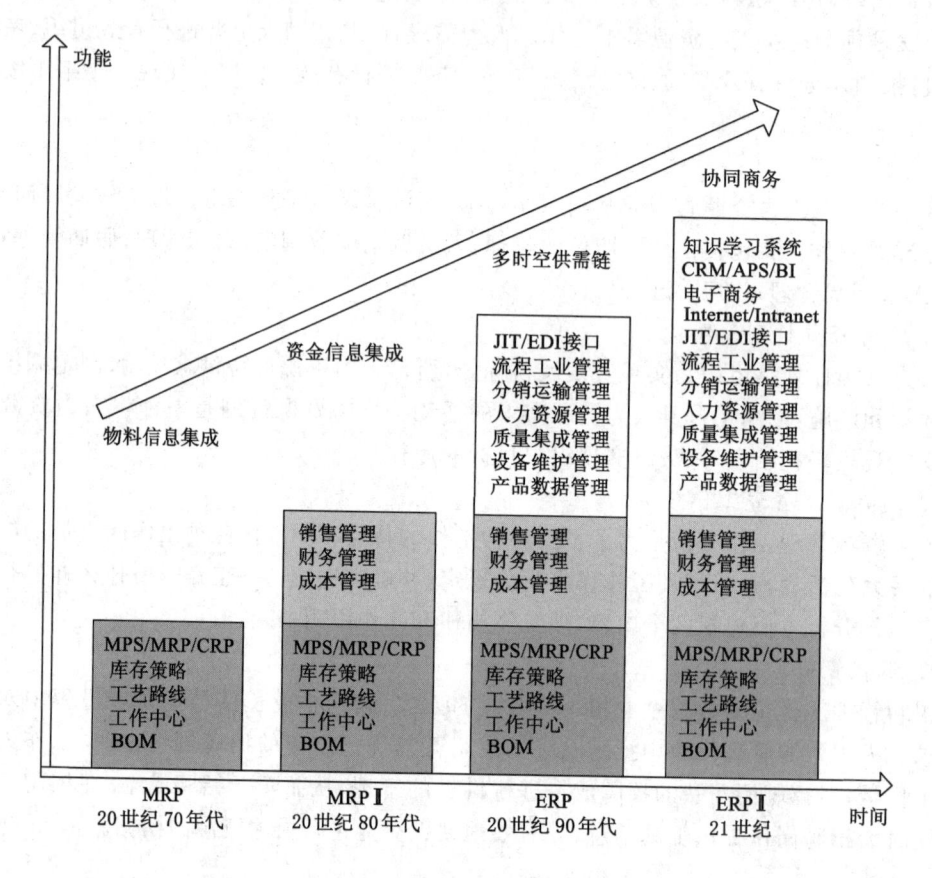

图 1-2 ERP 功能拓展图

ERP 是信息时代的现代企业向国际化发展的更高管理模式,它能更好地支持企业 CIMS(计算机集成系统)各方面的集成,并将给企业带来更广泛、更长远的经济效益与社会效益。

1.4 ERP 的实施效益

由于 ERP 能够提供一个完整而详细的计划,使企业内部各个子系统协调一致、形成一个整体,这就使得 ERP 不仅作为生产和库存的控制系统,而且还成为企业的整体计划系统,使得各部门的关系更加密切,消除了重复工作和不一致性,提高了整体的效率。ERP 的运作带来了企业根本性的变革,统一了企业的生产经营活动。

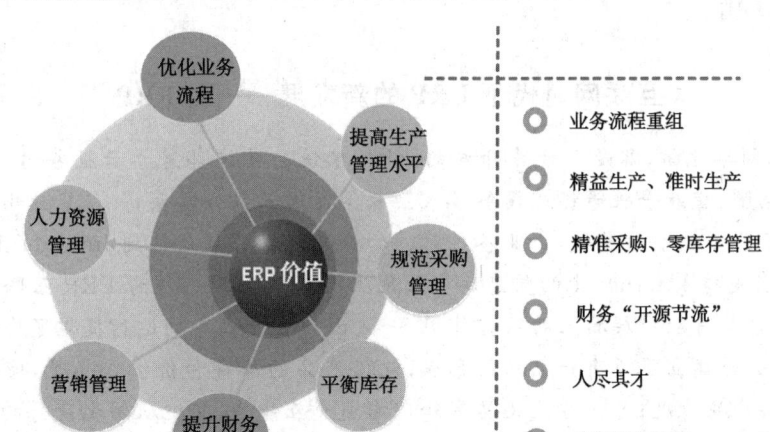

ERP带来的效益如图1-3所示,可以分为定量和定性两方面。

图 1-3 ERP实施效益说明图

就定量的效益而言,各种报道列出的项目很多,综合美国生产与库存控制学会(APICS)的统计,使用ERP系统可以为企业带来如下经济效益:

◇ 降低库存。降低包括原材料、在制品和产成品的库存。如降低库存资金占用(15%~40%),提高库存资金周转次数(50%~200%),降低库存盘点误差(控制在1%~2%)。

◇ 提高劳动生产率。如由于合理利用资源,缩短生产周期,可减少装配面积(10%~30%),减少加班工时(10%~50%),减少短缺件(60%~80%),提高生产率(5%~15%)。

◇ 降低成本。如降低采购费,减少加班费。由于生产周期缩短、库存减少而降低成本(7%~12%),增加利润(5%~10%)。

◇ 按期交货提高客户服务质量。一般按期交货履约率可达90%以上,接近100%。

◇ ERP系统同财务系统集成,可减少财务收支上的差错或延误,减少经济损失,准确核算成本,迅速报价,赢取市场业务。

就定性的效益而言,主要有以下几个方面:

◇ 企业领导和各级管理人员可随时掌握市场销售、生产和财务等方面的运行状况,不断改善经营决策,提高企业的应变能力和竞争地位。

◇ 企业员工素质和精神面貌明显变化,团队精神得到发扬,涌现出一大批既懂管理和生产,又善于应用计算机技术的复合型专业人才。

◇ 管理人员从事务主义中解脱出来,致力于实质性的管理工作,实现规范化管理。

◇ ERP形成的规范化管理,对产品质量起了一定的保证作用。

由于企业的行业、产品类型、生产规模和原有管理基础不同,ERP系统实施效益会有很大不同,国内外报道的数字不一定有可比性。不过,美国怀特公司调查的1 000多个企业的结果表明,实施ERP后,不论企业处于哪种应用级别,都会有一定的效益,只是程度不同而已。

阅读理解

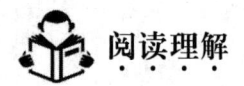

互联网时代下 ERP 的新发展——云 ERP

云 ERP，简单地讲，就是云计算开发的 ERP 系统。系统部署于云服务器端，用户可通过 PC、平板电脑、智能手机等终端设备接入互联网访问云服务器获得 ERP 应用服务。

随着电子商务技术的发展，企业各种对外的业务活动已经延伸到 Internet 上，新一代的 ERP 系统应当支持 Internet 上的信息获取及网上交易的实现。作为 ERP 互联网技术阶段的产物云 ERP 具有应用层面上的双重作用，一方面为电子商务的运行提供了即时传递信息的平台，它为公司建立了所有产品的信息库，包括产品的库存和价格信息等，使公司可以迅速查找和提供产品情况；另一方面又具有外部沟通交互能力，它把从网上获得的信息和企业内部信息很好地结合，共享数据，降低资源的浪费。因此，云 ERP 是开拓企业市场的有效渠道及管理核心。

与传统 ERP 系统相比，云 ERP 有以下几个明显的特点：

(1) 提供的是服务而非仅仅是产品。

云 ERP 提供了系统运行所需的服务器、操作系统、数据库、带宽、数据备份以及网络信息安全环境，而传统 ERP 系统的这些服务都需要用户购置和部署；对于系统的维护，云 ERP 厂商提供 7×24 小时不间断服务器及系统运维服务，无须用户自己的 IT 专业维护，为此可以节约不少的 IT 硬件投入和人力投入，同时让用户专注于自身的业务运营，把不拥有核心优势的信息系统应用服务交给专业的 ERP 厂商。

(2) 变一次性购买应用为按年（季或月）付费租赁应用。

云 ERP 在避免用户一次性 IT 投入过大的同时，也避免了更换 ERP 系统的昂贵成本，主动权交给用户，用户即使不满意，更换系统的代价也相对较小，并且用户不需要支付版本升级的费用。

(3) 数据信息更加安全。

云 ERP 厂商往往都将服务器托管于几个较为可靠的云平台，同时将应用程序和数据部署处于金融安全级别的云主机和云数据库上，配备技术过硬的防火墙系统，有效防止网络恶性攻击。如"管家婆云 ERP"入驻阿里巴巴聚石塔，即使遇到服务器临时故障，也会迅速、自动地切换到备份的服务器，保证系统运营高效、安全和稳定。

(4) 云 ERP 的升级和完善更快、更高效。

由于云 ERP 是系统集中部署，若用户在应用过程中反馈出一些共性需求或 BUG，那么升级系统只需要在云服务器端，云 ERP 厂商很快就可以作出修改或升级，比传统的分散部署采取下载升级程序或打补丁的方式要快捷和方便得多。

(5) 云 ERP 的服务响应速度更快。

传统 ERP 用户遇到系统问题或应用问题，往往要通过电话、邮件等方式发送正版验证信息甚至发送数据或远程登录等，才能得到厂家的服务响应，这一过程相对烦琐缓慢；而云 ERP 则通过在线沟通的方式，客服人员很快可以根据用户名确认用户反馈问题，并给予及时的解决。

第 2 章

ERP 沙盘模拟简介

学习目标

◇ 熟悉 ERP 沙盘模拟课程的内容及流程
◇ 感悟 ERP 沙盘模拟的意义
◇ 简单了解各类模拟经营系统

课前导读

沙盘模拟课程的起源

沙盘,是根据地形图或实地地形,按一定的比例尺,用泥沙、兵棋等各种材料堆制而成的模型。"沙盘"源于军事,它采用各种模型来模拟战场的地形及武器装备的部署情况,结合战略与战术的变化进行推演。

第一阶段　应用于军事

沙盘最早在古代是统治者的将帅指挥战争的用具,在军事上,常供研究地形、敌情、作战方案、组织协调动作和实施训练时使用。

沙盘在我国已有悠久的历史。据《后汉书·马援列传》记载,公元 32 年,汉光武帝征讨陇西的隗嚣,召名将马援商讨进军战略。马援对陇西一带的地理情况很熟悉,就用米堆成一个与实地地形相似的模型,从战术上做了详尽的分析。光武帝刘秀看后,高兴地说:"敌人尽在我的眼中了!"这就是最早的沙盘作业。

1811 年,普鲁士国王腓特烈·威廉三世的文职军事顾问冯·莱斯维茨,用胶泥制作了一个精巧的战场模型,用颜色把道路、河流、村庄和树林表示出来,用小瓷块代表军队和武器,陈列在波茨坦皇宫里,用来进行军事游戏。后来,莱斯维茨的儿子利用沙盘、地图表示地形地貌,以算时器表示军队和武器的配置情况,按照实战方式进行策略谋划。这种"战争博弈"就是现代沙盘作业。

19 世纪末和 20 世纪初,沙盘主要用于军事训练,在军事上取得了极大的成功。第一次世界大战后,沙盘才在实际中得到运用。

第二阶段　应用于教学

企业沙盘模拟培训源自西方军事上的战争沙盘模拟推演。战争沙盘模拟推演通过红、蓝两军在战场上的对抗与较量,发现双方战略战术上存在的问题,提高指挥员的作战能力。英、美知名商学院和管理咨询机构很快意识到这种方法同样适合企业对中、高层经理的培养和锻炼,随即对军事沙盘模拟推演进行广泛的借鉴与研究。

最终瑞典皇家工学院的 Klas Mellan 于 1978 年开发了企业运营沙盘模拟课程,其特点是采用体验式培训方式,遵循"体验—分享—提升—应用"的过程达到学习的目的。最初该课程主要是从非财务人员的财务管理角度来设计的,之后被不断改进与完善,针对如 CEO、CFO 等职位的沙盘演练课程被相继开发出来。

沙盘模拟类培训课程在国外已经经过很多外企和政府机关的实战检验,课程的每个环节都经过深入的调查研究,经过 10 多年的沉淀,课程体系已经相当成熟。20 世纪 90 年代末,沙盘模拟类培训课程进入中国,又经过 10 多年的锤炼,原本成熟的课程体系进一步融入了中国企业的经营特色,更贴近企业的实际。

沙盘模拟训练课程已成为世界 500 强企业经营管理培训的主选课程;沙盘模拟教学模式现已被北大、清华、人大、浙大等多所高等院校纳入 MBA、EMBA 及中高层管理者在职培训的教学之中。

现今比较有影响力的模拟经营大赛主要有以下几项:

◇ 由用友软件公司举办的"用友杯"全国大学生 ERP 沙盘模拟经营大赛;

◇ 由金蝶软件公司举办的"金蝶杯"全国大学生创业大赛；

◇ 尖峰时刻(Cesim)源于北欧的全球知名商科模拟大赛 PEAK TIME，现已成为国内知名度甚高的国际性商业模拟赛事，获胜院校将赴欧洲参加全球总决赛，在世界的平台上与全球众多知名高校角逐和交流；

◇ 国际企业管理挑战赛(Global Management Challenge，GMC)，一项拥有欧洲管理发展基金会(EFMD)官方认证的横跨五大洲的全球最大规模企业管理模拟比赛。

2.1 ERP沙盘模拟的含义

"ERP沙盘模拟"是在充分调研ERP培训市场需求的基础上，汲取国内外咨询公司和培训机构的管理训练课程精髓而设计的企业经营管理实训课程。该课程将实物沙盘和ERP管理思想相结合，通过构建仿真的企业环境，模拟真实企业的生产经营活动，集成企业资源，通过战略规划、资金筹集、市场营销、产品研发、生产组织、物资采购、设备投资与改造、财务核算与管理等手段对这些资源进行全方位和系统化的管理，以实现资源的优化配置，从而达到商业上的成功。

在实际操作中，"ERP沙盘模拟"课程就是由学生组成若干个相互竞争的模拟企业，每家企业5~6人，分别担任公司的首席执行官(CEO)、财务总监(CFO)、营销总监(CMO)、生产总监(CPO)、采购(物流)总监(CLO)等。模拟企业6年左右的经营，使学生在分析市场、制定战略、营销策划、组织生产、财务管理等一系列活动中，为自己的企业制定规划，作出决策并付诸实施，在激烈的竞争中求得发展。

总的说来，"ERP沙盘模拟"课程强调学生的积极投入，目的在于培养学生亲自动手解决企业实际问题的能力，核心目标就在于让学生感悟科学的经营思路和管理理念，全面提升管理能力。ERP沙盘模拟特色如图2-1所示。

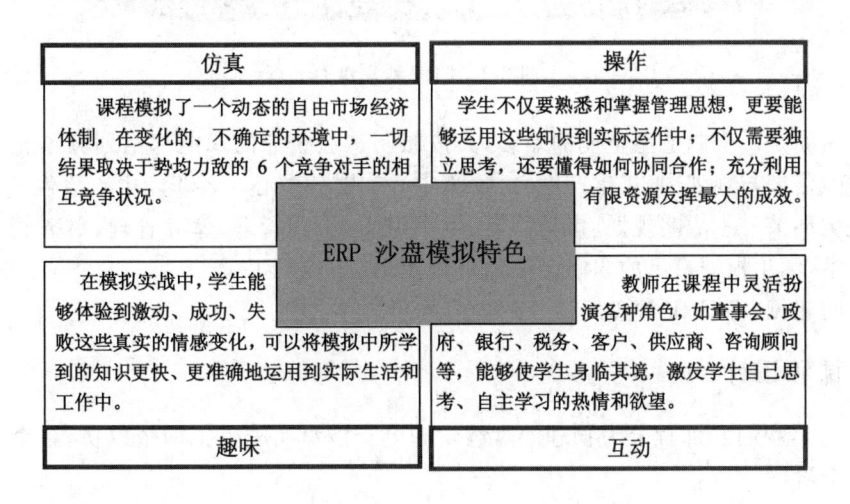

仿真	操作
课程模拟了一个动态的自由市场经济体制，在变化的、不确定的环境中，一切结果取决于势均力敌的6个竞争对手的相互竞争状况。	学生不仅要熟悉和掌握管理思想，更要能够运用这些知识到实际运作中；不仅需要独立思考，还要懂得如何协同合作；充分利用有限资源发挥最大的成效。
在模拟实战中，学生能够体验到激动、成功、失败这些真实的情感变化，可以将模拟中所学到的知识更快、更准确地运用到实际生活和工作中。	教师在课程中灵活扮演各种角色，如董事会、政府、银行、税务、客户、供应商、咨询顾问等，能够使学生身临其境，激发学生自己思考、自主学习的热情和欲望。
趣味	互动

图2-1 ERP沙盘模拟特色说明图

2.2 "ERP沙盘模拟"课程的组成

2.2.1 沙盘教具

ERP沙盘模拟教学以一套沙盘教具为载体。沙盘教具主要包括：沙盘盘面（如图2-2所示）及搭配成套的各类标识与筹码。教具数量视教学班人数规模而定，约5～6名学生使用一套教具。

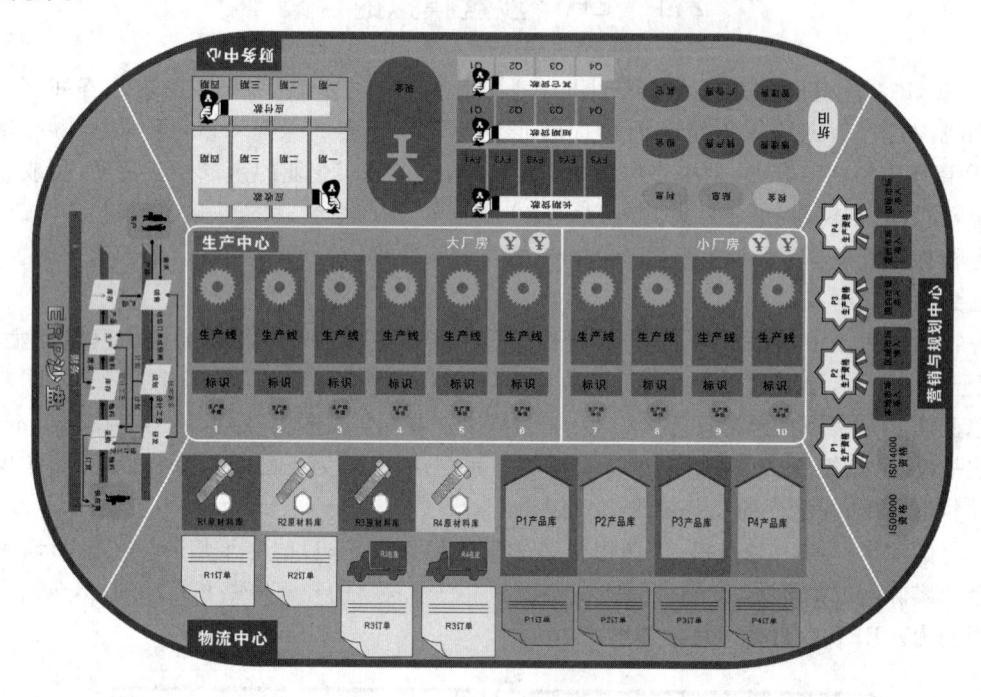

图 2-2 ERP沙盘盘面

沙盘盘面是一个制造型企业的缩影，其按照制造型企业的职能部门划分了相应的职能中心，包括：营销与规划中心、生产中心、物流中心和财务中心。各职能中心覆盖了企业运营的所有关键环节——战略规划、市场营销、生产组织、采购管理、库存管理、财务管理等。在实际操作中，学生根据自己的职能定位负责管控相应的职能中心。

为简明起见，将ERP沙盘所涉及的内容列于表2-1中。

2.2.2 课程设计

"ERP沙盘模拟"课程分为物理沙盘教学和电子沙盘实战模拟两个模块，整个课程的展开分为六个阶段。

1. 组织准备工作

组织准备工作是ERP沙盘模拟课程的首要环节。其主要内容包括三项：

（1）学生分组，每组一般为5～6人，这样全部学生就组成了6～12个相互竞争的模拟企业（为简化起见，本教材将模拟企业依次命名为A组、B组、C组、D组、E组、F组……）

表 2-1　　　　　　　　　　　　　沙盘教具说明

职能中心的划分	企业运营的关键环节	主要职能	简要说明	备注
营销与规划中心	战略规划 市场营销	市场开拓规划	确定企业需要开发哪些市场，可供选择的有本地、区域、国内、亚洲和国际 5 个市场	市场开拓完成换取相应的市场准入证
		产品研发规划	确定企业需要研发哪些产品，可供选择的有 P1、P2、P3 和 P4 产品	产品研发完成换取相应的产品生产资格证
		ISO 认证规划	确定企业需要争取获得哪些国际认证和 ISO 9000 质量认证、ISO 14000 环境认证	ISO 认证完成换取相应的 ISO 资格认证
生产中心	生产组织	厂房两种	沙盘盘面上设计了大厂房和小厂房，大厂房内可以建 6 条生产线；小厂房内可以建 4 条生产线	已购置的厂房由厂房右上角摆放的价值表示
		生产线标识	共有手工生产线、半自动生产线、全自动生产线、柔性生产线 4 种，不同生产线生产效率及灵活性不同	表示企业已购置的设备，设备净值在"生产线净值"处显示
		产品标识	4 种产品：P1、P2、P3、P4	表示企业正在生产的产品
物流中心	采购管理 库存管理	采购提前期	R1、R2 原料的采购提前期为 1 个季度；R3、R4 原料的采购提前期为 2 个季度	
		原材料库 4 个	分别用于存放 R1、R2、R3、R4 原料，每个价值 1M	
		原料订单	代表与供应商签订的订货合同，用放在原料订单处的装有记录订单数量字条的空桶表示	
		成品库 4 个	分别用来存放 P1、P2、P3、P4 产品	
财务中心	会计核算 财务管理	现金库	用来存放现金，现金用灰币表示，每个价值 1M	
		银行贷款	用放置在相应位置上的装有记录贷款金额字条的空桶表示	长期贷款按年，短期贷款按季度
		应收/应付账款	用放置在相应位置上的装有应收/应付账款字条的空桶表示	应收账款和应付账款都是分账期的
		综合费用	将发生的各项费用置于相应区域	

(2) 角色职能定位,明确企业组织内每个角色的岗位责任,一般分为首席执行官(CEO)、营销总监(CMO)、生产总监(CPO)、采购(物流)总监(CLO)、财务总监(CFO)等主要角色,当人数较多时,还可以适当增加商业间谍、财务助理等辅助角色。在几年的经营过程中,可以进行角色互换,从而体验角色转换后考虑问题出发点的相应变化,也就是学会换位思考。

(3) 为了使课程能够达到预期的效果,教师需要作出郑重提示:诚信和亲历亲为。诚信是企业的生命,是企业生存之本。在企业经营模拟过程中,不要怕犯错误,学习的目的就是为了发现问题,努力寻求解决问题的手段。一般说来,在学习过程中,谁犯的错误越多,谁的收获也就越大。

2. 市场规则与企业运营规则讲解

企业在一个开放的市场环境中生存,企业之间的竞争需要遵循一定的规则。不论是在现实市场环境中,还是在企业模拟经营中,如果企业不能主动摸清市场规则,就必然会陷入不利地位。

这里将繁杂的市场竞争及企业运营规则简化为以下八个方面的约定:① 市场划分与市场准入;② 销售会议与订单争取;③ 厂房购买、出售与租赁;④ 生产线购买、转产与维修、出售;⑤ 产品生产;⑥ 原材料采购;⑦ 产品研发与 ISO 认证;⑧ 融资贷款与贴现。

3. 从起始年初始状态设定中理解 ERP 沙盘模拟

ERP 沙盘模拟是从创建企业开始的,而为了使学生们形成创建一个企业的基本思路,本教材特设定了一个刚刚起步仅经营了两年的企业。在教师的带领下模拟企业一年的经营,使学生对企业有一个基本的了解,包括股东期望、企业目前的财务状况、市场占有率、产品、生产设施、盈利能力等。基本情况描述以企业起始年的两张主要财务报表(资产负债表和利润表)为基本索引,逐项描述了企业目前的财务状况和经营成果,并对其他相关方面进行补充说明。通过初始状态设定,可以使学生深刻地感觉到财务数据与企业业务的直接相关性,理解到财务数据是对企业运营情况的一种总结提炼,为今后"透过财务看经营"做好观念上的准备。

4. 创建教学班进行企业模拟经营

学生组队进行企业模拟经营是 ERP 沙盘模拟课程的主体部分。各小组按企业经营年度展开 4~6 年的模拟经营。经营伊始,通过商业周刊发布市场预测资料,对每个市场、每个产品的总体需求量、单价、发展趋势作出有效预测。每一个企业组织在市场预测的基础上讨论企业战略和业务策略,在 CEO 的领导下按企业经营流程表开展经营。每年经营结束后,由教师下发各公司的基本经营数据及财务报表,各公司的经营状况会从其经营结果中得到直接体现。

5. 现场案例解析

现场案例解析是沙盘模拟课程的精华所在。每一年经营下来,企业管理者都要对企业的经营结果进行分析,深刻反思成在哪里? 败在哪里? 竞争对手情况如何? 是否需要对企业战略进行调整? 教师更要结合课堂整体情况,找出大家普遍困惑的问题,对现场出现的典型案例进行深层剖析,用数字说话,使学生们感悟管理知识与管理实践之间的距离。

6. 复盘经营,提交分析报告

复盘是通过企业实践总结出来的重要方法论之一,指将做过的事情再从头过一遍,目的是不断检验和校正目标,不断分析过程中的得失,以便于改进。复盘在企业模拟经营中同样起到了非常重要的作用。学生通过回顾本公司的经营决策及经营成果,不断深化认识、总结规律,积累组织智慧和管理经验,进一步理解企业模拟经营的实质。各小组成员将本公司的经营发展概况、复盘过程中优化的竞争策略等,以文字的形式记录下来,于课后提交沙盘模拟经营分析报告。

2.2.3 教学主体

任何课程都离不开教师,教师永远是课堂的灵魂。在"ERP 沙盘模拟"课程中,作为教学主体的教师,其角色随着课程展开的不同阶段在发生变化,并引导课程的顺利进行,如表2-2 所示。

表 2-2　　　　　　　　课程的不同阶段教师所扮演的角色

课程阶段	具体任务	教师角色	学生角色
组织准备工作		引导者	认领角色
企业运营规则		引导者	新任管理层
初始状态设定		引导者	新任管理层
企业经营竞争模拟	战略制定	商务、媒体信息发布	角色扮演
	融资	股东、银行家	角色扮演
	订单争取、交货	客户	角色扮演
	购买原料、下订单	供应商	角色扮演
	流程监督	审计	角色扮演
	规则确认	咨询顾问	角色扮演
现场案例解析		评论家、分析家	角色扮演

从表 2-2 中可以看出,该课程对于教师的要求相当高,不仅要有综合知识,还需要有很强的组织能力;不仅是规则的讲解者,更是学生的引导者。沙盘模拟课程效果的好坏、学生收获的大小,教师起到了决定性的作用。

2.3　ERP 沙盘模拟的意义

2.3.1 领悟意会性知识

企业管理者需要具备两类知识:言传性知识——可以通过语言或者文字来传递知识;意会性知识——只能通过实践来领悟的知识。传统教学手段显然只能提供言传性知识,然而当今社会需要管理者掌握综合知识,特别是意会性知识。ERP 沙盘模拟培训正是为学生提供意会性知识。

ERP 沙盘模拟搭建起独特的、生动的、可模拟的现实企业经营管理的应用平台,学生在实验过程中扮演不同的角色,以切实的方式体会深奥的商业思想——看到并触摸到商业运作的方式,为学生创造出逼真的经营模拟环境。通过体验式教学,让学生足不出校就可以了解和掌握现代企业管理的知识与技能。而通过模拟沙盘进行培训增强了娱乐性,通过游戏进行模拟可以激起参与者的竞争热情,让他们有学习的动机——获胜!

ERP沙盘模拟是一种体验式教学,融团队合作、角色扮演、案例分析和专家诊断于一体。它以教育理念创新与教学方法和工具创新,搭建教师"启发式"教授与学生"体验式"学习的平台,形成一个有效的学生理念、价值取向、知识结构与能力训练培养的系统,使学生能够在这个连续的不断递进的"体验式"训练过程中,通过不断地探索、感悟、修正,以形成良好的思维意识和行为习惯,增强决策能力与团队合作精神,在"做"的过程中领悟言传性和意会性知识,最终达到提升学生综合素质与掌握企业信息化管理的必备知识与技能的教学目的。根据美国缅因州国家训练实验室提出的"学习金字塔"理论,让学生能够使用课本知识"做中学"是一种非常有效的学习方法,平均的学习保持率高达75%,如图2-3所示。

学习方式		学习内容平均留存率
被动学习	听讲(lecture)	5%
	阅读(reading)	10%
	视听(audiovisual)	20%
	演示(demonstration)	30%
主动学习	讨论(discussion)	50%
	实践(practice doing)	75%
	教授给他人(teach others)	90%

图2-3 学习金字塔理论图

2.3.2 提升管理技能

传统教育划分了多个专业方向,学习者只能择其一而修,专业壁垒禁锢了学习者的发展空间和思维方式。"ERP沙盘模拟"课程将管理学、市场营销学、财务管理学、会计学、财务分析、心理学、计算机技术与应用、会计信息系统等多门学科的知识结构通过一个小小的沙盘整合成一个完整的知识体系,并通过模拟实战的方法将专业知识用于企业经营实践,具有鲜明的操作性、时代性和前沿性,是对企业经营管理的全方位展现。通过学习,可以使学生在以下方面获益。

1. 战略管理

公司战略是指规划公司目标以及为达到这一目标所需资源的取得、使用和处理方略。它是企业为了适应未来环境的变化,寻求长期生存和稳定发展而作出的总体性和长远性的谋划。成功的企业一定有着明确的企业战略,包括产品战略、市场战略、竞争战略及资金运用战略等。

每一个部门都要统一理解公司的战略路线,并在战略路线的指导下,合理分配各部门资源。生产和人力资源部门就要根据战略路线配比各期的产能,营销部门就要根据战略路线确定各期市场竞争思路,财务部门则要根据战略路线调节和平衡各期现金流量等。

从最初的战略制定到最后的战略目标实现与分析,经过几年的迷茫、挫折、探索、争论与总结,学习者将学会用战略的眼光看待企业的业务和经营,保证业务与战略的一致,在未来的工作中更多地获取战略性成功而非机会性成功。

2. 营销管理

市场是实现产品价值和剩余价值的唯一场所。马克思把商品的销售称作"惊险的跳跃",这个跳跃完成得好,不仅企业的各项耗费可以得到补偿,还可能得到丰厚的利润,否则企业的生存都会遇到困难。市场营销就是企业用价值不断满足客户需求的过程。企业所有的行为、所有的资源,无非是要满足客户的需求。模拟几年的市场竞争对抗,学生将学会如何分析市场、关注竞争对手、把握消费者需求、制定营销战略、定位目标市场,制订并有效实施销售计划,达成企业战略目标。通过实战操作,不仅能使学生了解企业在市场营销中需要管理的内容与方法,还能在实际工作中灵活应用,以取得最好的效果。

3. 经营管理

所谓经营,是指经济的运营,具体到一个企业就是企业所拥有的资源以不同的价值形态在企业内部周而复始地循环与增值的过程。而管理就是管辖治理,就是企业的不同部门在把自己所负责的工作做好的同时,对各自管辖范围的顺利衔接加以理顺的行为。所以我们把采购管理、生产管理、质量管理统一纳入到经营管理领域,则与经营管理相关的新产品研发、市场开拓、物资采购、设备购置、生产运作管理、市场销售、品牌建设等一系列问题背后的一系列决策自然地呈现在学习者面前,它跨越了专业分隔、部门壁垒。学习者不仅要考虑何时开始安装新生产线、何时开始淘汰旧生产线、何时研发与投产何种产品、使用哪个厂房、各种生产线的比例应如何搭配等,还要考虑市场需求量、本公司的市场份额、财务承受能力各方面的影响因素。通过学习,学习者将充分运用所学知识、积极思考,在不断的成功与失败中获取新知。

4. 财务管理

财务管理能够对整个企业的经营业绩和财务状况进行评价,同时财务分析对企业经营和投资过程中的决策又是至关重要的。在沙盘模拟过程中,要从投资计划的制订与实施对财务的影响上入手,主要体现在以下六个方面:

(1) 制订投资计划,评估应收账款金额与回收期。分析在沙盘模拟中本企业对资金流的长期规划的把握程度,预计现金流入和流出的准确性如何,其投资回收期是否准确,资金是否出现战略上大的缺口等。

(2) 预估长、短期资金需求,寻求资金来源。要总结模拟企业的资金具体来源于哪里,如何取得这些来源,每个资金来源渠道能够筹集的资金额度是多少,在哪个时点上筹资,其代价又是多大?

(3) 掌握资金来源与用途,妥善控制成本。财务总监要深入分析企业资金的来源与用途是否匹配,有否存在滥用资金的现象,特别是在资金占用情况最为突出的生产过程中,如固定资产与厂房的购置、原材料的采购等。

(4) 制定预算。通过对资金、信息的整合等,能够实现资源的合理配置、作业的高度协同、战略有效贯彻、经营持续改善、价值稳定增长的目标。

(5) 实施及时、准确、可靠的会计核算,为管理层战略、战术的调整提供适时的数据支持。管理需要数据的支持,决策需要数据的论证。当市场环境发生剧变,或者企业的竞争对手的经营现状超出预期时,又或者企业先前花费大量心思与精力制定的战略被竞争对手"窃取"时,企业就会面临着改变经营战略、战术的决策,这时及时、准确、可靠的会计数据会成为企业走出困境、扭转乾坤的最有力的杠杆。

(6)分析财务报表、运用财务指标进行内部诊断,协助管理决策。这就要求学生能够清楚掌握资产负债表、利润表的结构;掌握资本流转如何影响损益;通过"杜邦模型"解读企业经营的全局;预估长短期资金需求,以最佳方式筹资,控制融资成本,提高资金使用效率;理解现金流对企业经营的影响。

5. 人力资源管理

沙盘模拟有助于学生形成宏观规划、战略布局的思维模式。通过这一模拟,各层面学生对公司业务都会达成一致的理性及感性认识,形成共同的思维模式,以及促进沟通的共同语言。如何树立团队的共同目标和建立团队的组织机构,如何制定保障目标实现的决策机制与规章制度,从而激发公司每个员工的积极性与战斗力,建立起一个以整体利益为导向的极具活力的组织,这是值得全体成员深入思考的重要问题之一。

沙盘模拟从岗位分工、职位定义、沟通协作、工作流程到绩效考评,每个团队经过初期组建、短暂磨合、逐渐形成团队默契,完全进入协作状态。在这个过程中,各自为战导致的效率低下、无效沟通引起的争论不休、职责不清导致的秩序混乱等情况使学生们深刻理解了局部最优不等于总体最优,学会了换位思考与沟通协作。在组织的全体成员有共同愿景、朝着共同的绩效目标努力、遵守相应的工作规范、彼此信任和支持的氛围下,企业更容易取得成功。

6. 基于信息管理的思维方式

通过ERP沙盘模拟,使学生们真切地体会到构建企业信息系统的紧迫性。企业信息系统如同飞行器上的仪表盘,能够时刻跟踪企业运行状况,对企业业务运行过程进行控制和监督,及时为企业管理者提供丰富的可用信息。通过沙盘信息化体验,学生可以感受到企业信息化的实施过程及关键点,根据企业自身的业务流程与特点,合理规划企业信息管理系统,为企业管理信息化做好观念和能力上的铺垫。

2.3.3 拓展综合素质

除了上述功能外,ERP沙盘模拟作为企业经营管理仿真教学系统,还可以用于综合素质训练,学生可将所学各种知识运用到经营过程中,从而在以下几方面获益。

1. 树立共赢理念

市场竞争是激烈的,也是不可避免的,但竞争并不意味着你死我活。寻求与合作伙伴之间的双赢、共赢才是企业发展的长久之道。这就要求企业知彼知己,在市场分析、竞争对手分析上做足文章,在竞争中寻求合作,企业才会有无限的发展机遇,达到共赢的局面。

2. 全局观念与团队合作

通过ERP沙盘模拟对抗课程的学习,学生可以深刻体会到团队协作精神的重要性。在企业运营这样一艘大船上,CEO是舵手、CFO保驾护航、CMO冲锋陷阵……在这里,每一个角色都要以企业总体最优为出发点,各司其职,相互协作,才能赢得竞争,实现目标。

3. 保持诚信

诚信是一个企业立足之本、发展之本。诚信原则在ERP沙盘模拟课程中体现为对"游戏规则"的遵守,如市场竞争规则、产能计算规则、生产设备购置规则以及转产等具体业务的处理规则。保持诚信是学生们立足社会、发展自我的基本素质。

4. 个性与职业定位

每个个体因为拥有不同的个性而存在,这种个性在ERP沙盘模拟对抗中会显露无遗。

在分组对抗中,有的小组轰轰烈烈,有的小组稳扎稳打,而有的小组则不知所措。虽然,个性特点与胜任角色有一定关联度,但在现实生活中,很多人并不是因为"爱一行"才"干一行"的,更多的情况是需要大家"干一行"就"爱一行",实现自己的职业理想。

5. 感悟人生

在残酷的市场竞争与企业经营风险面前,到底是"轻言放弃"还是"坚持到底",这不仅是一个企业可能面临的问题,更是在人生中不断需要抉择的问题。经营自己的人生与经营一个企业具有一定的相通性,在沙盘模拟中我们不断地作出决策,为企业的发展选择方向。而在现实生活中呢?"人生如沙盘,沙盘似人生",其中的道理需要我们自己亲身去体悟。

2.3.4 实现"知行合一"的目标

刚刚毕业的大学生走向社会,既没有充裕的资金,也没有丰富的工作经验,所以,一般不存在刚出校门就收购其他公司的可能,也不可能刚毕业就当上一家业已存在的公司的高管,但我们有"初生牛犊不怕虎"的高昂斗志,有大学四年学到的扎实的专业知识和技能,有国家给我们的越来越优越的创业环境。以创业为起点的"创业者"电子沙盘竞争实战模拟课程,为学生们提供了一个白手起家进行创业的模拟实战平台,为学生毕业后自主创业搭桥铺路。

在"ERP沙盘模拟"课程中,学习者经历了一个从理论到实践再到理论的上升过程,把自己亲身经历的宝贵实践经验转化为全面的理论模型。参与者借助ERP沙盘推演自己的企业经营管理思路,每次基于现场的案例分析及基于数据分析的企业诊断,都会使参与者恍然大悟,达到磨炼其商业决策敏感度、提升决策能力和长期规划能力的目的。中央电视台"赢在中国"栏目就曾应用ERP沙盘模拟作为一个环节来考察选手的综合才能,这足见ERP沙盘模拟的价值和意义,它能够帮助我们在体验、分享、提升、应用中实现目标。

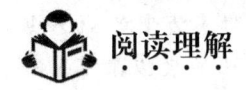

阅读理解

各类模拟经营系统介绍

ERP沙盘模拟教学已经陆续被各大高等院校接受并引进,其独特的教学形式全面地展现了企业管理的流程和理念,同时也具备高度的趣味性、竞争性和知识性。在实验教学中,用友软件公司和金蝶软件公司的实物沙盘和电子沙盘使用较为广泛。这里特介绍几类比较常用的模拟经营系统供读者了解学习。

◇ "创业者"电子沙盘

"创业者"电子沙盘,是由学生组成若干个相互竞争的模拟企业,通过模拟企业6年左右的经营,让学生切身体验从筹资、融资、投资到企业经营管理的创业全过程;让学生在企业战略制定、组织部署、产品研发、生产、物流、市场、销售、财务管理、团队协作等多个方面进行系统训练;让学生在课程中体验完整的企业经营过程,感受创业型企业发展的典型历程,感悟正确的经营思路和管理理念。

◇ "商战"电子沙盘

"商战"电子沙盘是对"创业者"电子沙盘的发展。该电子沙盘采用B/S架构,基于Web的操作平台,实现了本地或异地训练的可能性;可以自由地设置市场订单和经营规则,使得教学竞赛两相宜,同时具备更友好的界面设置,更强的互动体验,操作更加简易直观;可同时支持2~99家企业同场竞技,具有财务报表自动核对、经营数据Excel导出等功能,使得教学管理更加轻松。该沙盘全面阐述一个制造型企业的概貌,全真模拟企业经营过程,使学生能够感受市场竞争氛围,集成选单、多市场同选、竞拍、组间交易等多种市场方式。

◇ "创业之星"电子沙盘

"创业之星"电子沙盘是紧密围绕教育部创业教育课程的要求而开发的全程模拟创业实训平台。该电子沙盘运用先进的计算机软件与网络技术,结合严密和精心设计的商业模拟管理模型及企业决策博弈理论,全面模拟真实企业的创业运营管理过程。学生在虚拟商业社会中完成企业从注册、创建、运营、管理等所有决策。透过"创业之星"领先的商业模拟引擎,让学生在虚拟创业空间里,全面体验创业的全过程,尽情释放才智,挥洒创业激情,放飞创业梦想。

◇ "经营之道"电子沙盘

"经营之道"电子沙盘综合运用多种管理模拟技术,包括角色扮演、电脑模拟、竞争博弈、训练模拟等,其核心是一套完善的电脑模拟系统和全面专业的管理学知识体系。"经营之道"电子沙盘帮助学生在模拟运营中体验企业的运营管理,完成企业运营管理中的各项分析决策,包括:制定企业战略、分析市场信息、制定研发计划、产品特性设计、营销渠道建设、生产制造管理、竞争对手分析、产品定价策略、市场营销推广、全面预算管理、经营绩效分析等。通过逼真再现企业竞争环境和学生对虚拟企业的亲自运营管理,帮助学生掌握应对现实生活中可能碰到的各种管理问题的有效办法。

◇ "Cesim"(尖峰时刻)

来自芬兰的CESIM Business Simulation Games(商业模拟课程)平台包括"国际化企业战略综合管理模拟"、"中小型服务行业管理模拟"、"营销管理模拟"、"酒店餐饮管理模拟"、"创新创业模拟"等9大管理模型。Cesim的模拟模型密切贴合现实中瞬息万变的业态变化,动态跟踪真实企业案例;丰富的模拟教学经验,在为学生提供更为专业的模拟课程的同时,运用先进的技术和丰富的经验把模拟教学变得更为生动有趣。Cesim在全球范围内与各地高校合作,是全球高校使用范围最为广泛的商业模拟课程供应商之一。在高校板块,Cesim模拟课程在沃顿商学院、纽约Stern商学院、法国HEC Paris和瑞士洛桑商学院等世界一流院校内应用。在中国,Cesim的高校用户有众多国内知名一流院校,国内一些具有相当知名度的企业也是Cesim的企业培训用户。

◇ "GMC"

GMC的核心是一套逐年更新、高度完善的电脑动态仿真模拟系统,模拟标准化市场经济条件下,企业管理至关重要的基本参变量以及在现实市场中无法避免的偶然因素,在此基础上,按照工商管理的基本理论建立一个互动的定量化的模型。比赛前队员会得到一本《参赛手册》,内容囊括了经过提炼的企业管理中所遇到的几乎所有问题(如经营背景、市场营销、生产与分销、人力资源管理、财务资产和会计)和详细的比赛方法;队员还会得到一套《公司历史》,内容是参赛队着手经营的虚拟公司最近5个财政季度的决策及经营状况。每一家公司都必须很好地把握不断变化的宏观经济环境、各公司之间的竞争态势及本公司内部各职能部门之间的相互作用,通过建立各种数量模型,进行边际分析、数量博弈、价格博弈,制定出自己的竞争战略、产品组合、营销组合、销售预测,并通过对资本结构、生产规模、边际贡献率、产能、库存、现金流量、劳动力储备等方面的分析和决策,对经营结果进行控制和调整。

上 篇

规绳矩墨：认识 ERP 沙盘

第 3 章

沙盘模拟经营规则

学习目标

◇ 认识沙盘盘面,了解沙盘教具
◇ 理解和运用手工沙盘规则
◇ 掌握企业运营和评比规则

课前导读

稻盛和夫：京瓷哲学手册精选

稻盛和夫被称为"日本经营之神"，他创办了两家企业都发展成为世界500强，他还在快80岁时接手宣告破产的日本航空，第二年就扭亏为盈。稻盛和夫总结过很多经营企业的哲学，记录他经营心法的《京瓷哲学手册》，是很多管理者的必读内容。这里从手册中选出五条基本原则加以介绍。

第一，要付出不比任何人差的努力。这是经营者首先要具备的思维方式。稻盛和夫27岁创办京瓷，当时他有一种恐惧心理，就是如果不拼命工作，公司经营就不会顺利。到现在，他仍然相信，不管企业遇到的经济环境有多糟糕，经营者的最低条件都是要付出比别人加倍的努力。他将近80岁时接手宣告破产的日本航空，也用这种思维方式投入到日航的重建工作里，第二年就实现了盈利。

第二，要谋求"慎重坚实的经营"。很多人认为企业家必须大胆无畏，是铁腕型的人。但是稻盛和夫说，真正的企业家应该是谨慎的人，通过积累经验来锻炼自己，提高心性。

社会上很多风险投资创业家，积极果敢地开展事业，一时成功。但是之后会因为不顾一切地扩张，导致资金周转困难，使企业的发展不稳定，甚至被淘汰。只有极少数企业能在危机中存活甚至再度腾飞。那些消失了的企业与生存下来的企业的差异在哪里呢？稻盛和夫认为，就是看能不能慎重坚实地经营。

创立京瓷的时候，稻盛和夫脑子里只有一个念头，就是无论如何都要让企业成功。后来公司上市了，他还在担心公司的将来，直到80多岁，这种想法一直没变过。因为京瓷的发展并不是一帆风顺的，中间遇到过各种各样的经济变动。不过，稻盛和夫说，因为他这种谨慎的经营风格，京瓷在全年结算上没有出现过赤字，构筑了稳固的经营基础。

第三，要挑战新事物，相信人类的无限可能性。经营者要尝试不同领域，相信自己的能力能无限进步。如果害怕变化，失去挑战意识，这个集团就开始衰退了。

还拿京瓷来举例，刚创业时，京瓷的产品只有一种，生产经营不稳定，没设备、没技术、没人才，也拿不到好订单，谈成的买卖都是被其他客户拒绝的。但是稻盛和夫带领全体员工费尽心血制造产品，完成交货。经过持续挑战后，京瓷成了这个领域的先驱。

第四，推进创新的工作要遵循三个步骤，分别是乐观思考、悲观计划和乐观实行。比如稻盛和夫创办的第二电信，刚创办不久，要开展车载电话业务，也就是手机的前身。当时内部争论不断，大部分人都持否定的态度，只有一个人赞成。稻盛和夫还是推动了这项业务，而且在跟其他通信企业的竞争中，让出了大家都看好的地区。别人觉得他让出了包子馅儿，自己留下了包子皮。稻盛和夫却制定计划，缜密进行模拟演练，预感到这项事业可能会成功，乐观地推进，最后克服了区域分配的不利影响，取得了良好的发展。

第五，如果打造出了一流企业，该怎么维持呢？稻盛和夫说，经营者的头等大事就是要谦虚，不要骄傲。他把这句话作为京瓷的经营口号。他说，事业越做越顺利，人就容易变得傲慢，也会自满，觉得自己做得够好了，开始追求安乐。这些会成为以后工作的陷阱。他看到很多企业，本来可以持续良好经营，但是因为经营者自满、落伍，最后破产。所以，稻盛和夫说，一个企业现在的经营状况良好，是全体员工齐心努力的结果，但不能保证未来也这样。

未来的状况,要看你现在的努力。

稻盛和夫的"工作是磨炼灵魂的道场"的经营哲学被世界众多企业争相效仿,作为公司内部经营体制改革的重要参考。

——摘选自新浪博客,内容有删改

稻盛和夫的经营哲学实际上已经在企业内形成了不成文的管理制度,员工的实践活动受到这些制度的引导与规范。"无规则不成方圆",企业经营需要遵循一定的制度和规则,在开始模拟经营之前,各学生必须了解并熟悉规则,才能做到有序经营,在竞争中求生存、得发展。

3.1 认识物理盘面

ERP物理沙盘由两部分组成:一是沙盘盘面,这是企业进行模拟经营的场所;二是原料、产品、市场准入资格证等道具,这是各项模拟经营活动的载体。

物理沙盘就是运用各种替代标志在模拟盘面上推演的工具。与之相对应的就是电子沙盘,即运用软件技术在计算机上实现推演的工具。本书以用友公司研发的"创业者5.0"版电子沙盘作为教学软件,如图3-1所示。

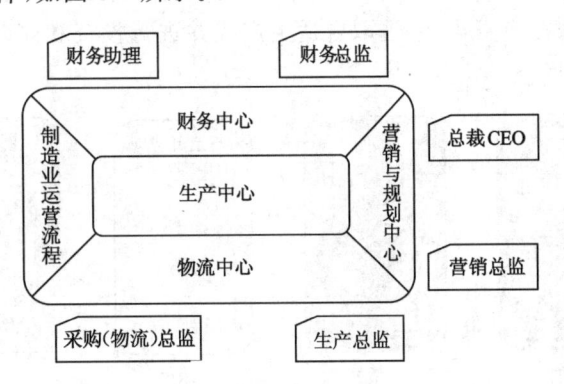

图3-1 沙盘盘面简化模型

图3-1仅仅是ERP沙盘模拟经营中盘面的整体框架图,便于读者对沙盘企业有一个整体的概览。要深入理解沙盘模拟经营的规则,还要对各个要素进行详细的考察和分析,更需要学生沉下心去理解和感悟。

在模拟经营中以灰色的塑料币表示货币,一个灰币(1M)表示一百万,如图3-2所示。一满桶币为20M,在桶的外表面有10、20等刻度线供学生度量。

图3-2 货币

🔔 **特别提示**

◇ 在ERP沙盘模拟中,以季度(Q)为经营时间单位,一年分为4个季度。

◇ 在经营中以百万(M)为货币单位。

3.1.1 生产中心

生产中心有大厂房和小厂房,如图3-3所示。

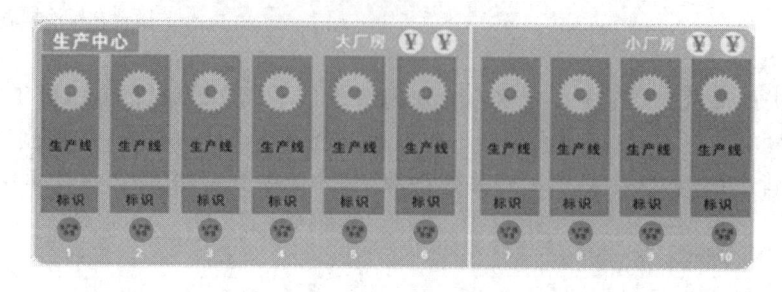

图3-3 生产中心

◇ 厂房。大厂房可容纳6条生产线,小厂房可容纳4条生产线。模拟经营中,企业最多拥有一大一小厂房,即最多只能容纳10条生产线。厂房可以租用也可以购买,若租用,则将租金放入综合费用的"租金"处;若购买,则将购买资金放到右上侧"¥"图标处。

◇ 生产线。本系统提供了4种类型的生产线可供选择,如图3-4所示。其中1Q表示在制品在生产线上停留了一个季度,依此类推。生产线的详细规则会在本章3.3节介绍。模拟经营中,企业可根据自身需要,选取合适生产线并进行投资和安装,一旦安装则不可随意移动位置。

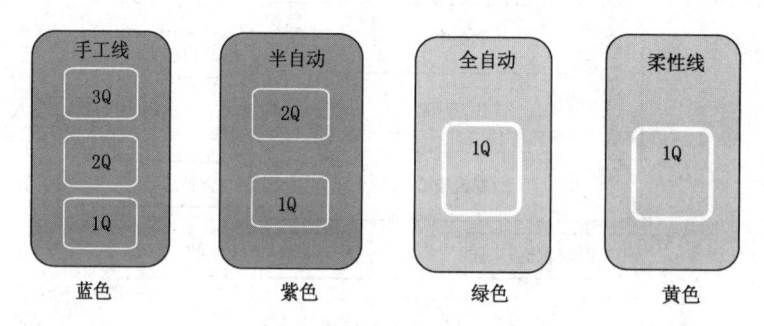

图3-4 生产线

◇ 产品标识。在生产线的下方要摆上生产线将要生产或正在生产的产品的标识,如图3-5所示。生产线安装时,即摆上该生产线将要生产的产品的标识;如果生产线转产,则更换成转产后将要生产的产品的标识。

图3-5 产品标识

◇ 生产线净值。在图3-3中,生产线最下方绿色圆形区域是"生产线净值",表示该生产线当前的净价值。在模拟经营中,要根据实际情况摆上相应数量的货币。新建时,生产线每投资一个季度,就在生产线净值处增加对应数量的货币。计提折旧[①]时,则从生产线净值中取出相应数量的货币。

📌 特别提示

本章所讲解的规则是用于实际教学的基础规则,实际规则是多变的。例如:2017 年全国职业院校沙盘模拟企业经营大赛中,生产线类型新增"租赁线"。

3.1.2 物流中心

物流中心分为两个区域:原材料区域和产成品区域,如图 3-6 所示。

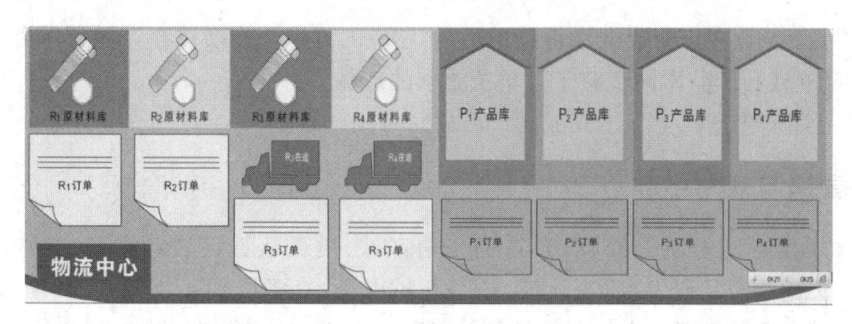

图 3-6 物流中心

原材料区域有"原材料订单"、"原材料在途"及"原材料库"。

◇ 原材料。原材料有四种类型,即 R1、R2、R3、R4,由不同颜色的塑料币表示,如图 3-7 所示。

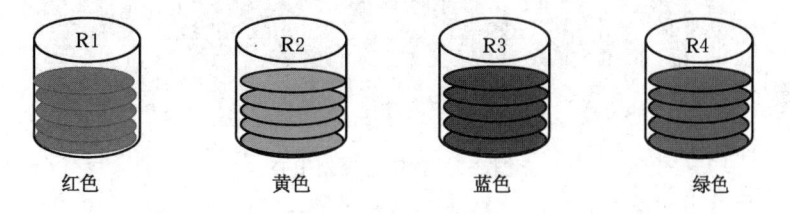

图 3-7 原材料

◇ 原材料订单。模拟经营中,需要下原材料订单才能获得原材料。下原材料订单时,将相应数量的原材料直接放到各自原材料订单处。

◇ 原材料在途。由于不同原材料的获得难度有别,部分原材料要经过较长时间的运输过程。在模拟经营中,表现为原材料在途过程。如 R3、R4,在下原材料订单后,经过一个季度,将原材料移动至在途。

◇ 原材料库。企业接收到供应商发过来的原材料后,将原材料存储到原材料库,并支付原材料费。当企业生产时,从原材料库中取出相应数量的原材料用于生产。

产成品区域分为"产品订单"和"产品库"两部分。

---

① 固定资产折旧指一定时期内为弥补固定资产损耗按照核定的固定资产折旧率提取的固定资产折旧。本书中生产线折旧按固定年限折旧,具体方法参照"3.3 企业运营规则"。

◇ 产成品。产成品的表示方法是产品所对应的原材料加上 1M 的制造费用,如图 3-8 所示。

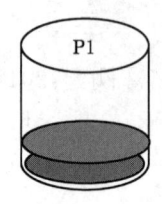

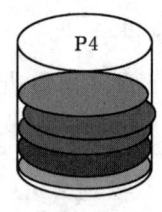

图 3-8　产成品

◇ 订单。企业在订货会上取得订单后,将相应的订单要求摆放在产品订单处。产品交货时则从订单处和产品库同步移走订单所要求的产品。

◇ 产品库。生产线上生产完成的产品放到对应产品库。

3.1.3　营销与规划中心

营销与规划中心分为三个区域:产品资格区域、质量认证区域和市场准入区域,如图 3-9 所示。无论是产品研发、质量认证,还是开拓市场,都要投入一定的资源——资金和时间。产品研发、质量认证和市场开拓的具体规则在本章 3.2 节介绍。

图 3-9　营销与规划中心

◇ 产品生产资格。产品研发资金和时间在达到相应要求后,即可获得产品生产资格,如图 3-10 所示。在模拟经营中,产品生产资格是用矩形塑料卡片表示的。获得产品资格后即把相应产品资格证摆放到对应位置。

图 3-10　生产资格

◇ 市场准入。模拟经营中,共有本地、区域、国内、亚洲、国际 5 个市场。市场开拓资金和时间在达到相应要求后,即可获得该市场准入资格,如图 3-11 所示。市场准入证也是用矩形塑料卡片表示的。获得市场准入资格后即把相应准入证摆放到对应位置。

◇ 质量认证。模拟经营中,质量认证是用圆形塑料卡片表示的,如图 3-12 所示。在资

图 3-11　市场准入

金和时间等投入达到相应要求后,即可获得相应质量认证证书,把相应质量认证证书摆放到对应位置。

图 3-12　质量认证

3.1.4　财务中心

财务中心分为四个区域:应收款和应付款区域、现金区域、贷款区域和费用区域,如图 3-13 所示。

图 3-13　财务中心

◇ 应收款。应收款分为 4 种账期,从一期到四期。企业在销售产品、出售厂房等得到应收款时,将资金放到相应账期的应收款区域内。企业每经营完一个周期(1 季度),就将应收账款向前移动一个账期,等到账期为零时就将应收账款移入现金库。

◇ 应付款。应付款是指企业采购时可能采用赊购、先使用厂房后付租金等情况时到期需要支付的资金。比如采购 R3 的原材料时,就会产生"二期"的应付款,到期后再支付账款。本套经营规则中没有应付款。

◇ 现金。现金表示企业当前可用的资金。直接将货币摆放在该区域,资金发生变化时,可直接增减货币的数量,学生需要时刻注意企业的现金流量。

贷款分为三种类型:长期贷款、短期贷款和其他贷款。

◇ 长期贷款。以"FY"为单位,表示年度。如"FY4",表示 4 年后到期的长期贷款。每经营完一年,将长期贷款向前移动一年。当贷款期限为零年时,则需从现金区取出对应数量的资金偿付贷款。

◇ 短期贷款。以"Q"为单位,表示周期或季度。如"Q3",表示 3 个季度后到期的短期贷款。每经营完一个季度,就将短期贷款向前移动一个账期。当贷款期限为 0 季时,则需从现金区取出对应数量的资金偿付贷款。

◇ 其他贷款。模拟企业出现现金不足或断流时,在教师批准后由系统向模拟企业注入的资金。同短期贷款类似,无须偿还。

费用区域内容相对较多,包括折旧、税金、贴息、利息、修理费、转产费、租金、管理费、广告费、其他。

◇ 折旧。每年年末都要按照会计准则,为生产线计提折旧,将计提的折旧放到"折旧"位置处。折旧费从生产线净值中提取。

◇ 税金。在企业盈利并且将此前的亏空弥补后的部分,每年年初按相应税率所缴纳的税金。

◇ 贴息。当企业为了获得现金而将应收款贴现时所需缴纳的贴现费,此项费用就放到"贴息"位置。

◇ 利息。主要包括每年的长期贷款和短期贷款的利息,将每笔利息均放到"利息"处。

◇ 修理费。每年用于维修生产线的费用,不论是什么类型的生产线,每条生产线每年需要支付 1M 的维修费用。

◇ 转产费。生产线转产时,部分生产线所需支付的转产费用。

◇ 租金。租用厂房时所需付出的费用。

◇ 管理费。企业为了维持运营发放的管理人员的工资、必要的差旅费和招待费等,在模拟经营中统一规定每季度支付 1M 的管理费,置于"管理费"处。

◇ 广告费。在每年年初召开订货会时各企业用于宣传企业和产品的费用。

◇ 其他。企业由于特殊情况产生损失时,则放在"其他"费用的位置。如在出售生产线或库存、支付信息费、紧急采购、违约时企业的损失等。

由于财务统计中以年度为单位,在模拟经营中,财务中心每年进行更新。新的一年经营开始时,将各项财务数据归零,再继续经营。

3.1.5 制造业运营流程

制造业的运营流程如图 3-14 所示。

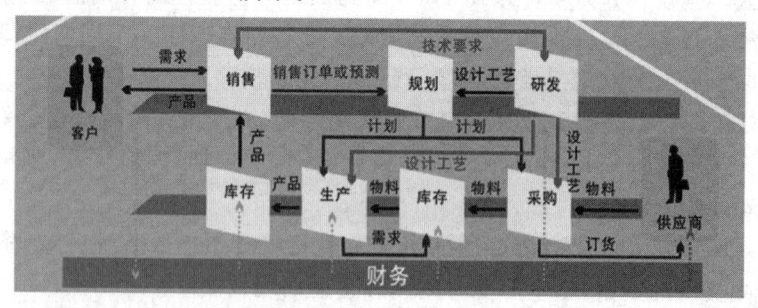

图 3-14 制造业运营流程

这里简单描述制造业的运营流程,供读者学习。

从图 3-14 可以看出,在制造行业中,企业根据客户的需求和产品研发状况制定规划,筹划产品生产种类和规模以及相应的原材料采购计划。从供应商处采购物料进行生产,再将产品销售给客户。在研发、采购、生产和产品存储等环节都需要投入资金,最后将产品销售出去,从客户处回流资金。随着实物的流动,企业发生了供应、生产、销售业务。伴随着业务的发生,企业的资金流出又收回。当资金流入大于资金流出时,企业就实现了资本增值。

企业维持日常运营活动离不开资金,企业从采购材料付款到生产完工销售收到款项所需的时间,即"现金流循环周期"越短,说明企业营运资金在采购、生产、销售等阶段占用时间越短,资本增值速度越快,企业效益越高。

3.2 市场规则

企业的生存和发展离不开市场这个大环境。谁赢得市场,谁就掌握了主动权。市场瞬息万变,竞争激烈而复杂,这就要求各位高管们掌握市场规则、把握市场的变化,稳步地进行企业的经营。

3.2.1 市场划分与市场准入

市场是企业进行产品营销的场所,也是企业将产品换成销售收入的平台,而市场营销能力则是企业竞争力的重要表现。对于企业经营的 P 系列产品而言,可在本地市场、区域市场、国内市场、亚洲市场、国际市场 5 个市场进行销售。

1. 市场开发

在进入某个市场之前,企业一般需要进行市场调研、招聘人员、做好公共关系、策划市场活动等一系列工作,而这些工作均需要消耗资源——资金及时间。由于各个市场地理位置及地理区划不同,市场开发难度各异,开发不同市场所需的时间和资金投入也不尽相同。在市场开发完成之前,企业没有进入该市场销售的资格。开发不同市场所需的时间和资金投入如表 3-1 所示。

表 3-1　　　　　　　　开发不同市场所需的时间和资金投入

市场	开发费用/M	开发时间/年	说　明
本地	1	1	・各市场开发可同时进行;
区域	1	1	・资金短缺时可随时中断或终止投入;
国内	2	2	・开发费用在年末平均支付,不允许加速投资;
亚洲	3	3	・市场开发累计投资达到要求后,即开发完成;
国际	4	4	・市场开发完成后,领取相应的市场准入证

2. 市场准入

当某个市场资金投入与开发时间均达到相应要求后,就意味着该市场开发完成,企业取得了在该市场上进行销售的资格(取得相应的市场准入证)。此后企业就可以在该市场上投放广告,进行宣传,以争取客户订单,销售产品,获取利润。

想一想

◇ 根据你对市场情况的分析,你会开拓哪些市场?什么时候开发呢?
◇ 企业在第一年开始研发投入亚洲市场,持续投入,则亚洲市场在第几年开发完毕？如果在第二年中断投入，第三年恢复投入，则哪一年开发完毕呢？

特别提示

◇ 上面提到的5个市场是相互独立的，不存在包含的关系。即如果一家公司只开发了国际市场，那么它就只能在国际市场上销售，而没有在其他任何一个市场销售的资格。如果想在亚洲市场销售的话，那么必须开发亚洲市场，取得亚洲市场的准入证，依此类推。

◇ 市场开发所发生的支出计入当期的综合费用。

3.2.2 参加订货会选取订单

众所周知，客户订单的获得对企业至关重要，只有将生产的产品销售出去，企业才能获得资金和收益，以实现持续经营和发展。同时，客户订单和销售预测是企业组织生产的依据，企业根据拿到的订单合理安排生产的产品、数量、时间段等。销售预测从商业周刊得到，这是商业情报的一部分内容，将在下一章节中做详细说明。

1. 新年度规划会议

每年年初，各企业的高层管理人员将召开新一年度的规划会议，制定本年度的发展战略。其中，由营销总监负责收集商业情报，了解竞争对手的产品种类、生产布局、财务状况、可能的发展战略等商业信息，并参加客户订货会，结合企业自身的现状与目标，投入大量的资金和人力做营销策划、广告宣传等，以使本企业的产品能够深入人心，争取到尽可能多的客户订单。客户订货会类似于现实商业中的招标会，只不过现实商业中的标书在模拟经营中换成了更为简单的广告投放和市场地位状况，各企业根据其广告排名及市场地位来确定选取订单的顺序。

2. 市场地位

市场地位是针对每个市场而言的，即同一企业在不同市场中，其市场地位可能是不同的。企业的市场地位根据上一年度各企业的销售额排列，销售额最高的企业称为该市场的"市场领导者"，俗称"市场老大"。市场领导者在订单选取时具有优先权，此部分规则将在"订单争取"板块具体介绍。

3. 广告投放

广告是企业获得订单的基础。企业在拥有了市场准入资格和产品生产资格后，只有在相应市场和产品上投放广告，才能进行销售。广告是分市场、分产品投放的，投入1M有一次选取订单的机会，以后每多投2M增加一次选单机会。例如：投入7M表示可以拿4张订单，但是否能有4次拿单的机会则取决于市场需求、竞争态势等；投入2M只能拿一张订单，但是比投入1M的企业优先拿到订单。

4. 客户订单

市场需求用客户订单的形式表示。订单上会标注订单编号、订单价值总额、产品数量、交货期、账期、企业质量认证要求等要素。其中，交货期表示企业必须在此期限前交货，否则视为违约，违约会受到处罚。如交货期为1Q的订单，必须在第一季度交货。因此，营销总监接单时要考虑企业的产能。

订单上的账期代表客户收货时货款的交付方式。若为0账期，则为实时现金付款；若为3账期，表示客户付给企业的是3个季度的应收账款，要过3个季度才能收回现金（应收账款可按一定贴现比率提前收回,在"企业筹资方案"板块具体介绍)。

ISO 表示拿到该订单的企业必须具有的质量认证要求,如"ISO9K"表示企业必须具有 ISO 9000 认证资格,才能拿到该订单。

如果由于产能不够或其他原因,导致本年不能按要求交货而违约,企业为此应受到以下处罚:

(1) 因不守信用市场地位下降一级,如市场领导者变为普通企业;

(2) 违约订单收回,逾期不能交付;

(3) 订单收回时扣除该张订单总额的 20%(四舍五入)作为违约金,并在第 4 季度结束后扣除,违约金记入"其他"。

知识链接

◇ 什么是 ISO?

ISO(International Organization for Standardization)即国际标准化组织,是一个全球性的非政府组织。ISO 的宗旨是"在世界上促进标准化及其相关活动的发展,以便于商品和服务的国际交换,在智力、科学、技术和经济领域开展合作"。

◇ 什么是 ISO 9000?

ISO 9000 是指质量管理体系标准,它不是指一个标准,而是一系列标准的统称。ISO 9000 标准是针对组织的管理结构、人员、技术能力、各项规章制度、技术文件和内部监督机制等一系列体现组织保证产品及服务质量的管理措施的标准。

◇ 什么是 ISO 14000?

ISO 14000 环境质量管理系列标准是国际标准化组织编制的环境管理体系标准,其标准号从 14001~14100 共 100 个,这些标准号统称为 ISO 14000 系列标准。ISO 环境质量管理系列标准顺应国际环境保护的发展,融合了世界上许多发达国家在环境管理方面的经验,依据国际经济与贸易发展的需要而制定,是一套完整的、操作性很强的体系标准。它的基本思路是预防和减少环境影响,持续改进环境管理工作,消除国际贸易中的技术壁垒。

想一想

◇ 你会如何选择订单,是订单数量最多,单价最高,还是总额最大?除此之外,你选取订单会考虑哪些因素?

5. 订单争取

在每年一度的销售会议上,将综合企业的市场地位、广告投入、市场需求及企业间的竞争态势等因素,按规定程序争取订单。客户订单是按照市场划分的,每个市场的订单选取不会相互影响。选单次序如下:

首先,由上一年度该市场的市场领导者最先选取订单。

其次,其他企业按每个市场单一产品广告投入量从高到低,依次选取订单;如果某单一产品广告投放相同,则比较该市场两者的广告总投入;如果该市场两者的广告总投入也相同,则根据本年度广告投放的时间先后依次选单。

特别提示

◇ 无论你投入多少广告费,每轮你只能选取 1 张订单,然后等待下一次选单机会。

◇ 各个市场的产品数量有限,打广告不一定能得到订单。只有科学分析市场预测并且"商业间谍"得力的企业,才能占据优势,获得尽可能多的销售订单。

3.3 企业运营规则

在现实生活中,企业运营需要遵循分门别类、名目繁多的各项法律、法规和其他规则。举例来讲,仅财务中的"税收"一项,就包括增值税、营业税、所得税及其他税种。其内容之多,可能需另写一本《税务会计》才能列全。在"ERP 沙盘模拟"课程中,我们不可能各项细节面面俱到,只能采取相对简化的方式,抓大放小,做到简单而有效地模拟企业经营环境。

本着简化的原则,我们将企业运营需要遵守的各项规定分为以下六个方面进行阐述。

3.3.1 厂房购买、出售与租赁

厂房是企业进行生产经营活动的必要场所,也是企业的固定资产。企业可以选择购买、租用等方式获得生产厂房。在 ERP 沙盘模拟经营中,有大厂房和小厂房两种厂房可供企业选择使用。大、小厂房在买价、租金、售价及容量上均不相同,学生需要综合考虑企业的发展前景和市场需求情况,作出决策。各厂房购买、租赁、出售的相关信息如表 3-2 所示。

表 3-2　　　　　　　　　　厂房购买、租赁与出售

厂房	买价	租金	售价	容量
大厂房	40M	5M/年	40M	6 条生产线
小厂房	30M	3M/年	30M	4 条生产线

特别提示

◇ 厂房可随时按购买价值出售,得到的是 4 个账期的应收账款。

◇ 紧急情况下可厂房贴现,厂房贴现相当于将厂房出售后得到的应收款直接贴现,同时扣除对应厂房租金后,直接得到剩余的现金。如将大厂房贴现后,得到 4 账期 40M 应收账款,按照 4 个季度贴现率 12.5% 计算,再扣除大厂房租金 5 M/年,从而得到净现金 30M。

◇ 厂房的年限相对较长,在模拟经营中不提折旧。

◇ 购买厂房时,一次性支付购买价款,无后续费用。

3.3.2 生产线购买、转产与维修、出售

生产线是产品生产过程所经过的路线,即从原材料进入生产现场开始,经过加工、运送、装配、检验等一系列生产活动所构成的路线。按生产节奏快慢,生产线又分为流水生产线和

非流水生产线;按自动化程度,分为自动化生产线和非自动化生产线。柔性生产线又名生产流水线,是把多台可以调整的机床联结起来,配以自动运送装置而组成的生产线。它具有适应订单多品种、小批量、频繁转变产品型号的特点。

在 ERP 沙盘模拟经营中,我们简化生产线的种类,可供选择的生产线主要有手工生产线、半自动生产线、全自动生产线和柔性生产线。不同类型生产线的主要区别在于生产效率和转产的灵活性。生产效率是指单位时间内生产产品的数量;灵活性是指转产生产新产品时设备调整的难易程度。

投资新生产线时按照安装周期平均支付投资费用,全部投资到位后的下一周期为生产线的建成时间,可以领取产品标识,开始生产。如投资新建一条柔性线,第一年第一季度开始投资,连续投资 4 个季度,第一年第四季度结束时投资完成,即在第二年第一季度建成,可以投入生产。另外,手工生产线无需安装周期,因此购买当季即可投入使用。资金短缺时,任何时候都可以中断投资,但不能加速投资。

有关生产线购买、转产与维修、出售的相关信息如表 3-3 所示。

表 3-3　　　　　　　　生产线购买、转产与维修、出售

生产线类型	购买价格	安装周期	生产周期	转产周期	转产费用	维修费	残值
手工生产线	5M	无	3Q	无	0	1M/年	1M
半自动生产线	10M	2Q	2Q	1Q	1M	1M/年	2M
全自动生产线	15M	3Q	1Q	1Q	2M	1M/年	3M
柔性生产线	20M	4Q	1Q	无	0	1M/年	4M

特别提示

◇ 所有生产线均可以生产所有种类产品。

◇ 在建工程及当年已售出的生产线不用支付维修费。

◇ 生产线转产是指生产线由生产一种产品转为生产其他产品,如半自动生产线原来生产 P1 产品,如果转产 P2 产品,需要改装生产线,因此需要停工一个周期,并支付 1M 改装费用。下一季度能且只能用于生产 P2 产品。只有空闲并且已经建成的生产线方可转产。

◇ 在建工程及当年新建设备不计提折旧,每条生产线单独计提折旧,折旧采用平均年限法,分 4 年折完,即每年折旧五分之一。折旧达到规定年份后,剩余的残值会保留,不再计提折旧,该生产线也可继续使用,直到该生产线变卖为止。

◇ 生产线不允许在不同厂房移动。

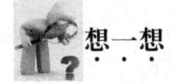

想一想

◇ 从第一年第一季度起连续投资新建全自动生产线,第一年建成。第三年时,折旧了 3 M,生产线的价值为 12M,如此时将其变卖,得到残值是多少?

◇ 衡量投资效益的一个重要指标是投入产出比,生产线是一种资金投入,其选择的标准是什么? 我们应该如何选择生产线?

3.3.3 产品生产

产品研发完成后,可以接单生产。生产不同的产品需要的原料不同,各种产品所用到的原料及数量如图 3-15 所示。

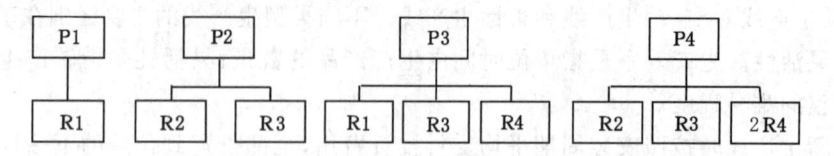

```
   P1            P2              P3                 P4
   |             |               |                  |
   R1         R2  R3         R1 R3 R4          R2  R3  2R4
```

图 3-15 P 系列产品的 BOM 结构

每条生产线同时只能有一个产品在线生产。产品上线时需要支付加工费,不同生产线的生产效率不同,即生产所需要的时间不同,但需要支付的加工费是相同的,均为 1M。每生产一个产品只要付一次加工费,比如用手工生产线生产产品 P1,第一周期需付 1M 加工费,第二周期产品处于在制品状态,无需另付加工费,直到产品下线。

> **知识链接**
>
> ◇ BOM (Bill of Material) 即物料清单。它是描述企业产品组成的技术文件,不仅罗列出某一产品的所有构成项目,同时也要指出这些项目之间的结构关系,即从原材料到零件、组件直到最终产品的层次隶属关系。每个制造企业都有物料清单,在化工、制药和食品行业可能称为配方、公式或包装说明,但说的都是一回事,即如何利用各种物料来生产产品。

3.3.4 原材料采购

原材料采购涉及两个环节:签订采购合同和按合同接收原材料。签订采购合同时要注意采购提前期。R1、R2 原料需要一个季度的采购提前期,即本周期采购下个周期才能收料进行生产;R3、R4 原料需要两个季度的采购提前期。货物到达企业时,必须照单全收,并按规定支付原料费,即在接收原材料时才要支付原料费,签订合同时并不需要支付。

3.3.5 产品研发与国际认证体系

1. 产品研发

P1、P2、P3、P4 4 种产品的技术含量依次递增,需要投入的研发时间和研发投资是有区别的,如表 3-4 所示。

表 3-4   产品研发需要投入的时间及研发费用

产品	P1	P2	P3	P4
研发时间	2Q	4Q	6Q	6Q
研发投资	2M	4M	6M	12M

特别提示

◇ 各产品可同步研发;按研发周期平均支付研发投资;资金不足时可随时中断或终止产品研发;全部投资完成的下一周期方可开始生产;某产品研发投入完成后,可领取产品生产资格证。

2. ISO 认证

产品的质量往往是客户最为关注的,高质量的产品来自于良好的企业内部质量管理。同时,企业在其生产运营过程中不可避免地对环境产生影响,在全球环境日益恶化的情况下,社会对企业提出了更高的环境要求。随着中国加入 WTO,国内市场逐渐与国际接轨,客户的质量意识及环境意识也变得越来越清晰。经过一定时间的市场孕育,最终会反映在客户订单中。企业要进行 ISO 认证,需经过一段时间并花费一定费用,如表3-5 所示。

表 3-5　　　　　　　　ISO 认证需要投入的时间及认证费用

ISO 认证体系	ISO 9000 质量认证	ISO 14000 环境认证	说　明
持续时间	2 年	2 年	• 两项认证可以同时进行,按研发周期平均支付认证费用; • 资金短缺的情况下,投资随时可以中断; • 认证完成后可以领取相应 ISO 资格证
认证费用	2M	4M	

3.3.6　企业筹资方案

资金是企业的血液,是企业任何活动的支撑。企业筹资是指企业作为筹资主体根据其生产经营、对外投资等需要,通过各种筹资渠道,经济有效地筹措资本的活动。现实生活中,企业筹资渠道主要有企业所有者自筹、发行股票债券、发行商业本票、银行贷款、租赁筹资等形式。在"ERP 沙盘模拟"课程中,企业融资渠道主要有以下几种。

1. 长期贷款和短期贷款

企业向银行借贷,贷款的总额度取决于本企业上年末所有者权益的多少。

每个企业在每年年初只有一次申请长期贷款的机会。长期贷款的最长期限为 5 年,年利率为 10%,每年年初付息,到期还本并支付最后一年的利息。

知识链接

◇ 所有者权益是指企业投资人对企业净资产的所有权。所谓净资产,是指在数量上等于企业全部资产减去全部负债后的余额。所有者权益按其构成,分为投入资本、资本公积和留存收益三类。

每个企业每季度只有一次申请短期贷款的机会。短期贷款的期限为 1 年,即今年的某一季度借款,到下一年度的同一季度归还,年利率为 5%,到期时一次性还本付息。

> **特别提示**
> ◇ 贷款额度＝上一年所有者权益×3－已申请的长期贷款与短期贷款之和；
> ◇ 长期贷款到期时，每年年初由系统自动扣除，在操作盘面上表现为点击"进入新一年度"时自动扣除；短期贷款到期时，将于当季开始时由系统自动扣除，在操作盘面上表现为点击"更新短期贷款"时自动扣除。

2. 贴现

所谓贴现，是指将尚未到期的应收账款提前兑换为现金。在资金出现缺口且不具备向银行贷款的情况下，可以考虑应收款贴现。应收款贴现随时可以进行，不同账期的应收款采用不同的贴现率，1、2期应收款按1∶10（10M应收款交1M贴现费，小于10M的贴现也收取1M贴现费）的比例支付贴息，3、4期应收款按1∶8（8M应收款交1M贴现费，小于8M的贴现也收取1M贴现费）的比例支付贴息。只要有足够的应收款，可以随时贴现（包括每年支付广告费用时，也可使用应收款贴现）。

> **特别提示**
> ◇ 贴现费用向下取整，所支付的贴息计入财务费用。

3. 融资租赁

企业购买的厂房可以出售，出售后的厂房仍可以使用，但需要支付租金。厂房按购买价值出售，得到的是4账期应收账款，具体分析见上述。

但在紧急情况下，且操作步骤还没有轮到变卖厂房时，可以利用厂房贴现的方式直接将厂房的价值按照4Q应收账款贴现（按1∶8的比例）。例如：如果紧急出售有生产线的大厂房，将实际获得现金30M，其中5M转入厂房租金；如果紧急出售的大厂房中无生产线，则将实际获得现金35M。

4. 库存拍卖

现金断流时，可以采用处理原料和产品的方式融资。产品可以按照成本价售出；原料按照8折的售价售出，且向下取整，即5M原料回收4M，8M原料回收6M（8M×0.8＝6.4M，6.4M向下取整为6M）。库存拍卖损失计入"其他"。

下面对比几种融资方式列于表3-6中。

表3-6 企业可能的各项融资方式及财务费用

贷款类型	贷款时间	贷款额度	年息	还款方式
长期贷款	每年年初	所有长、短期贷款之和不超过上年所有者权益3倍	10%	年初付息，到期还本，10倍数
短期贷款	每季度初		5%	到期一次还本付息，20倍数
资金贴现	任何时间	不超过应收款总额	1/8（3、4季），1/10（1、2季）	变现时贴息
库存拍卖	任何时间	原材料8折（向下取整），成品原价		
厂房出售	可将拥有的厂房出售，获得相应的应收账款；也可以将厂房贴现，得到现金			

想一想

◇ 根据长期贷款和短期贷款的特点,如何灵活运用长期贷款和短期贷款以充分发挥两者的长处?

3.4 经营评比规则

在现实生活中,企业的经营行为和绩效,一方面有政府部门和专门的评级机构监督和评定,如工商行政管理局和信用评级公司等;另一方面广大消费者"用脚投票",用其自身的消费行为对企业进行评判。在"ERP沙盘模拟"课程中,则简化为若干评分规则。

3.4.1 违规及扣分

在企业运行过程中,对于未能按照规则运行的企业和不能按时完成经营的企业,在最终竞赛总分中给予减分处罚,处罚标准由上课教师自行确定。违规主要有以下几种情况:

(1) 运行超时,指不能按时完成界面操作和提交报表的情况。

(2) 账实不符,上交的报表与"系统"提供的报表有出入(如资产负债表两边不平、销售统计与利润表中销售收入不一致等)。此时,以"系统"提供的报表为准,修订学生的报表数据。

(3) 其他违规现象,如盘面与"系统"提供的状态不符,对裁判正确的判罚不服从,在模拟经营期间擅自到其他场地走动,其他严重影响课程正常进行的活动等。

3.4.2 破产清算

(1) 系统在"广告投放完毕"、"当季(年)开始"、"当季(年)结束"、"更新原料库"等4个测试点,会进行自动检测,判断模拟企业已有现金加上最大可能变现现金(最大贴现、出售所有库存、厂房贴现等)后,是否具有足够的支付能力。如果不够,"系统"则判定该模拟企业"破产",并关闭该企业运行系统。此时,应及时联系裁判,做最终的判定。

(2) 当年结束,若权益为负(不论是否拥有现金),则系统判定该模拟企业"破产",关闭运行系统。此时,亦需联系裁判做最终判定。

想一想

◇ 为什么当企业还有大量现金时,权益为负也会被视为破产呢?

3.4.3 评分标准

现实生活中对企业的评价标准没有统一的规定,而在模拟经营中,我们将标准简化为若干数据,最终以评分作为判别优胜的标准。模拟经营的结果会综合各模拟企业的最后权益、生产能力、资源状态等因素,分数高者为优胜。

总分计算公式为:

$$总分 = 最终权益 \times (1 + A/100) - 罚分$$

上式中 A 为综合得分，即表 3-7 中各项得分分数之和。

表 3-7

项　目	得　分
手工生产线	+5/条
半自动生产线	+7/条
全自动/柔性生产线	+10/条
区域市场开发	10
国内市场开发	10
亚洲市场开发	10
国际市场开发	10
ISO 9000	10
ISO 14000	10
P1 产品开发	10
P2 产品开发	10
P3 产品开发	10
P4 产品开发	10

第 4 章

企业运营说明

学习目标

◇ 掌握规则并能熟练运用电子沙盘操作界面
◇ 完成电子沙盘的操作流程
◇ 基本能将经营计划在电子沙盘中实现

> 课前导读

精益管理与六西格玛

许多企业和组织的管理层,他们都有一个共同的问题:"我们怎样把六西格玛和精益管理结合起来?"或者是"我们已经实施了六西格玛,那么怎样导入精益管理?"反之亦然。

首先,我们必须弄清楚什么是精益,什么是六西格玛,当然每个人的理解可能都会有所差异。因此,先让我们看看这两者最纯粹的定义,以接近其本质。

精益的核心理念在于消除企业活动过程中的各种浪费(waste),提倡从顾客端拉动运作,按照节拍时间以单件流形式连续生产,从而使企业活动实现最大可能的增值。

精益其实是一种企业如何运作的思路,而不是一种工具!

精益是从顾客的角度去定义什么是"价值",而不是从企业的角度,认为提供的产品或服务就是价值。一旦清楚这一点后,整个企业组织范围内的增值与非增值活动就很容易识别开来。下一个步骤就是掌握如何"恰当"地消除非增值部分活动,以使产品或服务很顺畅地流向顾客。在这里,循序渐进并恰到好处地消除浪费是关键。

精益非常强调人的因素,例如员工士气、熟练技能、全员参与度、持续改善的思想等。比较多的是直观判断和简单的数据分析。在实施过程中碰到的问题是:员工有抵触情绪,缺乏变革思想,员工不稳定,各种操作流程没有标准化,质量不稳定等。

六西格玛的主要目的是消除或减少价值流程中的变异(variation)。

实际操作中,六西格玛强调企业高层的领导力和组织架构的支持,以项目小组的形式展开工作,较多地使用了许多强大的统计分析工具,如DOE、假设检验等。在实施过程中通常遇到的问题是:数据没有代表性,统计分析工具的错误,片面追求形式化的倾向,流程改善后没有得到良好的控制,员工对统计工具有畏难情绪等。

一个充满了变异(variation)的流程是不可能流畅的(flow)。

如上所言,精益是一种宏观的企业运作的思路,而六西格玛则提供一种非常强大的分析工具。我们的做法通常是为企业制订一个详细的精益长期实施计划,包括将来要达到的状态,使用到的工具以及该工具何时何地何人使用,实施任务责任人等。缺乏这个愿景,六西格玛专家将不了解整个企业组织的发展方向和计划,无法了解到实施六西格玛对企业的影响。他们的作用和影响也就仅仅局限于被识别出来的问题所在的"点"上去减少差异性。

从精益的角度来看,在某个价值流内的大部分的企业活动(包括服务、生产、行政管理)都可以被归入非增值部分。所以,当六西格玛专家去解决问题减少变异时,其实他们面临的是这个"问题"往往会被代替或更改掉!因为企业要建立更加流畅的价值流和做到更少的浪费!一旦计划和工具都已经有了,就可以划出六西格玛专家的用武之地了。对于大部分的中国企业,在标准化和稳定化方面还有很大的差距。正确的做法是先进行企业诊断,看看短板在哪里,然后缺啥补啥,不局限于精益或六西格玛,根据企业的特点制订实施方案。

从精益的角度思考企业的运作,帮助企业建立一个清晰的未来状态实施计划,并且用六西格玛的优势去减少价值流的变异。

这样做的结果是:六西格玛的优点和长处成为了企业的战略和发展方向的一部分,六西格玛对整个企业变革成功的贡献得到最大化，包括企业效益和顾客满意度的提升。六西格玛专家们再也不是孤军作战，或者只是在"点"上得到改善了，因为六西格玛已经融合进企业的长期发展和成功当中。

——摘选自搜狐财经

流程化管理与精益管理是企业运营中常被提及的关键问题，如何提高企业运营效率，规避环节缺失导致的失误，是任何一家企业都极力解决的问题。在ERP沙盘模拟经营中，"创业者5.0"系统为我们规范了模拟经营的操作流程。在这一章中，我们就来感受流程化管理的魅力所在。

4.1 "创业者"平台介绍

我们所见的企业模拟经营可分为基于过程和基于纯决策两类——前者以"创业者"企业模拟经营系统为代表；后者以"Cesim"和"商道"为代表。前者注重经营过程、模拟情景，适合于没有企业经验的大中专学生；后者更侧重的是对诸多决策变量进行分析，适合于有企业经验的MBA学生或社会人士。前者的核心是模拟出企业经营场景并对过程进行合理控制；后者的核心是对经营变量的数学建模。前者总体看是一个"白箱"博弈过程；后者是一个"黑箱"博弈过程。

对于没有企业经验的学生而言，首先就是要获得经营的感性认识，然后以此为基础，在一步步决策过程中获取和深化管理知识。本书采用新道"创业者5.0"版电子沙盘系统作为教学系统，侧重于决策过程与经营情景的模拟，各位学生在经营中需细心体会。

在正式操作之前，简要介绍电子沙盘盘面和进入方法。

先介绍进入方法。首次登录时，在IE地址栏中输入"http://服务器地址"，进入登录界面，如图4-1所示。登录用户名为裁判分配的"U01"、"U02"、"U03"等，初始密码为"1"。登录系统后需要修改登录密码，填写公司名称、公司宣言及各角色姓名。之后每次进入系统，均要输入用户名和密码。

图4-1 "创业者"5.0学生端登录界面

接下来介绍电子沙盘盘面，如图4-2所示。

图 4-2 "创业者"学生端界面

电子沙盘的盘面大体分为三个区：公示区、状态区和操作区。公示区在界面最顶端，主要列示了公告信息、规则说明、市场预测、新手指南和退出系统。公示区下一栏显示了组别、当前经营时间、经营状态。状态区在整个界面的右边，主要是企业当前的经营信息，包括财务信息、研发认证信息、库存采购信息。操作区则是各年度、季度的具体操作，如进行长短期贷款、购置厂房、新建生产线、研发产品、开拓市场等。

在本系统中，操作区上方显示了操作者的厂房和生产线设备实时生产情况。操作时有部分操作是可以在任意时间进行的，如贴现、紧急采购、出售库存、厂房贴现、订单信息。还有一些不在操作区的如查询规则、市场预测信息，这些图标集中在公示区。另外，"间谍"也在操作区。有些操作是需要按照顺序每操作完成点完操作区上方的按钮才可以继续进行下一步操作。这一点对于新手来说，可能会问建生产线的图标在哪里？订购原料的图标呢？怎么一开始只有一个投放广告的图标？实际上，按操作区显示的图标完成一个操作后才能进入下一个操作。

特别提示

操作必须严格按照一定的流程进行，因为操作一旦完成，系统就自动关闭相关项目的操作权限而直接进入下一个操作，无法继续返回操作。

4.2 企业运营流程

企业经营流程表代表了企业简化的工作流程，也是企业经营模拟中各项工作需要遵守的执行顺序。运营流程分为年初 4 项工作、按季度执行的 18 项工作和年末需要做的 5 项工作。执行任务清单时由 CEO 主持，团队成员各司其职、有条不紊，每执行完一项任务，CEO 在方格中打勾作为完成标志。

现金是企业的血液。伴随着企业各项活动的进行，会发生现金的流动。为方便学生操作，在本书附录 A 部分附有企业经营过程记录表，其中包括了每一年度、每一季度的任务清单。因为任务清单设计时已经做好安排，执行时必须严格按照自上而下、从左到右的顺序进行。

为了清晰记录现金的流入和流出，在任务清单中设置了现金收支明细登记。CEO 带领大家每执行一项任务时,如果涉及现金收付,财务总监在收付现金的同时,要相应地在方格内登记现金收支情况。

4.2.1 年初 4 项工作

Work 1　新年度规划会议

新的一年开始之际,各模拟企业要制订(调整)企业战略,作出经营规划、设备投资规划、营销策划方案等。具体来讲,需要进行销售预算和可承诺量的计算。

常言道:"预则立,不预则废"。预算是企业经营决策和长期投资决策目标的一种数量表现,即通过有关的数据将企业全部经营活动的各项目标具体、系统地反映出来。销售预算是编制预算的关键和起点,主要是对本年度将要达成的销售目标的预测,销售预算的内容是销售数量、单价和销售收入等。

ATP(available to promise quantity)即可承诺量的计算,是指参加订货会之前,需要计算企业的可接单量。企业可接单量主要取决于企业现有库存和生产能力,因此产能计算的准确与否会直接影响订单交付能否顺利进行。

在明确今年的销售任务后,各企业需要以销售为龙头,结合对未来的预期,编制生产计划、采购计划、设备投资计划并进行相应的资金预算。将企业的供、产、销活动有机结合起来,使企业各部门的工作形成一个有机的整体。

Work 2　广告/订单

(1) 投放广告

在电子沙盘中,输入各市场的广告费,完成所有市场产品广告投放后,点击"确认投放"退出(如图 4-3 所示),退出后不能返回更改。

产品市场	本地	区域	国内	亚洲	国际
P1	0 W	1 W	0 W	0 W	0 W
P2	0 W	1 W	0 W	0 W	0 W
P3	0 W	0 W	0 W	0 W	0 W
P4	1 W	0 W	0 W	0 W	0 W

图 4-3 "创业者"投放广告界面

特别提示

◇ 广告投放完成后,可以在公告信息栏下载,查看已经完成广告投放的其他企业所投放的广告。

◇ 点击"确认投放"时,系统会同时自动扣除长期贷款本息及税金,所以各企业在投放广告时一定要计算出要支出的现金总额,确保有足够的现金可供支付。

(2) 参加订货会选订单

各企业派营销总监参加销售会议,系统自动依据以下规则确定选单顺序:上年市场销售第一名(无违约)→本市场本产品广告额→本市场广告总额→本市场上年销售排名→仍不能判定，先投广告者先选。

　　争取客户订单时，应以企业的产能、设备投资计划等为依据，计算出企业的可承诺量，既要避免接单不足、设备闲置，也要避免盲目接单、无法按时交货，引起企业信誉降低。

　　在电子沙盘中，选单时的操作界面如图4-4所示。

　　① 选单有时间限制，第一个选单者有60秒时间，之后每个选单者选单时间为40秒。选单时，必须在倒计时以内进行操作，否则系统会视为放弃本回合选单。

　　② 选单权限系统会自动传递，上一个选单企业选完单后会自动跳转到下一个选单企业。

　　③ 选单企业可放弃本回合(该市场的确定产品)选单。

图4-4 "创业者"参加订货会界面

特别提示

◇ 选单时，某些订单有特殊要求，企业未能达到，则该企业不具有此订单的选单权限。

◇ 必须在倒计时5秒内选单，出现确认框要在3秒内按下"确认"按钮，否则可能造成订单无效。无论是主动放弃还是超时系统放弃，都将视为退出本回合的选单。

◇ 每回合选单可能有若干轮，每轮选单中，各队按照排定的顺序依次选单，但只能选一张订单。当所有队都选完一次后，若再有订单，开始进行第二轮选单，依次类推，直到所有订单被选完或所有队退出选单为止，本回合结束。

(3) 登记销售订单

　　客户订单相当于客户与企业签订的订货合同，接单企业需要进行登记管理。

　　营销总监参加完订货会后，负责将订单登记在"订单登记表"中，记录每张订单的订单号、所属市场、所订产品、产品数量、订单销售额、应收账期等，如表4-1所示。

　　财务总监将广告费放置在沙盘上的"广告费"位置，并记录支出的广告费。

表 4-1　　　　　　　　　　　　　订单登记表

订单号								合计
市场								
产品								
数量								
账期								
销售额								
成本								
毛利								
未售								

注：订单登记表详见附录 A 部分。

Work 3　支付应付税金

依法纳税是每个企业和公民的义务。财务总监按照上一年度利润表的"所得税"一项的数值取出相应的现金放置于沙盘上的"税金"处并做好现金收支记录。

在电子沙盘中，投放广告时，系统自动扣除应缴税额。

Work 4　利息/长期贷款

(1) 支付利息/长期贷款还款

长期贷款的还款规则是每年付息，到期还本。

如果企业有长期贷款，支付本金的 10% 作为利息，财务总监从现金库中取出长期贷款利息置于沙盘上的"利息"处，并做好现金收支记录。

如果长期贷款当年到期，财务总监从现金库中取出现金支付利息的同时，归还本金。

(2) 更新长期贷款

如果企业有长期贷款，财务总监将装长期贷款的桶子向现金库方向移动一格；当移至现金库时，表示长期贷款到期。

(3) 申请长期贷款

长期贷款只能在年初申请。财务总监将所申请的长期贷款放到现金库，并在长期贷款相应账期处摆上同等数量的货币。

电子沙盘操作：

◇ 年初进行长贷操作：点击"申请长贷"图标，选择需贷款年限并输入需贷款额度，点击"确认"后不可更改，如图 4-5 所示。

◇ 申请长贷时可进行不同贷款年限的若干次操作。

◇ 申请长贷完成后，再点击"当季开始"按钮，开始接下来的经营。"当季开始"按钮在状态区中间位置。

◇ 长期贷款的申请额度为：上一年所有者权益×3－已有长短期贷款之和。

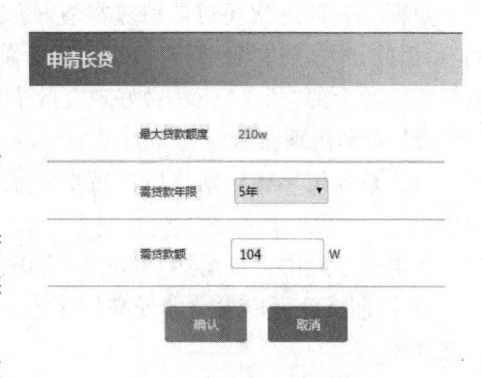

图 4-5　"创业者"申请长贷界面

📌 特别提示

◇ 点击"当季开始"后不可再进行长贷。

◇ 在投放广告时,应交税金、长贷利息、归还长贷系统自动扣除。

4.2.2 每季度 18 项工作

Work 1 季初现金盘点(请填余额)

避免操作中出错的一个重要方法就是对自己的现状了然于胸。每季度季初,财务总监盘点当前现金库中的现金,并记录现金余额。

在电子沙盘中,点击"当季开始",出现如图 4-6 所示界面。

📌 特别提示

◇ 长贷后点击"当季开始"。

◇ 系统自动扣除短贷本息,调整现金。

◇ 系统自动完成更新生产、产品入库及转产操作。

图 4-6 "创业者"当季开始界面   图 4-7 "创业者"申请短贷界面

Work 2 短期贷款操作

(1) 更新短期贷款

如果企业有短期贷款,请财务总监将装短期贷款的桶向现金库方向移动一格。移至现金库时,表示短期贷款到期。

(2) 还本付息

短期贷款的还款规则是利随本清,短期贷款到期时,每桶需要支付 $20M \times 5\% = 1M$ 的利息,因此,本金与利息共计 21M。财务总监从现金库中取现金,其中 20M 还给银行,1M 放置于沙盘上的"利息"处并做好现金收支记录。

(3) 申请短期贷款

财务总监按年初计划将所借短期贷款摆在 4Q 短贷处,并取相同数量的货币放到现金库中。

在电子沙盘中,"申请短贷"的界面如图 4-7 所示。

◇ 短期贷款可以申请的最高额度为:上一年所有者权益×3-已申请的长期贷款、短期贷款之和。

第 4 章　企业运营说明

> **特别提示**
> ◇ 短期贷款只有在这一时点才可以申请,一季只能操作一次。
> ◇ 短期贷款期限系统默认为 4 个季度,不可更改,到期系统自动扣除本息。

Work 3　原材料入库/更新原料订单

供应商发出的订货已运抵企业时,企业必须无条件接受货物并支付原料款。采购总监将原料订单区或在途区中的桶子向原料库方向推进一格,到达原料库时,向财务总监申请原料款支付给供应商,换取相应的原料,财务总监要做好现金收支记录。

在电子沙盘中,系统自动提示需要支付的现金,点击"确认"更新即可,如图 4-8 所示。系统自动扣减现金。

> **特别提示**
> ◇ 一季只能操作一次。
> ◇ 原材料到期时,必须一次性现金付清,不可更改。
> ◇ 确认更新后,后续的操作权限方可开启(从下原料订单到更新应收款),前面操作权限关闭。

图 4-8　"创业者"更新原料界面　　　图 4-9　"创业者"订购原料界面

Work 4　下原料订单

采购总监根据已经制订好的采购计划,决定采购的原料的品种及数量,每个桶代表一批原料,将相应数量的桶放置于对应品种的原料订单处。

在电子沙盘中,输入所有需要的原料数量,然后点击"确认",如图 4-9 所示。确认订购后不可退订。下原料订单一季只能操作一次,但可以不下订单。

Work 5　购买/租用厂房

要建生产线,必须租用或购买厂房,否则不能新建生产线。

租用或购买厂房可以在任何季度进行。租用时,从现金库取相应数量的货币,放在租金费用处;购买时,从现金库取相应数量的货币,放到厂房的净值处。

◇ 无论是租用还是购买,操作当时就会支付相应费用。
◇ 如果决定租用厂房,一年租期到期时,若决定续租,系统默认,不用点击"新建厂房"。
在系统中选择新厂房类型以及获得的方式后,按"确认"即可,如图 4-10 所示。

特别提示

◇ 租金在进行"租用厂房"或"厂房买转租"等操作时系统予以扣除,下一年的同一季度末,系统将自动扣除租金,直至厂房由租转为买或厂房内无生产线无需继续租用厂房为止。

◇ 此处只是用来购买与租用新厂房,已有厂房或续租厂房不是此处操作。

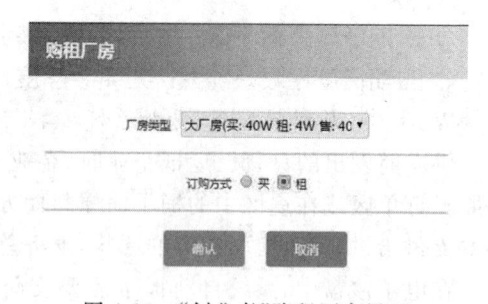

图 4-10 "创业者"购租厂房界面

Work 6 更新生产/完工入库

由采购总监将各生产线上的在制品向前推进一格。产品下线表示产品完工,将产品放置于相应的产成品库。

在电子沙盘中,系统自动更新生产,生产完成自动入库,如图 4-6 所示。

Work 7 生产线操作

(1) 新建生产线

投资新生产线时,采购总监向指导教师领取新生产线标识,翻转放置于某厂房相应位置,其上放置与该生产线安装周期相同的空桶数,每个季度向财务总监申请建设资金。

新建生产线每季度平均支付投资,资金额度=设备总购买价值/安装周期,财务总监做好现金收支记录。

在电子沙盘中,新建生产线,需选择厂房、生产线的类型,特别地要确定生产产品的类型,如图 4-11 所示。生产产品一经确定,本生产线所生产的产品便不能更换;如需更换,须在生产线建成后,进行转产处理。

◇ 每次操作可建一条生产线,同一季度可重复操作多次,直至生产线位置全部铺满,则不能继续新建。

图 4-11 "创业者"新建生产线界面

◇ 新建生产线一经确认,即刻进入第一期在建,当季便自动扣除现金。

(2) 在建生产线

生产线购买后,需要进行一期以上投资的均为在建生产线,要按照该生产线安装周期分期投资并安装。

◇ 财务总监将相应的投资置于生产线净值处。

◇ 在全部投资完成后的下一季度,将生产线标识翻转过来,领取产品标识,将产品标识放到相应位置,该生产线可以投入使用。

在电子沙盘中,系统自动列出投资未完成的生产线,在建生产线是复选操作,选中所有需要继续投资的生产线,如图 4-12 所示。

◇ 在系统中,可以不选择生产线投资,即表示本期不投资。

◇ 一季只可操作一次,点击"确认"后不可再进行重复操作,即使还有正在建设的生产线需要投资。

图 4-12 "创业者"在建生产线界面

> **特别提示**
> ◇ 一条生产线待最后一期投资到位后,必须到下一季度才算安装完成,允许投入使用。
> ◇ 生产线安装完成后,必须将投资额放在设备价值处,以证明生产线安装完成。
> ◇ 生产线一旦建设完成,不得在各厂房间随意移动。
> ◇ 在建生产线只可点击一次,是指必须一次选中所有需要继续投资的生产线,然后点击"确认"。

(3) 生产线转产

生产线转产是指某生产线转产生产其他产品。

◇ 不同生产线类型转产所需的调整时间及资金投入是不同的,请参阅"生产线购买、调整与维修、出售"规则。

◇ 如果需要转产且该生产线需要一定的转产周期及转产费用,请采购总监翻转生产线标识,按季度向财务总监申请并支付转产费用,将转产费用置于财务中心转产费用处。

◇ 停工满足转产周期要求并支付全部的转产费用后,再次翻转生产线标识,领取新的产品标识,开始新的生产。

◇ 财务总监做好现金收支记录。

在电子沙盘中,系统自动列出符合转产要求生产线(建成且没有在产品的生产线),如图 4-13 所示。点击选中需要转产的生产线,并选择转产后的产品类别。转产为同一类型的产品,可以选择多条生产线,并选择转产的产品,此操作可多次进行。

(4) 变卖生产线

当生产线上的在制品完工后,可以变卖生产线。将变卖的生产线按残值放入现金库,将差额部分置于资金费用的其他项,记入当年综合费用中的损失,并将生产线交还给供应商即可完成变卖,财务总监做好现金收支记录。

在电子沙盘中,系统自动列出可变卖生产线(建成后没有在制品的空置生产线,正在转产中的生产线不可出售),如图 4-14 所示。选中需要变卖的生产线后,点击"确认"按钮,可重复操作,也可放弃操作。

Work 8 紧急采购

新产品上线时,原料库中必须备有足够的原料,否则需要停工待料。如果原材料预订不够,又需要当期生产,这时采购总监可以考虑紧急采购。

◇ 紧急采购的规则是每种原材料单价为 2M,成品采购价格为直接成本的 3 倍。

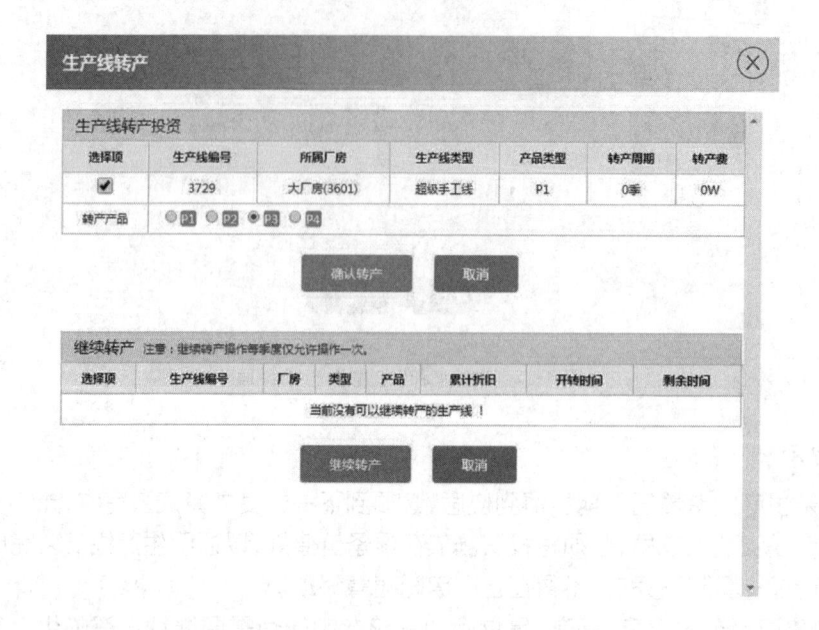

图 4-13 "创业者"生产线转产界面

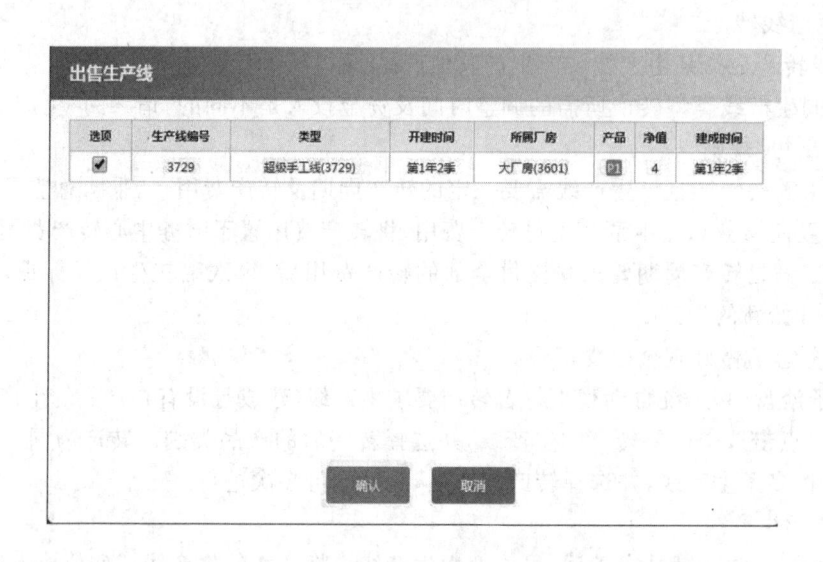

图 4-14 "创业者"出售生产线界面

◇ 财务总监应做好现金收支记录,将差额(支出现金－原料价值)记入综合费用中的损失。

◇ 此操作可在任意时间进行。

在电子沙盘中,紧急采购的操作如图 4-15 所示。选中需要购买的原料或产品,填写购买数量后确认订购,立即扣款到货。原料及产品的价格列示在右侧栏中。

Work 9　开始下一批生产

当更新生产/完工入库后,某些生产线的在制品已经完工,可以考虑开始生产新产品。由采购总监按照产品结构从原料库中取出原料,并向财务总监申请产品加工费,将上线产品摆放到离原料库最近的生产周期,即 1Q 上。

在电子沙盘中,系统自动列出可以进行生产的生产线,如图 4-16 所示,选中需要开始生产的生产线后,点击"确认"按钮即可。

图 4-15 "创业者"紧急采购界面

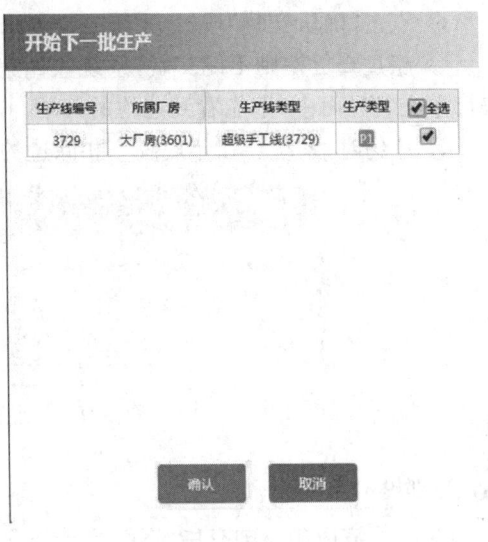

图 4-16 "创业者"开始下一批生产界面

◇ 系统会自动检测原料、生产资格、现金,只有在三方面都满足的情况下才能开始生产。
◇ 操作时,依次选择需要开始生产的生产线,直到窗口中没有生产线列出或提示不能正常开工为止。
◇ 系统自动扣除原料及加工费用。

Work 10　更新应收款/应收款收现

财务总监将应收款向现金库方向推进一格,到达现金库时即成为现金,做好现金收支记录。

在电子沙盘中,应收款更新的界面如图 4-17 所示。

◇ 系统自动更新到期应收款。
◇ 此步操作后,前面的各项操作权限关闭(不能返回以前的操作任务),并开启以后的操作任务,如按订单交货、产品研发、厂房处理权限。

图 4-17 "创业者"应收款更新界面

特别提示

◇ 在更新应收款时,已经贴现的应收款不计入。
◇ 此步骤具有关闭相关操作的功能,所以学生在进行此操作时,一定要检查之前的环节是否已经操作完成。

Work 11　按订单交货

营销总监检查各成品库中的成品数量是否满足客户订单要求,满足则按照客户订单交付约定数量的产品给客户,并在订单登记表中登记该批产品的成本。客户按订单收货,并按订单上列明的条件支付货款。若为现金(0 账期)付款,营销总监直接将现金置于现金库,财务总监做好现金收支记录;若为应收账款,营销总监将现金置于应收账款相应账期处。

在电子沙盘中,系统自动列出当年未交订单,如图4-18所示。

◇ 自动检测成品库存是否足够,交单时间是否过期。

◇ 点击"确认交货"按钮,系统自动增加应收款或现金。

◇ 超过交货期则不能交货,系统收回违约订单。违约订单将直接被取消,即在以后的按订单交货界面中,不能看到违约的订单。

◇ 违约时,系统会在年底统一扣除违约金。

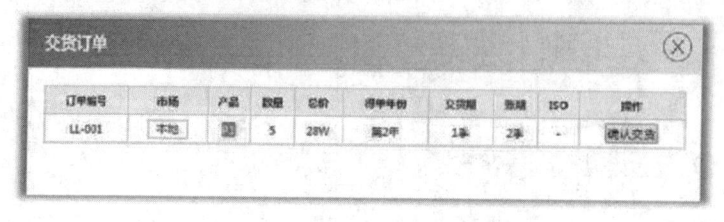

图4-18 "创业者"交货订单界面

📌 特别提示

◇ 必须按订单整单交货,不能拆单分开交货。

◇ 订单登记表中的成本只算其直接成本,即原材料加工人工资。

Work 12　产品研发投资

按照年初制订的产品研发计划,采购总监向财务总监申请研发资金,置于相应产品生产资格位置,财务总监做好现金收支记录。产品研发投资完成,领取相应产品的生产资格证。

在电子沙盘中,此为复选操作,如图4-19所示,需要同时选定本季度所有要开发的产品,一季只允许点选一次。

◇ 点击"确认"按钮并退出本窗口,一旦退出,则本季度不能再次进入。

图4-19 "创业者"产品研发界面

◇ 当季结束系统检测开发是否完成。

Work 13　厂房处理

资金不足时可以出售厂房,厂房无生产线时,可按购买价值出售,但得到的是4账期应收账款。另外,还可对厂房进行退租或是租转买等操作。

◇ 出售时,财务总监将厂房净值处资金放到现金库中。如果厂房里有生产线,则需从现金库中取出相应的租用费用放到财务中心的租金处。

◇ 退租只能在厂房里没有生产线的情况下操作。

◇ 租转买时,先支付本年度厂房租金,再从现金库中取出与购买价格相等的货币放到厂房净值处。

在电子沙盘中,操作界面如图4-20所示。

◇ 如果厂房租用,且离上次付租金已满一年,这时,厂房里有生产线,则可以转为购买,并当季扣除现金。

第 4 章　企业运营说明

图 4-20　"创业者"厂房处理界面

◇ 离上次付租金已满一年,如果不执行租转买操作,系统默认为续租,并在当季结束时自动扣租金。

Work 14　支付管理费

管理费用是企业为了维持运营发放的管理人员工资和必要的差旅费、招待费等。财务总监取出 1M 摆放在"管理费"处,并做好现金收支记录。

Work 15　其他现金收支情况登记

除以上引起现金流动的项目外,还有一些没有对应项目的现金流动,如应收款贴现、厂房贴现及出售库存等可以直接记录在该项中。

(1) 应收款贴现

在电子沙盘中,应收款贴现界面如图 4-21 所示。

◇ 1、2 季应收款与 3、4 季应收款分开。

◇ 应收款贴现可在任意时间操作,且次数不限。

◇ 填入贴现额应小于等于应收款。

◇ 填入的贴现额乘以对应贴现率,求得贴现费用(向上取整)。贴现费用记入财务支出中的"其他"项。

图 4-21　"创业者"应收款更新界面 　　图 4-22　"创业者"厂房贴现界面

(2) 厂房贴现

在电子沙盘中,厂房贴现的界面如图 4-22 所示。

◇ 厂房贴现可在任意时间操作。

◇ 系统自动全部贴现,不允许部分贴现。(关于厂房处理操作参照 Work13)

(3) 出售库存

在电子沙盘中,出售库存的界面如图 4-23 所示,填入出售原料或产品的数量,然后点击"确认"按钮。

◇ 出售库存可在任意时间操作。

◇ 原料、产品按照系统设置的折扣率回收现金。
◇ 售出后的损失部分记入费用的损失项。
◇ 所取现金向下取整。

Work 16　现金收入合计

统计本季度现金收入总额。

Work 17　现金支出合计

统计本季度现金支出总额。第四季度的统计数字中包括四季度本身的和年底发生的。

Work 18　期末现金对账

1~4 季度及年末,财务总监盘点现金余额并做好登记。

以上 18 项工作每个季度都要执行。

图 4-23　"创业者"出售库存界面

4.2.3　年末 5 项工作

Work 1　支付违约金

不能按照订单的规则交货视为违约订单,违约金按违约订单销售收入的 20% 四舍五入计算,并从现金中自动扣除。

Work 2　支付设备维修费

生产线安装完成,不论是否开工生产,都必须在当年交纳 1M 的维修费,正在进行转产的生产线也必须交纳维修费。财务总监取相应现金置于沙盘上的"维修费"处,并做好现金收支记录。凡已出售的生产线和新购正在安装的生产线不交纳维修费。

Work 3　计提折旧

厂房不提折旧,每条生产线单独计提折旧,折旧采用平均年限法,分 4 年折完,财务总监从设备价值中取折旧费放置于沙盘上的"折旧"处。各种生产线每年折旧额的计算见表 4-2。

表 4-2　　　　　　　　　　生产线折旧计提表

生产线	购置费	残值	建成第 1 年	建成第 2 年	建成第 3 年	建成第 4 年	建成第 5 年
手工线	5M	1M	0	1M	1M	1M	1M
半自动线	10M	2M	0	2M	2M	2M	2M
自动线	15M	3M	0	3M	3M	3M	3M
柔性线	20M	4M	0	4M	4M	4M	4M

在建工程及当年新建设备不提折旧。完成规定年份的折旧后,剩余的残值可以保留,该生产线也可继续使用,直到该生产线变卖为止。

特别提示

◇ 计提折旧时只可能涉及生产线净值和其他费用两个项目,与现金流无关,因此在任务清单中标注了"( )"以示区别,计算现金收支合计时不应考虑该项目。

Work 4　新市场开拓/ISO 资格认证投资

(1) 新市场开拓

财务总监取出现金放置在要开拓的市场区域，并做好现金支出记录。市场开拓完成，从指导教师处领取相应市场准入证。

(2) ISO 资格认证投资

财务总监取出现金放置在要认证的区域，并做好现金支出记录。ISO 资格认证完成，从指导教师处领取 ISO 资格证。

在电子沙盘中，新市场开拓和 ISO 资格认证投资都是复选框，要一次性选择所有要开拓的市场或 ISO 资格，然后按"确认"按钮，如图 4-24 所示。

图 4-24　"创业者"市场开拓与 ISO 投资界面

◇ 只有第四季可操作一次。

◇ 第四季结束系统自动检测市场开拓是否完成。

Work 5　结账

一年经营下来，年终要做一次"盘点"，财务总监编制利润表和资产负债表。

◇ 在报表做好之后，指导教师将会取走沙盘上企业已支出的各项成本，为来年做好准备。

◇ 第四季经营结束，则需要"当年结束"，确认一年经营完成。

在电子沙盘中，当年结束时，系统自动完成图 4-25 中所示任务，并在后台生成 3 张报表。

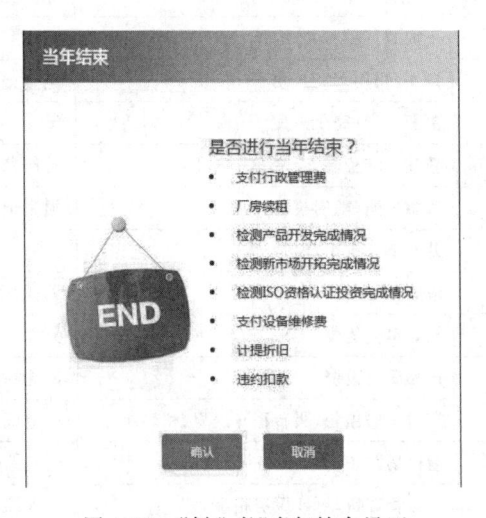

图 4-25　"创业者"当年结束界面

4.3　企业运营记录

在模拟企业运营时，各岗位人员应如实记录与自己岗位相关的生产要素变化数据，如采购总监记录各材料库中的原材料变化数据，生产总监记录在制品变化的数据等。每年运行结束后，各公司需要在规定的时间内上报 3 张报表，这 3 张报表分别是："综合费用表"、"利润表"、"资产负债表"。

4.3.1 财务处理要点与综合费用表

经营流程表又可以看作简单的现金流量表,它记录了每一步操作的现金收支情况,利用它可以记录现金变化。现将经营流程表中各项任务对应的财务处理要点罗列如表4-3所示。

表4-3　　　　　　　　　　　　　财务处理要点

流　程	说　明
新年度规划会议	无
广告投放	记入综合费用广告费
参加订货会选订单/登记订单	无
支付应付税金	记入利润表所得税
支付长期贷款利息	记入利润表财务费用
更新长期贷款/长期贷款还款	无
申请长期贷款	无
季初盘点(请填余额)	无
更新短期贷款/短期贷款还本付息	利息记入利润表财务费用
申请短期贷款	无
原材料入库/更新原料订单	无
下原料订单	无
购买/租用——厂房	租金记入综合费用租金
更新生产/完工入库	无
新建/在建/转产/变卖——生产线	转产费记入综合费用表转产费,变卖时有损失记入综合费用表其他
紧急采购(随时进行)	损失记入综合费用表其他
开始下一批生产	无
应收款更新/应收款收现	无
按订单交货	无
产品研发投资	记入综合费用表产品研发
厂房——出售(买转租)/退租/租转买	租金记入综合费用表租金
新市场开拓/ISO资格认证投资	记入综合费用表市场准入开拓和ISO资格认证
支付管理费/更新厂房租金	记入综合费用表管理费用及租金
出售库存	损失记入综合费用表其他
厂房贴现	租金记入综合费用表租金,贴息记入利润表财务费用
应收款贴现	无
季末收入合计	无
季末支出合计	无
季末数额对账	无
缴纳违约订单罚款	记入综合费用表损失

续表 4-3

流 程	说 明
支付设备维护费	记入综合费用表保养费
计提折旧	记入利润表折旧
新市场/ISO 资格换证	无
结账	无

完成一年经营后,首先根据盘面和系统各费用编制综合费用表。综合费用表的结构如表 4-4 所示。

表 4-4　　　　　　　　　　　综合费用表　　　　　　　　编报单位:百万元

项 目	金 额	备 注
管理费		
广告费		
保养费		
租　金		
转产费		
市场准入开拓		□本地　□区域　□国内　□亚洲　□国际
ISO 资格认证		□ISO 9000　□ISO 14000
产品研发		P1( )　P2( )　P3( )　P4( )
其　他		
合　计		

4.3.2　企业的经营成果

企业在一定期间的经营成果表现为企业在该期间所取得的利润,它是企业经济效益的综合体现,由利润表(又称损益表或收益表)来表述。利润表是用来反映收入与费用相抵后确定的企业经营成果的会计报表。利润表的项目主要分为收入和费用两大类。费用已在综合费用表中介绍,接下来说明收入的统计。

收入的统计常用到产品核算表,如表 4-5 所示。产品核算表是产品订单表根据实际生产和交单情况综合而成。

表 4-5　　　　　　　　　　　产品核算表

	P1	P2	P3	P4	合计
数　量					
销售额					
成　本					
毛　利					

在"ERP沙盘模拟"课程中,根据课程设计中所涉及的业务,对利润表中的项目进行了适当的简化,形成如表4-6所示的简易结构的利润表,并说明其数据来源。

表 4-6　　　　　　　　　　　　　利润表　　　　　　　　　　　　编报单位:百万元

项目	算符	数据来源	对应利润表的项目
销售收入		产品核算表	主营业务收入
直接成本	—	产品核算表	主营业务成本
毛利	=	——	营业费用、管理费用
综合费用	—	综合费用表	
折旧前利润	=	——	
折旧	—	从盘面计算	利润表中的管理费用、营业费用及主营业务成本已含折旧,这里折旧单独列示
支付利息前利润	=	——	营业利润
财务收入/支出	+/−	盘面	财务费用
其他收入/支出	+/−	综合费用表	营业外收入/支出
税前利润	=	——	利润总额
所得税	—	直接计算	所得税
净利润	=	——	净利润

注:"——"表示直接由利润表中的数据计算而得。

4.3.3　企业的财务状况

企业的财务状况由企业对外提供的主要财务报告——资产负债表来表述。资产负债表是根据资产、负债和所有者权益之间的相互关系,即"资产=负债+所有者权益"的恒等关系,按照一定的分类标准和一定的次序,把企业特定日期的资产、负债、所有者权益三项会计要素所属项目予以适当排列,并对日常会计工作中形成的会计数据进行加工、整理后编制而成,其主要目的是为了反映企业在某一特定日期的财务状况。通过资产负债表,可以了解企业所掌握的经济资源及其分布情况;了解企业的资本结构;分析、评价、预测企业的短期偿债能力和长期偿债能力;正确评估企业的经营业绩。

在"ERP沙盘模拟"课程中,对资产负债表中的项目进行了适当的简化。例如,根据××公司第×年的经营业绩,编制成表4-7所示的简易结构资产负债表,并说明其数据来源。

表 4-7　　　　　　　　　　　　资产负债表　　　　　　　　　　　　编报单位:百万元

资产	数据来源	负债和所有者权益	数据来源
流动资产:		负债:	
现金	盘面或系统	长期负债	盘面
应收款	盘面	短期负债	盘面
在制品	盘面或系统	应付账款	盘面
成品	盘面或系统	应交税金	本年利润表

续 4-7

资产	数据来源	负债和所有者权益	数据来源
原料	盘面或系统	一年内到期的长期贷款	——
流动资产合计	以上各项之和	负债合计	以上各项之和
固定资产:		所有者权益:	
土地和建筑	盘面或系统	股东资本	初始设定
机器与设备	盘面或系统	利润留存	上年利润留存+上年年度净利
在建工程	盘面或系统	年度净利	本年利润表
固定资产合计	以上三项之和	所有者权益合计	以上三项之和
资产总计	流动资产合计+固定资产合计	负债和所有者权益总计	负债合计+所有者权益合计

中 篇

运筹帷幄：管理自己的企业

第 5 章

企业经营与管理

学习目标

◇ 理解企业经营的本质
◇ 明确每位高管的职责,并学会职能定位
◇ 了解战略,并学会选择和调整战略
◇ 掌握计划工作的内容,并学会科学规划企业
◇ 掌握企业经营过程中的相关表格

课前导读

华为的管理哲学

华为从一个注册资金只有2万元的6人小作坊,在短短25年时间里实现销售收入达2 800亿元,打败众多拥有百年发展历史的跨国巨头,成为全球范围内通信设备行业的第一名,全球财富500强第285名。

这样恐怖的发展速度,令它的竞争对手们瞠目结舌,让盛行贸易保护主义的美国政府忌惮万分,多次以任正非的军方背景为由,出面干涉华为的几次重要收购案。至今,华为挺进美国市场的计划因美国的种种阻挠而搁浅。于是华为转变战略,提出了新的未来目标:成为ICT的领导者。依照华为一贯言出必践的务实精神以及强大的作战能力,想必突破这一目标也不过是时间问题。

近几年,在全球经济衰退、国内经济增长低迷的复杂经济形势下,华为靠什么在如此激烈的竞争环境中逆袭发展,是什么管理基因推动企业的持续增长,华为奇迹究竟是如何诞生的呢?我们可以从它的管理上找到答案。

华为是一家倡导和推行狼性文化的公司,公司上下普遍具有敏锐的嗅觉、强烈的竞争意识、团队合作和牺牲精神。除此之外,华为还是一家具有乌龟精神的公司,它的忍耐、实干、执着与坚守,那种越挫越勇、屡败屡战的精神意志,也是成就伟大事业的前提。

华为愿意花大力气对员工进行全方位的职业化培训,不仅包括对上述基本精神的传承和培育,还包括对职业技能和纪律意识的培养,使员工在今后的工作过程中具有规则意识,能够遵守流程、制度和规则。

除了推行终身制的职业化培训外,华为还在内部推行全员导师制,外部则主张开放式学习,学习的对象包括对手、客户和行业领先者等,致力于将企业打造成学习型组织。

在用人方面,华为抛弃学历、地位等外在条件,只关注能力,评价机制围绕贡献展开;不管是分配机制,还是激励机制,都贯彻落实"以奋斗者为本";始终怀抱危机意识,强调自律和自我批判,激活"沉淀层",严防堡垒从内部攻破。

在创新方面,华为始终要求立足于客户的需求,坚持成果导向;强调创新不能闭关自守,也不能超前太多,坚持"拿来主义"和"领先半步"原则。

在项目执行过程中,华为要求按流程标准进行,事前统筹,事后复盘。坚持压强原则和动态组织,使人员和资源都能快速响应并满足项目需求。

还有一点是,华为奉行灰度管理,这就有效缓解了制度的严苛性,使很多管理原则在具体的环境中实现权变处理,保持团队的和谐与共荣共进。

"向小米学营销,向华为学管理,向三星学变革"。向领先企业学习,不单是学习他们是怎么做的,更要学习他们是怎么思考的,他们为什么这么做,经历了哪些困难,又如何突破困难,坚决在正确的道路上探索。

正如华为总裁任正非所说:"管理第一,技术第二;我们正走在西方的路上;华为管理没有秘密,任何人都可以学,我们的成功唯有依靠自己"。

——摘选自《华为28条军规》

华为的管理思想、管理机制、经营理念、创新思路等方面使企业持续增长，成为了行业的领先者，创造了一大奇迹。在现实生活中，经营和管理企业绝不是空凭一腔热情就能够实现的，它需要管理者熟悉宏观经济环境、法律法规政策，还要对其所在的行业进行行业调查和发展可行性分析，在分析市场、制定战略、营销规划、生产组织、财务管理等一系列活动中参悟科学的管理规律，全面提升管理能力。管理层只有学会经营和管理企业，才能复制华为的成功。下面我们结合沙盘模拟经营和现实生活，一起来探究企业的经营与管理。

5.1 企业经营的本质——股东权益最大化

企业经营是指企业以市场为对象，以商品生产和商品交换为手段，为了实现企业的目标，使企业的投资、生产、销售等经济活动与企业的外部环境保持动态平衡的一系列有组织的活动。作为企业的经营者，其目的是创造价值最大化，也就是实现可持续性的股东权益最大化和完成社会赋予的使命。

5.1.1 企业效益

企业效益实际上是指企业的经济效益。它是指企业的生产总值与生产成本之间的比例关系；也可以指一定企业资本所获得利润的多少，即单位资本与单位利润之间的比较关系。大多数人认为企业的目标就是提高经济效益。然而，企业追求什么样的经济效益目标，理论界的观点又有多种，其中有代表性的是：利润最大化和股东财富最大化。

1. 企业利润最大化

这种看法最典型，也很自然。因为企业是经济组织，将利润最大化作为其追求目标，是企业生存和发展的内在要求，也是企业区别于其他社会组织的关键点。但利润最大化不能绝对化，片面、绝对地强调企业利润最大化，有可能产生两方面问题：一是容易诱使企业唯利是图，忽视企业的社会责任；二是容易诱使企业的行为短期化。企业在追求利润最大化的过程中，往往会为获取眼前的利益而忽略或放弃长远利益。

2. 股东财富最大化

西方学者认为，现在的大部分经理是职业经理，他们是高级雇员，对股东负责。因此，职业经理的主要责任就是按股东的利益来经营公司业务。股东利益最大化就是股东财富最大化，股东财富的衡量标准对于上市公司而言就是股票的价格，股票价格反映了股东及其潜在的投资者对公司价值作出的评价。这一观点强调的是公司普通股票价格及公司市场价值的最大化，这一目标的优点在于：它能较好地反映公司管理层的盈利业绩、企业目前与未来的获利能力、预期的收益、企业获利风险等因素及其变化。

有人认为，股票价格主要是公司外部的一种评价，若以公司股票价格最大化作为企业目标，似乎过于重视公司外部对于公司的判断，不利于充分利用公司内部的资源、技术和信息，因而也难以实现股东财富或公司价值最大化目标。再加上一些不为公司所控制的影响股票价格因素的影响，使公司管理层对股东财富最大化缺乏信心。

5.1.2 企业生存

我国《企业法》规定，企业因经营管理不善而造成严重亏损，不能清偿到期债务的，可以依法宣告破产。这也从另一个角度告诉我们,在 6 年的模拟经营中,如果出现以下两种情况,企业将宣告破产。

◇ 资不抵债。如果企业所取得的收入不足以弥补其支出,导致所有者权益为负时,企业宣告破产。

◇ 现金断流。如果企业负债到期无力偿还,或者是库存现金不足以支持企业继续经营,那么也意味着企业破产。

生存是企业发展的基础和核心,各位高管在经营过程中一定要时刻注意。

5.1.3 企业盈利

企业是一个以营利为目的的经济组织,企业经营的本质就是股东权益最大化,即盈利。而从利润表中的利润构成不难看出,盈利的主要途径,一是扩大销售(开源),二是控制成本(节流)。

1. 扩大销售

利润主要来源于销售收入,而销售收入由销售数量和产品单价两个因素决定。提高企业的销售量主要有以下几种方式:扩张现有市场,开拓新市场;研发新产品;扩建或改造生产设施,提高产能;合理加强广告投放力度,进行品牌宣传等。当然,产业和市场有其运行规律,管理者要研究市场趋势,顺势而为,踏实做好市场,切不可盲目扩张。

2. 控制成本

产品成本主要分为直接成本和间接成本。控制成本主要有以下两种方法:

◇ 降低直接成本。直接成本主要包括构成产品的原料费和人工费。在"ERP 沙盘模拟"课程中,原料费由产品的 BOM 结构决定,在不考虑替代原材料的情况下没有降低的空间;用不同生产线生产同一产品的加工费用也是相同的,因此在课程中直接成本是固定的。然而在现实生活中,企业是可以通过原材料招标采购、技术创新和建立成本管理体系等手段来降低生产的直接成本。

◇ 降低间接成本。降低间接成本可以通过共享资源来实现。共享资源指产品的成本与分摊资源费用的产品数量有关。从节约成本的角度,我们不妨把间接成本区分为投资性支出和费用性支出两类。投资性支出包括购买厂房、投资新的生产线、研发产品等,这些投资都是为了扩大企业的生产能力而必须发生的;费用性支出包括营销广告、贷款利息、信息使用和传播费、市场开发费、交易费用等,这些费用通过有效筹划是可以节约一部分的。

5.2 职能定位——分工协作,人尽其才

企业创建之初,任何一个企业都要建立与其企业类型相适合的组织机构。组织机构是保证企业正常运转的基本条件,一般包括决策机构、执行机构和监督机构。在"ERP 沙盘模拟"课程中,采用了简化企业组织机构的方式,形成几个主要角色代表,包括:企业首席执行官、营销总监、生产总监、采购总监、财务总监。考虑到企业业务职能部门的划分,可以把教学对象按 5~6 人分为一组,组成一个企业,每个人扮演不同的角色。下面对每个角色的岗位职责做简单描述,以便于学生根据自身情况来选择扮演相应角色。

5.2.1 首席执行官(CEO)

1. 首席执行官的职责
◇ 制定企业的整体发展战略;
◇ 组织实施企业的经营计划和投资方案;
◇ 负责企业经营指标制定和确定业务策略;
◇ 拟定企业的基本管理制度和具体规章;
◇ 管理团队协同,协调和控制人际关系;
◇ 在职责范围内,对外代表企业处理业务;
◇ 参与董事会的决策,执行董事会的决议;
◇ 配置资源和人才,任免公司的高层管理人员。

2. 沙盘模拟经营中首席执行官的职责

首先,对于团队建设,首席执行官要知人善任,选择能够胜任相关职位的专业人才,确保每个成员的有效沟通,建立起目标明确、相互信任的高效率团队。整个团队凝聚力的关键就在于 CEO 的组织和协调能力。因为沙盘模拟经营中 CEO 的最主要责任,就是把全组人拧成一股绳,让每个人在自己的位置上可以充分发挥自己的力量,只有全组人团结在一起,才可以在沙盘演练中处于不败之地。

其次,在模拟经营中首席执行官要召集相关人员,发起"建设性"的头脑风暴,共同出谋划策、制定企业的发展战略、选择执行方案、分配运营任务,带领企业乘风破浪、勇往直前。企业所有的重要决策均由 CEO 带领团队成员共同决定,如果大家意见相左,由 CEO 拍板决定,CEO 应当具备这样的魄力。

最后,在模拟经营的过程中,首席执行官要做到胆大心细、平稳心态、审时度势、随机应变、全盘分析,遇到突发事情时要冷静应对。在模拟经营中,企业每次作出的决策对其发展都起到了重要的作用,所以,CEO 应该认真听取队友的合理建议,然后通过自身经验与详细数据计算分析,确定企业如何发展才能获得更大的利润。

5.2.2 营销总监(CMO)

1. 营销总监的职责
◇ 完成企业的季度、年度营销目标以及其他任务;
◇ 建立并拓展企业的营销渠道和巩固企业已开拓的销售市场;
◇ 把握产品的市场状况,了解同业竞争策略与消费者需求;
◇ 负责拟订产品销售价格策略的执行方案并监督执行;
◇ 营销成熟项目和管理销售绩效;
◇ 进行市场调研以及寻找新的市场;
◇ 建设和培养销售队伍。

2. 沙盘模拟经营中营销总监的职责

企业的利润是由销售收入带来的,销售实现是企业生存和发展的关键,营销总监在企业中的地位不言自明。营销总监所担负的责任是:开拓市场,实现销售。

首先,开拓市场。市场预测是由权威的市场调研机构根据多年的调研作出的对未来6

~7年的市场需求的预测,具有很高的可信度。一方面,企业可以根据市场预测分析安排经营战略。分析市场的发展潜力、积极拓展市场,争取市场空间,力求在销售量上实现增长。另一方面,在企业拓展市场的同时,也要注意稳定企业现有市场,提高顾客满意度。

其次,销售管理。销售和收款是企业的主要经营业务之一,也是企业联系客户的门户。为此,营销总监应结合市场预测及客户需求制订销售计划,有选择地进行广告投放,精确掌握市场的变化,取得与企业生产能力相匹配的客户订单,与生产部门做好沟通,保证按时交货给客户,监督货款的回收,进行客户关系管理。

最后,营销总监还可以兼任商业间谍的角色,因为他最方便监控竞争对手的情况,感受到企业和市场的内外部压力。比如对手正在开拓哪些市场,未涉足哪些市场,他们在销售上取得了多大的成功,他们拥有哪类生产线,生产能力如何。另外,充分了解市场,明确竞争对手的动向,也有利于今后的竞争与合作。

5.2.3 财务总监(CFO)

1. 财务总监的职责
◇ 在董事会的领导下,总管企业的预算、会计等工作;
◇ 负责制订企业的利润计划、资本投资、财务规划、销售前景;
◇ 联系政府财税部门,制定和管理税收政策方案及程序;
◇ 组织编制公司的财务计划、成本计划,努力开源节流;
◇ 监督企业遵守国家财经法令、纪律以及董事会决议;
◇ 负责融资管理、资本变动管理等相关财务事宜。

2. 沙盘模拟经营中财务总监的职责

财务状况是企业的命脉,所有者权益为负或者现金流断流的企业将宣告破产。所以在沙盘模拟经营中,财务总监的首要职责便是实现对所有者权益的控制和保证现金流的正常运转。首先,财务总监要参与企业总体战略的制定,并依据这一发展战略估计各年的现金需求,制定出相应的长短期贷款方案;其次,要对各年的财务进行全面预算,做好现金管理,保证现金流的畅通,并实现对成本的全面控制,以降低企业的经营风险和经营成本;最后,还需要填制五大财务报表(订单明细表、品种明细表、综合费用表、资产负债表、利润表)。

5.2.4 生产总监(CPO)

1. 生产总监的职责
◇ 保证企业生产计划有效实施;
◇ 建立健全企业的生产责任制度;
◇ 组织产品研发,进行管理体系认证;
◇ 编制企业的生产计划,平衡生产能力;
◇ 进行生产车间管理、保证产品生产质量;
◇ 负责重要生产设备的申购。

2. 沙盘模拟经营中生产总监的职责

生产总监是企业生产部门的核心人物,对企业的生产活动进行管理,并对企业的一切生产活动及产品负最终的责任。生产总监必须要按照企业的战略规划,高效配置生产线,以避免产能过剩与不足；合理安排生产线的建设时机,减少维修保养和折旧等成本。准确制订物料需求计划,充分利用产能、降低库存及缺货成本,使生产线井然有序地生产出所需要的产品。生产总监既是计划的制订者和决策者,又是生产过程的监控者。如果生产总监没有尽职尽责,造成企业制订生产计划或者订购原材料的混乱,就会影响企业的发展,所以生产总监对企业目标的实现负有重大的责任,他的工作是通过计划、组织、指挥和控制等手段实现企业资源的优化配置,创造最大经济效益。

5.2.5　采购(物流)总监(CLO)

1. 采购总监的职责
◇ 在企业的领导授权下,负责采购部门的日常工作；
◇ 领导采购部门完成公司的业绩要求；
◇ 编制采购计划,签订采购合同；
◇ 与财务部门和生产部门协同处理企业的采购业务；
◇ 进行供应商的评价和管理,建立合理的采购流程；
◇ 建立采购部门人才队伍,并进行相关培训。
2. 沙盘模拟经营中采购总监的职责

采购总监要根据生产线的实际情况,制订原材料的采购计划。在紧要关头,企业可能临时决定新的产能计划,这时各部门要协调一致,花最少的成本生产出市场上利润最高的产品。同时,采购总监还要负责分析各种物资供应渠道及市场供求变化情况,力求从价格上、质量上把好第一关,确保在合适的时间点、采购合适的品种及数量的物资,为企业生产做好后勤保障。总之,原材料的采购计划需要满足生产,并且做好保守估计,达到最大的利用程度和最少的损失程度。

组建企业管理团队后,管理团队将应对激烈的竞争、作出企业发展的战略决策、领导企业未来的发展,在变化的市场中进行开拓与扩张,每个团队成员尽可能在作出决策时应充分利用自己的知识和经验,不要匆忙行动而陷入混乱。总之,一个企业拥有一支过硬的管理队伍和员工队伍,才能永续发展,才能越做越大、越做越强。

特别提示

◇ 如果教学班人数较多,在指定了首席执行官、营销总监、生产总监、采购总监、财务总监之后,可以考虑分配财务助理、市场助理等角色。

◇ 对于有实践经验的学习者来说,可以选择与实际任职不同的职位,以体验换位思考。另外,在课程进行的不同阶段,也可以互换角色,以熟悉不同职位的工作及流程。

5.3　战略决策——谋定而后动

在市场经济条件下,越来越多的企业意识到：企业经营犹如在波涛汹涌的大海中航行,虽有风平浪静,但更多的是惊涛骇浪。我们知道,航船要驶向希冀的彼岸,就离不开罗盘和舵柄。企业要在瞬息万变的环境里生存和发展,就离不开企业战略。没有战略的企业通常只能着眼于现在,为短期的物质利益而疲于经营,最终往往落得销声匿迹。

以下几种情况在 ERP 沙盘模拟经营中经常会遇到：
◇ 开始经营时没有规划就建很多生产线，建成后却发现流动资金不足，只能被迫停产；
◇ 盲目研发产品、开拓市场，直到经营完成也始终没有用上；
◇ 在某个市场投放大量广告，却发现并没有什么竞争对手，造成了极大的浪费；
◇ 还没有弄清楚生产何种产品、生产多少，就匆匆忙忙采购一堆原材料。
◇ 在整个模拟经营过程中，走一步看一步，不知道目标是什么。

在模拟经营中，很多经营者一直是糊里糊涂地操作，常常"有战无略"，这是典型的"哥伦布式管理"，也是没有战略规划的表现。因此，一家企业，即使目标再远大，假如没有战略规划和执行，那么也只是空想而已。

5.3.1 企业战略的含义

在一定的时间内，企业的资源是有限的，必须要抉择做什么和不能做什么，因此目标一定要明确。企业战略是决定企业从事或想从事什么业务以及想如何从事这些业务的战略。这些通常由管理高层负责。

5.3.2 企业战略的内容

一个完整的企业战略应该包括以下几方面内容。

1. 外部环境与内部条件分析

企业要实现其作为资源转换体的职能，就需要达到外部环境和内部条件的动态平衡。企业必须制定和实施适应外部环境的企业战略，要了解外部环境中哪些会为企业带来机遇，哪些会对企业形成威胁，进而掌握企业过去和目前的状况，了解企业内部资源条件是否充足、资源配置是否合理，只有全面把握企业的优势和劣势，才能使战略不脱离实际。

外部环境分析和内部条件分析结合起来称为 SWOT 分析，即对企业的优势（strengths）、劣势（weaknesses）、机遇（opportunities）和威胁（threats）的分析，它是分析和制定企业战略时可以参照的一种方法。采用这种决策方法的根本目的是把自己企业和竞争对手企业所面临的优势、劣势、机会和威胁进行比较，然后决定某项新业务或新投资是否可行。做 SWOT 分析有利于自己的企业在做新业务前充分发挥自己的长处、避免自己的短处，趋利避害，化劣势为优势，化挑战为机遇，即所谓的"知己知彼、百战不殆"，从而降低企业的经营和投资风险。SWOT 分析表如表 5-1 所示。

表 5-1　　　　　　　　SWOT 分析表

	内部优势（S）	内部劣势（W）
外部机会（O）	SO 成长型战略 依靠内部优势，利用外部机会	WO 扭转型战略 利用外部机会，克服内部劣势
外部威胁（T）	ST 多经营战略 利用内部优势，回避外部威胁	WT 防御型战略 减少内部劣势，回避外部威胁

2. 战略目标

战略目标就是要回答：企业在一个较长的时间里要完成什么？这个目标要体现时间限

制、可计量,具有总领性和现实可行性。

3. 经营方向

经营方向指明了企业现在可以提供的产品与服务领域以及在未来一定时期内决定进入或退出、决定支持或限制的某些业务领域,它为企业活动确定了界限。

4. 经营策略

经营策略是提供指导思想和行动的框架,规定了企业如何利用其自身资源开展业务活动,以求将战略转化为具体目标、计划、行动后的绩效。它应具体地规定企业管理阶层的工作程序和决策规则,研究和规划企业的经营重点,部署资源,明确企业的主要职能领域,如营销、生产、R&D、人力资源、财务等各方面的工作方针及相互关系的协调方法。

5. 实施步骤

制定战略后,企业必须将战略方案转变为战略行动,这一转变过程就是战略实施。实施步骤规定了一个战略目标需要分为几个阶段及每个阶段所要达到的阶段目标。由于战略目标是一个立足于长远发展的目标,因此不可能一蹴而就,客观上需要循序渐进。同时,在战略方案的长期实施过程中,外部环境与内部资源条件不可能一成不变,分阶段实施战略目标,可以帮助企业有机会对其行为效果作出回顾和评价,以期对战略方案作出适当调整,从而更有效、更现实地追求战略目标。

5.3.3 选择战略

在"ERP沙盘模拟"课程中,企业管理层通过网络、商业周刊等渠道获得一定时期有关产品价格、市场发展情况的预测资料,结合企业现有资源情况,选择拓展型战略、稳健型战略或是收缩型战略。有时为了增强战略的适宜性,企业往往选择一个或多个方案作为后备的战略方案。在此举几个例子简单说明。

(1) 我们想成为什么样的公司?规模(大公司或小公司),生产产品(多品种、少品种),市场开拓(许多市场,少量市场),努力成为市场领导者还是市场追随者?

(2) 我们倾向于何种产品、何种市场?在企业资源有限的前提下,是放弃竞争激烈的市场,还是不计代价地掠取最具发展潜力的市场?将有限的资源投放在重点市场、重点产品,还是全面铺开?

(3) 根据现有4种生产设备的不同属性,我们计划怎样建设或更新设备?图5-1对4种可选设备进行了比较分析。

(4) 资金是企业运营的基础,根据不同融资方式的特点及适用性,企业计划采用怎样的融资策略?

图 5-1 4种可供选择生产设备比较

5.3.4 战略调整

企业战略不是一成不变的,而是根据企业内外部环境的变化和竞争对手的发展情况动态调整的,从而创造持久的竞争优势。每一年经营下来,都要检验企业战略的实战性,并且根据以后年度的市场趋势预测,结合企业自身优势和劣势,调整既定战略。在战略调整过程中,有两点要引起足够重视:一是永远要立足于企业自身的发展需要,这是根本的出发点;二是永远不要忘记竞争对手,对手的一举一动都会对企业产生重大影响。

5.4 科学规划——企业发展了然于心

计划指的是定义组织目标,确定战略以实现这些目标,以及制订方案以整合和协调工作活动。根据计划的含义,可将计划工作的内容概括为六个方面:做什么(what)、为什么做(why)、何时做(when)、何地做(where)、谁去做(who)、怎么做(how)。

在沙盘模拟经营中,每年年初,首席执行官都要带领管理团队,在企业战略的指导下,制订销售计划、设备投资计划、生产计划、采购计划、资金计划、市场开发计划及产品研发计划等。只有在科学规划的指导下,企业才能良好、持续地发展。

5.4.1 商业情报分析

年初的新年度计划的制订及广告的投放、订单的争取等直接关系到企业本年度甚至是未来几年内的发展,各企业的高层管理人员应该高度重视。要做到知己知彼,就应注重商业情报的收集。商业情报是强化和改变企业发展战略的重要基础,谁掌握情报,谁就能在激烈的市场竞争中处于主动的地位,谁就能赢得时间、市场和利润。

商业情报的来源主要分为两大类,即一手情报和二手情报。一手情报主要通过调查获得;二手情报主要通过中间环节获得,比如商务周刊、行业报道、新闻动态、互联网、政府机关、会议资料等。

1. 读懂市场预测

在"ERP 沙盘模拟"课程中,市场预测是各企业能够得到的关于产品市场需求和价格预测的唯一可以参考的有价值的信息,对市场预测的分析与企业的营销方案和经营决策息息相关。在市场预测中发布了近几年关于行业产品市场的预测资料,包括各市场、各产品的总需求量、价格情况、客户关于技术及产品的质量要求等,如图 5-2 所示。

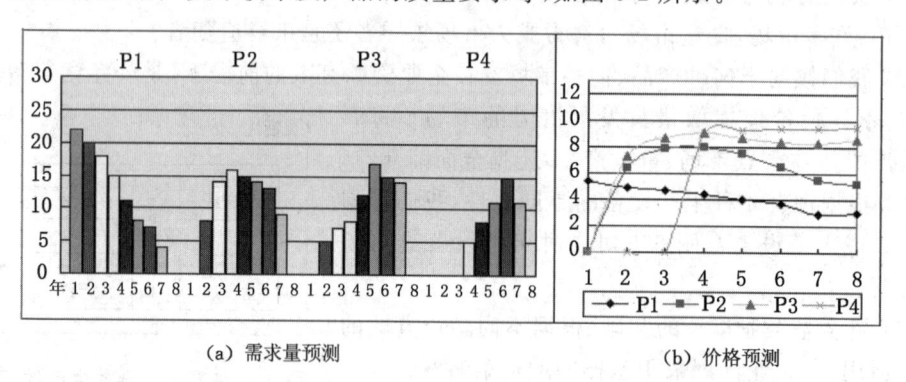

(a) 需求量预测　　(b) 价格预测

图 5-2 本地市场 P 系列产品需求预测

图 5-2 是 1~6 年本地市场 P 系列产品预测资料,由左边的柱形图和右边的折线图构成。柱形图预测了产品需求的变化及其发展趋势,横坐标代表年,纵坐标上标注的数字代表产品数量,各产品下柱形的高度代表该产品某年的市场预测需求总量。折线图标识了产品的价格变化和趋向,横坐标表示年,纵坐标表示价格。在市场预测中,除了直观的图形描述外,还用文字形式加以说明,其中尤其需要注意客户关于技术及产品的质量要

求等细节。

拿到市场预测时,首先要做的就是将图表信息转换成易于读识的数据表,通过这样"数字化"转换处理以后,可以清晰地看到各种产品、各个市场、各个年度、不同需求和价格。然后,根据产品价格和成本计算毛利,并通过均量与均价判断市场大小。

2. 竞争对手分析

市场是企业经营最大的变数,也是企业利润的最终源泉,其重要性不言而喻,营销总监可以说是最有挑战性的岗位。读懂市场预测,仅仅结合产能还不足以制定营销策略,营销总监还要通过实地调查或其他途径了解同行业竞争对手的情况。这一分析的主要目的在于估计竞争对手对本企业的竞争性行动可能采取的战略和反应,从而有效地制定客户自己的战略方向及战略措施。例如,竞争对手研发了哪些产品?开拓了哪些市场?生产能力如何?资本结构如何?企业竞争玩的就是"博弈",知己知彼方能百战不殆。

在模拟经营中,有些产品在特定时期价格较高,需求量也较大,结果大家全部都扎进去抢订单,争得你死我活却收益寥寥。其结果只会是恶性竞争,便宜了广告公司而已。只有善于分析对手的企业才能找到最佳时机,寻求企业发展最好的机会。

特别提示

◇ 在模拟经营中,如何分析竞争对手的情况?这就要求企业高层做好"间谍工作",充分了解竞争对手的战略意图,主打产品是什么、主攻市场是什么、市场开发及 ISO 认证情况、生产线建设情况等。

5.4.2 产品定位

在开始大规模的广告营销宣传前,首先要找准产品的定位,定位若不准,会给后期投入的广告宣传造成极大的浪费。定位就是企业找到一个与竞争对手相比对自己最有利的位置,集中资源将其拿下。也就是让用户知道本企业的产品是做什么的?用户使用产品可以获得什么?用户使用完产品后留下的印象是否符合预期?

在实际经营中,很多人将经营不善归结于销售订单太少、广告费用太高、贷款能力不够,但是这些都只是表象而已。"产品定位"很容易被学生忽视,很多学生在经营时业绩已经不佳,但仍然按照原来的思路继续经营,直到经营结束时依旧不知道"为什么我们企业没有利润"。

沙盘模拟经营的精髓就在于深刻地体验并理解企业运营中"产、供、销、人、财、物"之间的关系,从而引申到对计划、决策、战略、流程和团队合作等方面的认识。若不能透彻剖析各产品的定位,度量各类产品对于企业的贡献并及时修正经营,无疑将使企业经营陷于混乱的境地。

那么如何进行产品定位呢?我们可以借助"波士顿矩阵"分析来解决这一问题。采用波士顿矩阵图可以对一个企业的不同业务进行评估和划分,以识别哪些业务为企业提供了高潜力业务,以及哪些业务是在消耗组织资源,如图 5-3 所示。该方法主要考察以下两个指标:

◇ 相对市场占有率。企业业务单位的市场占有率与最大竞争对手的市场占有率之比,表明企业的竞争实力大小。在模拟经营中,根据编者的经验,某业务销售额在所有企业中居

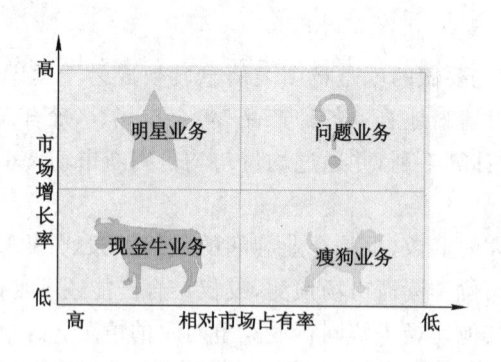

图 5-3　波士顿矩阵图

前 30% 左右,可认为是"高"市场份额,反之则成为"低"市场份额。

◇ 市场增长率。产品销售额的年度增长率反映产品的成长机会和发展前途。市场增长率=(本年总销售额—上年总销售额)/上年总销售额×100%。若市场增长率大于 30%,可认为是"高"增长率,否则定义为"低"增长率。

根据以上两个指标,将一个平面分为四个象限,分别定义为问题业务、明星业务、现金牛业务和瘦狗业务。

(1) 明星业务(stars)

它是指处于高市场增长率、高市场占有率象限内的业务群。明星业务是由问题业务继续投资发展而来的,因其销售增长迅速,企业需要大量现金投入,来利用市场成长和维持高市场份额。当然,随着市场发展成熟以及销售额增长速度放缓,这类业务最终也会发展成为现金牛业务。

(2) 现金牛业务(cash cow)

它是指处于低市场增长率、高市场占有率象限内的业务群。这类业务不需要大量资源投入,就可以产生较高的收益,为企业提供大量资金,从而用于支援明星业务和问题业务的生存和发展。在模拟经营中,低端产品 P1 和 P2 就属于这种情况,前几年的市场增长有限且销售额较高,有较多资金回流,支持其他业务的发展。

(3) 问题业务(question marks)

它是指处于高市场增长率、低市场占有率象限内的业务群。这类业务市场机会大、前景好,但在市场营销上存在问题。企业应该慎重考虑,对那些经过改进可能会成为明星业务的业务进行重点投资,提高市场占有率,使之转变成明星业务;而对另一些问题业务维持现状或淘汰。在模拟经营的后几年中,高端产品 P3 和 P4 就属于这种情况,此时面临的问题重点在于是否有足够的资金进行产品研发以及生产线建设投入。

(4) 瘦狗业务(dogs)

它是指处于低市场增长率、低市场占有率象限内的业务群。这类业务或许能提供一些收益,但往往盈利甚少、甚至亏损,所以它们应该被出售或清算。在模拟经营中,P1 往往在第三年成为瘦狗业务,订单数量和价格情况均不理想,此时投入大量广告是得不偿失的,其策略应该以销售库存为主。当然,若其他业务不足,为避免生产线闲置,也可考虑继续生产 P1 产品。

5.4.3 生产计划

生产计划是生产过程的安排,包括长期、中期和短期计划。

企业生产总监与营销总监一起,在充分考虑市场需求的基础上,以最大限度地提高产能为目标,结合财务投资情况,制订出合理的长期生产计划。

根据本年度的订单,在产能总量能满足订单数量的前提下,制订中期生产计划,以便控制成本和减少采购的复杂性。此外,适量的产品库存以及柔性生产线的使用,能使中期生产计划具有更强的灵活性。

中期生产计划的细化就是短期生产计划,计划的主要内容是安排哪条生产线生产何种产品。

企业主要有五个计划层次,即经营规划、销售与运作规划、主生产计划、物料需求计划和能力需求计划。这五个层次的计划实现了由宏观到微观、由粗到细的深化过程。主生产计划是宏观向微观的过渡性计划,是沟通企业前方(市场、销售等需方)和后方(制造、供应等供方)的重要环节。物料需求计划是主生产计划的具体化,能力需求计划是对物料需求计划做能力上的平衡和验证。从数据处理逻辑上讲,主生产计划与其他计划层次之间的关系如图 5-4 所示。

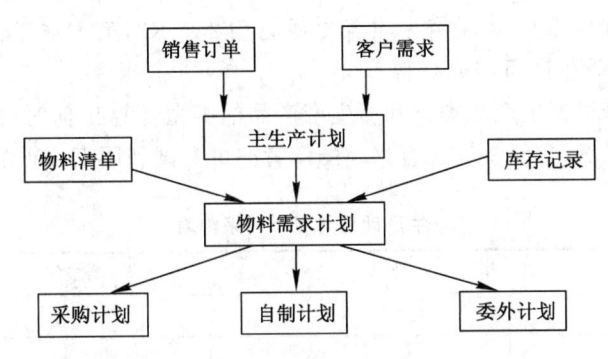

图 5-4 主生产计划与其他计划层次之间的关系

- ◇ 主生产计划(MPS)要回答(A):生产什么?生产多少?何时生产?
- ◇ 物料清单(BOM)回答(B):用什么来生产?
- ◇ 库存记录回答(C):我们已经有什么?
- ◇ 物料需求计划(MRP)回答(D):还应得到什么?
- ◇ 它们共同构成了制造业的基本方程:$A \times B - C = D$

说到生产计划就必须要讲生产能力,生产能力是指企业在一定时期内,在合理的、正常的技术组织条件下,所能生产的一定种类产品的最大数量,反映了企业所拥有的加工能力和生产规模。企业的发展必然要求扩大生产能力,为此可以采用不同的策略,通常有激进型策略和保守型策略。

激进型策略是指针对增长的需求,企业扩大生产能力的时间略超前于需求到来的时间,每次生产能力扩大的幅度较大。保守型策略是指按照财务稳扎稳打的方针,在需求增长以后再扩大企业的生产能力,每次扩大的幅度不大。在模拟经营中,如何制订生产计划,如何扩大生产能力都是企业高层管理人员需要考虑的问题,这直接关系着企业的发展。

5.4.4 采购计划

采购计划需要考虑以下三个问题。

(1) 采购什么

从上节图 5-4 中不难看出,采购计划的制订与物料需求计划直接相关,并直接上溯到主生产计划。根据主生产计划,减去产品库存,并按照产品的 BOM 结构展开,就得到了为满足生产所需还要哪些物料,哪些已有库存,哪些需要采购。

(2) 采购多少

企业明确采购了什么,还要精确计算采购多少原料。这与物料库存和采购批量有直接联系,对于产品生产也至关重要。

(3) 何时采购

要达到"既不出物料短缺,又不现库存积压"管理境界,就要考虑采购提前期、采购政策等相关因素。

在模拟经营中,获取订单后就可以着手编制生产计划和原材料采购计划,两者可同时编制。以 2 条半自动线生产 P1、2 条全自动线生产 P2 为例,其中 R2 订购提前期为 1 季,R3 订购提前期为 2 季。如表 5-2 所示,在第二年第 1 季可生产 2 个 P2,需要原材料为 2R2 和 2R3。订购法如表中箭头所示,在第一年第 3 季订购 2 个 R3,第 4 季订购 2 个 R2 和 2 个 R3(此 R3 为第二年 2 季生产所需原材料)。

依此类推,可以根据生产线类型和所生产产品的类型计算出何时订购、订购多少,用此种表格计算,一目了然,方便快捷。有兴趣的读者亦可尝试利用 Excel 作出电子表格。

表 5-2   生产计划与原材料采购表

年份 生产线 季度	第一年		第二年			
	3	4	1	2	3	4
2 条半自动生产线	—	—		2P1 (2R1)		2P1 (2R1)
2 条全自动生产线	—	—	2P2 (2R2+2R3)	2P2 (2R2+2R3)	2P2 (2R2+2R3)	2P2 (2R2+2R3)
需要原材料			2R2 2R3	2R1 2R2 2R3	2R2 2R3	2R1 2R2 2R3
订购原材料	2R3	2R2+2R3	2R1+2R2+2R3	2R2+2R3	2R1+2R2	—

5.4.5 销售计划

销售计划是企业为取得销售收入而进行的一系列销售工作的安排,企业以此为龙头来指导相应的生产作业计划、采购计划、资金筹措计划以及相应的其他计划的安排和实施。

销售计划的制订,必须有所依据,也就是要根据实际情况制订相关的销售计划。凭空想象、闭门造车、不切实际的销售计划,不但于销售无益,还会给销售活动和生产活动带来负面

影响。制订销售计划,必须要有理有据、有的放矢,必须遵照以下基本原则:
◇ 结合本企业的生产情况;
◇ 结合市场的需求情况;
◇ 结合市场的竞争情况;
◇ 结合上一年度销售计划的实现情况;
◇ 结合销售队伍的建设情况;
◇ 结合竞争对手的销售情况。

一个好的销售计划一定是符合销售组织自身特点、适用于本组织发展现状的计划。脱离实际情况、过于宏观的销售计划会对实际的销售活动失去指导意义。一个好的销售计划同时也是一个全员参与的计划,是被组织上下以及客户认可的计划。此外,再好的销售计划在实施过程中也要根据市场的变化不断调整和充实,以保证其指导意义。

在沙盘模拟经营中,简明的销售计划至少应说明:企业将生产什么产品?生产多少?通过什么渠道销售?计划在什么地区销售?各产品线、地区比例如何?是否考虑促销活动?正确制订销售计划的前提是收集必要信息并作出相关分析,包括:产品市场信息、企业自身的产能、竞争对手的情况等。

5.4.6 设备管理

设备管理是指以机器设备为研究对象,追求设备综合效率,应用一系列理论、方法,通过一系列技术、经济、组织措施,对设备的物质运动和价值运动进行全过程(从规划、选型、购置、安装、验收、使用、保养、改造、更新直至报废)的科学管理。

设备管理的经济价值就体现在合理运用设备技术、经济方法,综合设备管理、工程技术和财务经营等手段,使设备寿命周期内的费用、效益比(即费效比)达到最佳的程度,即设备资产综合效益最大化。这里所说的设备的寿命周期费用由两部分构成:一是固定费用,包括购置费、安装调试费、人员培训费;二是运行费用,包括直接或间接劳动费、保养费、维护费、消耗品费用等。

设备管理的主要任务是:提高工厂技术设备素质,充分发挥设备效能,保持工厂设备完好,取得良好设备投资效益。

在沙盘模拟经营中,设备管理主要任务就是进行设备投资与改造。设备投资与改造是提高产能、保障企业持续发展的策略之一。企业进行设备投资时需要考虑以下因素:
◇ 市场上对各种产品的需求状况;
◇ 企业目前的产能;
◇ 新产品的研发进程;
◇ 设备投资分析;
◇ 新设备用于生产何种产品、所需资金来源及设备安装地点;
◇ 设备上线的具体时间及所需物料储备。

5.4.7 资金管理

资金管理是对企业资金来源和资金使用进行计划、控制、监督、考核等项工作的总称,是财务管理的重要组成部分。资金管理包括固定资金管理、流动资金管理和专项资金管理。

"现金为王"一直以来都被视为企业资金管理的中心理念。企业现金流量管理水平往往是决定企业存亡的关键所在。企业面对日益激烈的市场竞争,面临复杂多变的生存环境,只有通过提升企业现金流的管理水平,才可以合理地控制营运风险,提升企业整体资金的利用效率,从而不断加快企业自身的发展。若是企业在经营过程中出现现金流出量多于现金流入量的情况,财务总监就应该进行融通资金的工作,为企业注入足够的资金,以保障企业的正常运作。

以下几种情况是沙盘模拟经营中经常遇到的问题,突出说明了学生对于资金管理的内涵和作用还不理解。为此,编者从资金管理的角度——进行分析。

◇ 看到现金库中资金较多,心里就很踏实;
◇ 还有不少现金,可是企业却破产了;
◇ 能借钱的时候尽量多借,以免今后权益下降借不到贷款;
◇ 认为现金越多越好。

之所以出现这些问题,编者认为是学生没有科学地理解资金管理,没有认识清楚资金和利润的关系、资金和权益的关系而造成的。

(1) 现金不等同于利润

企业是以营利为目的的,这是人尽皆知的道理。当前不乏有一些企业刻意追求高收益、高利润,因此往往会有这样一种错误的思想,认为企业利润显示的数值高就是经营有成效的表现,从而在一定程度上忽略了利润中所应该体现出来的流动性。在模拟经营中,一些学生以为资金在某种程度上等同于利润,以至于犯了一些低级的错误。作为企业的资金管理者,应当能够充分、正确地界定现金与利润之间的差异。企业资金不等同于利润,利润也并不代表企业自身有充裕的流动资金。流动资金也就是俗称的现金流,对于企业的健康发展有着重要的作用。

现金流(cash flow)是指一段时间内企业现金流入和流出的数量。企业在销售商品、提供劳务或是出售固定资产、向银行借款的时候都会取得现金,形成现金的流入。而企业为了生存、发展及扩大需要购买原材料、支付工资、构建固定资产、对外投资、偿还债务等,这些活动都会导致企业现金的流出,如果企业手头上没有足够的现金流来面对这些业务的支出,其结果是可想而知的。在现实生活中我们可以看到,有些企业虽然账面盈利颇丰,却因为现金流量不充沛而倒闭;有的企业虽然长期处于亏损当中,但却可以依赖着自身拥有的现金流得以长期生存。这其中的奥妙需要我们在实践中去体验和感悟。

(2) 现金不等同于权益

在模拟经营中,一些企业现金还有很多,却破产了,很多学生此时会茫然无措。破产主要有两者情况:一是权益为负,二是资金断流。在有现金的情况下破产,必是权益为负。权益和资金是两个不同的概念,千万不要混淆。那么,这两者又有什么关系呢?从短期来看,两者是矛盾的,资金越多也就意味着需要付出的资金成本——财务费用越多,反而会降低本年的权益;但是从长期看,两者又是统一的,权益高了就可以获得更多的贷款额度,从而可以从银行借更多的资金。企业经营期间,特别是在初期,这两者的关系会让经营者相当纠结,要想发展、做大做强,必须得借款、投资,但这时贷款额度又受制于权益;如果贷款过多,财务费用大大提升,若经营不善,反而会导致权益下降。这就是企业经营之初的"哥德巴赫猜想",企业破解了这个难题,经营也就成功了一半。

有些学生会想,在权益大的时候多贷款,以免今后权益下降而不能贷款了。这个观点有一定的道理,但是企业还是不能盲目贷款,否则企业会背负沉重的财务负担,甚至于贷款到期却不能偿还本金,这不就是我们常说的"饮鸩止渴"吗?

> **知识链接**
>
> ◇ 所有者权益。《企业会计制度》对其定义为:*所有者权益是指企业投资人对企业净资产的所有权。它包括实收资本(或股本)、资本公积、盈余公积和未分配利润。在股份制企业又称为股东权益。*

通过以上分析,我们可以看出,资金管理对于企业经营与发展的重要性,资金是企业日常经营的"血液",绝对不能断流。这就需要我们合理地规划现金流,科学地控制现金流量。在模拟经营中,成本费用的支付需要资金、各项投资需要资金、到期还债需要资金,如果没有一个准确、详尽的资金预测,很快企业就会焦头烂额、顾此失彼。因此,每年年初做现金预算是非常必要的,它可以使企业运筹帷幄、游刃有余。合理规划现金预算,能够保障企业正常持续地经营,更好地促进企业的发展壮大。

为了帮助大家制订资金计划,在本书附录中提供了相关的辅助计划工具,包括"企业经营过程记录表"、"生产计划及采购计划编制"、"开工计划"、"采购及材料付款计划",还有用于财务综合评价的杜邦模型。

5.5 执行与控制——为企业经营保驾护航

模拟经营中,在企业完成长期发展规划和年度经营计划之后,企业的日常经营将在首席执行官的领导下,企业高层管理人员精诚合作,按照任务清单所指示的程序和顺序进行。企业应该对各年每个季度的要点进行记录,以便于核查、分析。

5.5.1 任务清单

任务清单中包括了各模拟企业进行日常运营时必须执行的工作任务及必须遵守的工作流程。由首席执行官主持,按照任务清单所列工作内容及先后顺序开展工作,每执行完一项操作,CEO在相应的方格内打勾确认,以示完成;如果涉及现金收支业务,财务总监在相应方格内填写现金收支情况。

5.5.2 订单登记表

订单登记表主要是用于记录本年企业所取得的客户订单。每年年初营销总监参加订货会,争取到客户订单,随后进行订单登记,填写订单登记表中的订单号、市场、产品、数量、账期、销售额项目。在企业经营过程中按订单交货时,财务总监登记表格中的成本项目,计算毛利项目。每年年末,如果有未按时交货的(如订单违约),则在"未售"栏目中单独标注。见表 5-3。

表 5-3　　　　　　　　　　　　　订单登记表

订单号									合计
市场									
产品									
数量									
账期									
销售额									
成本									
毛利									
未售									

5.5.3　产品核算统计表

产品核算统计是按产品品种对销售情况的统计，是对各产品品种本年销售数据的汇总。本年销售的数据一般是：订单登记表中合计数－本年未售＋上年未售。进行产品核算统计，有利于企业了解各产品品种的销售情况，对于企业作出生产产品决策、及时调整企业发展方向具有重要的指导作用。见表5-4。

表 5-4　　　　　　　　　　　产品核算统计表

	P1	P2	P3	P4	合计
数量					
销售额					
成本					
毛利					

5.5.4　综合费用明细表

综合费用明细表主要用于记录企业日常运营过程中发生的各项费用。对于市场准入开拓、ISO资格认证和产品研发，不仅要记录本年投入的总金额，还要在备注栏中说明清楚。市场准入开拓、ISO资格认证在备注栏中相关项目上打勾确认；产品研发在对应项目后的括号中填写实际投入金额。见表5-5。

表 5-5　　　　　　　　　　　综合费用明细表

项　目	金　额	备　注
管理费		
广告费		
保养费		
租　金		

续表 5-5

项 目	金 额	备 注
转产费		
市场准入开拓		□本地　□区域　□国内　□亚洲　□国际
ISO 资格认证		□ISO 9000　　□1SO 14000
产品研发		P1(　)　P2(　)　P3(　)　P4(　)
其 他		
合 计		

5.5.5 利润表

每年年末,财务总监要核算企业当年的经营成果,编制出利润表(又称损益表)。利润表中各项目的计算如表 5-6 所示。

表 5-6　　　　　　　　　　　利 润 表

编报单位:百万元

项 目	行次	数据来源
销售收入	1	产品核算统计表中的销售额合计
直接成本	2	产品核算统计表中的成本合计
毛利	3	第 1 行数据－第 2 行数据
综合费用	4	综合费用明细中的合计
折旧前利润	5	第 3 行数据－第 4 行数据
折旧	6	上年设备的价值的 1/3 向下取整
支付利息前利润	7	第 5 行数据－第 6 行数据
财务收入/支出	8	借款、高利贷、贴现等支付的利息计入财务支出
其他收入/支出	9	出租厂房的收入、购销原材料的收支
税前利润	10	第 7 行数据＋财务收入＋其他收入－财务支出－其他支出
所得税	11	第 10 行数据除以 3 取整
净利润	12	第 10 行数据－第 11 行数据

5.5.6 资产负债表

每年年末,财务总监要编制反映企业财务状况的资产负债表。资产负债表中各项目的计算如表 5-7 所示。

表 5-7　　　　　　　　　　　　　　资产负债表

编报单位:百万元

资产	数据来源	负债和所有者权益	数据来源
流动资产：		负债：	
现金	盘点现金库中的现金	长期负债	长期负债及一年内到期的长期负债
应收款	盘点应收账款	短期负债	盘点短期借款
在制品	盘点生产线上的在制品	应付账款	盘点应付账款
成品	盘点成品库中的成品	应交税金	根据利润表中的所得税填列
原料	盘点原料库中的原料	一年内到期的长期负债	盘点一年内到期的长期借款
流动资产合计	以上五项之和	负债合计	以上五项之和
固定资产：		所有者权益：	
土地和建筑	厂房价值之和	股东资本	股东不增资的情况下为 50
机器与设备	设备价值	利润留存	上一年利润留存＋上一年利润
在建工程	在建设备价值	年度净利	利润表中的净利润
固定资产合计	以上三项之和	所有者权益合计	以上三项之和
资产总计	流动资产合计＋固定资产合计	负债和所有者权益总计	负债合计＋所有者权益合计

第 6 章

解密企业经营

学习目标

◇ 学会制定战略决策
◇ 明确财务板块的工作
◇ 明确市场板块的工作
◇ 明确生产板块的工作
◇ 明确采购板块的工作
◇ 学会管理团队

课前导读

宝洁为什么会衰败，而且永远不能复苏？

迄今已经179年历史的超级百年老店宝洁，最近几年在全球和中国市场都遇到了大麻烦，业绩不断下滑。2016年第一季度，宝洁在全球的销售大幅下滑了12%。

学术界、企业界对此提出了各种似是而非的诊断意见。

比如，有人认为宝洁错失了中国市场的消费升级，可是抢走宝洁大量市场份额的立白、蓝月亮，分明是比宝洁定位更加低端的品牌。还有人认为宝洁品牌模糊，那么不妨看看宝洁的对手，欧舒丹、科颜氏，他们也是把诸多产品放在同一个品牌之下——说白了，这些抢走宝洁市场份额的品牌，他们的管理水平、对品牌和战略的把握，其实远远逊于宝洁。

我相信，面对当前的危机，宝洁的优秀职业经理人一定能想出很多好的招数来。比如，招聘更好的人才，研发更好的产品，创作更加巧妙的互动广告，深入年轻人的社交媒体，诸如此类。然而，我的观点是，宝洁的衰败是不可避免的，而且宝洁永远不可能再现昨日辉煌了。

宝洁是工业时代"大生产＋大零售＋大渠道＋大品牌＋大物流"的产物，像福特T型车一样，生产出一个物美价廉的好东西，通过全国性的广告投放，全国性的渠道，接触全国消费者。从某种意义上来说，宝洁和福特这样的公司，对人类社会进步起到了历史性的作用，他们用最高的效率配置了社会资源，最大限度地造福了社会。

然而现在正在从工业时代转向信息时代，又进一步转向数据时代，小而美的品牌可以借助网络渠道接触自己的受众。以央视春晚为例，过去一台春晚可以满足全国人民，现在春晚的导演无论多么努力，无论请来多少明星，开门办春晚、新人上春晚、观众投票决定谁上春晚——任何措施都没用，因为观众已经分化了，并且这些分化的需求借助互联网都能得到满足。

在工业时代，市场竞争的结果必然是宝洁和沃尔玛这样的优秀公司通过各种最佳实践击败竞争者，最终雄踞一方，这种结果，对社会、对消费者、甚至对地球的自然环境，都是最优的选择。而现在，宝洁的市场份额逐渐下降，不是因为人们不再喜欢宝洁了，而是因为现在他们有了无限多的选择。

不过宝洁也不用独自悲伤，因为这些不断蚕食宝洁市场的小而美品牌也会衰败，因为消费者的需求会进一步分化、个性化、定制化。等到了完全C2B的年代，现在的"品牌"概念也许已经不复存在了。

当然，宝洁作为一家企业，仍有很多出路，比如进军互联网和电商尚未普及的市场，那里仍然需要工业时代的优质产品；转型为控股和资本运营公司，收购各种小而美品牌；转型为平台型企业，孵化日用消费品品牌；转型为B2B公司，用自己的技术专长为各种日用消费品牌提供原材料和研发、代工服务。

但是，宝洁这种工业时代的大品牌模式，一定会退出历史舞台。管理水平不如宝洁的小公司反而能逐步蚕食宝洁，而宝洁怎么提高改善自己都无济于事。这种结局，看似悲情，实为历史的必然。

——摘选自商业评论网

上述案例可见企业经营错综复杂,管理层要对可能发生的事情有预见性,做到未雨绸缪。基于对沙盘模拟经营课程多年来的研究和感悟,以及同多届学生的交流探讨,编者总结了一些经验和心得,希望能帮助读者正确领会沙盘模拟的精髓,更好地体会企业经营的真谛,培养良好的经营与管理能力。结合 ERP 沙盘模拟和现实生活的企业经营与管理,编者将从总体决策、财务、市场、生产、采购和团队六个板块进行详细说明。

6.1 战略决策

在沙盘模拟经营中,往往会出现这样的情况:在进行决策时,学生经过一番激烈的争辩后,所谓的总体决策最终演变成了打多少广告、开发多少市场之类的争论。这些做法都是不可取的,这是对企业不负责任,更是对整个经营团队不负责任的表现。企业高层在作出决策时,应该从整体出发,而不是片面地作出论断。编者希望跳出理论的条条框框,从沙盘模拟经营实际出发,结合现实企业的情况,对于如何做决策进行说明。

6.1.1 以长期战略规划为指导

在任何一个年度和任何一个季度的总体决策过程中,任何一家企业的目标都应该是在贯彻实施企业长期规划的前提下追求利润最大化。

制定长期发展战略是非常重要的,迈克尔·波特提出的总成本领先战略、差异化战略和专一化战略可以作为制定长期发展战略的参考,然而这三种战略本身并不存在谁优谁劣,无论采取何种战略,都有可能取得胜利,关键是要根据具体情况来具体分析,要对市场总体趋势有很好的分析,并且在实施战略的策略上能够把握准确。而在任何一个时间段的决策过程中,都必须注意长期目标与短期目标的协调与平衡。长期战略目标的实现,必须以每一个短期目标的实现为基础,可以将长期目标分解成 N 个短期目标,从而使长期目标变成可以实现的计划。因此,在每次决策时,都应该以利润最大化为目标。而追求利润最大化,就应该从整体出发,寻求使营销、生产、财务达到最佳平衡的决策。

6.1.2 以销售预测为起点

在任何一个年度的总体决策过程中,都是以销售预测为起点的。销售预测以上一季度的订单量为基础,通过对市场总体趋势的分析,在生产能力和现金流量可以支持的范围之内,寻求一个最佳的营销组合,实现利润最大化。

销售预测必须建立在对市场总体趋势进行分析的基础之上。在沙盘模拟经营中,对市场总体趋势的分析大体包括两个方面:一是宏观环境分析,二是竞争对手分析。宏观环境分析相对简单,而竞争对手分析则是保障销售预测精度的关键,这也是难点所在。对于如何读懂商业情报,科学预测销售,编者已经在上一章进行了详细说明,这里不再重复。

6.1.3 以竞争对手分析为基础

博弈论在现代企业管理中已经得到了充分的肯定并被广泛运用。在沙盘模拟经营中,由于所有的企业都是在同一个典型的市场经济环境中相互竞争,都追求同一目标并在一开始的时候拥有同样的资源(所有者权益相同,初始条件相同),所以各企业之间的相互竞争比现实的经济活动更接近于一个典型的博弈过程。

在竞争环境下,企业的利润不仅依赖于自己的决策,还依赖于竞争对手的决策。企业要通过实地调查或其他途径了解同行业竞争对手的情况,推定竞争对手的营销组合。例如,他们研发了哪些产品?开拓了哪些市场?生产能力如何?资本结构如何?在决策时,需要考虑竞争对手的行为,博弈思维有助于企业作出良好的决策。

6.1.4 以营销、生产、采购、财务的紧密结合为保障

在整个经营过程中,营销、生产、采购、财务的紧密协调配合极为重要,这是我们作出正确、可行的决策的有力保障。

为了实现利润最大化,企业必须制定出最佳营销组合。除了市场调研和竞争对手分析外,最佳营销组合也必须落实在生产能力可以支持的范围内。生产能力作为一个可控制条件,基本上已经确定下来。但我们也会遇到这样的情况:订单数量超出实际生产能力;订单产品与产能配置不符合,即多了 A 产品又缺了 B 产品。这些问题都需要企业高层进行全方位的考虑。

生产能力的实现必须有采购部门的保证。原材料和生产线需求的匹配必须是协调的,最好的情况是实现"零库存管理",为企业发展节省资金。但是,假如采购不及时出现原材料空缺情况,将会导致灾难性的后果。

很多情况下财务会制约企业的决策,如现金流经常会成为非常重要的约束条件。我们必须考虑收益和财务负债成本的关系,使决策自始至终都应该在收益大于成本的原则下进行,都应该有现金流的支持,没有考虑财务状况的决策是不可取的。现金为王的资金管理理念,应该深入每一个企业管理人员的心中。

> **特别提示**
>
> ◇ 在沙盘模拟经营过程中经常出现"四拍"式管理,即拍脑袋决策、拍胸脯保证、拍大腿后悔、拍屁股走人。在经营中,最重要的法则之一:用数据说话!企业要经过周密的考量,提供翔实、可靠的数据以支撑决策。

6.2 财务板块

财务管理的目标是企业价值最大化,整个财务运作的过程都是围绕这一核心目标展开的。其中,筹资管理是财务管理的核心问题之一,企业筹资就是根据企业对资金的需求状况,通过各种筹资渠道、采用一定的筹资方式筹措企业生存和发展所必需资金的行为。在制订筹资计划时,应当注意债务期限的配比问题,做好长短期资金的匹配。厂房和生产线的投资要根据具体情况具体分析。订单的选择、生产的计划以及现金流和费用的控制,都要以企业价值最大化为目标,每年运营结束前,对利润表、资产负债表、现金流量表都要进行准确的核查。

6.2.1 财务预算

财务预算是整个沙盘模拟过程中很重要的工作,可以预测企业未来对到期债务的直接

偿付能力,也有利于企业及时调整运营计划,强化内部控制,还能够加强团队协作。财务预算最大的好处还是在于使企业在运营中现金流的收支情况处于掌控之中。广告费的投入、生产线的投产、新产品的开发、原材料的购买等都离不开现金。因此,对于现金问题应该一开始就做一个精细全面的预算;否则,企业会面临资金链断裂、成本加大、其他经营环节受牵连、甚至破产的险境。做好财务预算,最佳方式就是编制现金预算表。

首先,预计各季度的现金流入。企业的现金收入来源主要是销售产品,除此以外还包括出售厂房和生产线收到的现金等。在沙盘模拟经营中,销售产品一般形成应收账款,会在以后的某个季度转变为现金。企业可以根据产品下线情况,结合订单,确定每个季度的产品的销售收入和对应的账期,从而确定每个季度有多少应收账款到期,收到多少现金。同时,企业在实现规划时,可以确定出售生产线的时间,从而确定现金流入情况。另外,厂房贴现也能马上得到现金。值得注意的是:出售厂房得到的是4Q的应收账款。

其次,预计各季度的现金流出。

(1) 明确各期应支付的固定费用。在沙盘模拟经营中,固定费用包括广告费、管理费、设备维护费、厂房租金等。这些费用基本上在年初就能确定下来。

(2) 根据产品开发或生产线投资规划,确定各期产品开发或生产线投资的现金流出。企业的产品开发或生产线投资规划草案可以在编制现金预算表之前确定,也可以在编制现金预算表的同时制定。如果事先已编制了产品开发或生产线投资预案,则应该测算出该产品开发或生产线投资规划在现金允许的范围内进行,否则就可能出现现金断流的危险。所以,企业在进行产品开发或生产线投资后,如果出现现金危机,而且这种危机不能通过其他融资途径来解决,或者虽然通过其他途径来解决,但带来的风险很大,这种情况下,就应该暂时停止该产品开发或生产线投资。

(3) 制订生产计划及采购计划,确定企业应投入的产品加工费。在每一年年末,企业已经基本确定了第二年产品的生产情况,包括投产的产品品种、投产数量和投产时间,企业可以根据这些资料明确各期发生的加工费用支出。

在确定了每个季度资金流入和资金流出情况以后,就可以确定每个季度的资金短缺或盈余。如果资金短缺,就应该考虑如何筹集资金以解决资金缺口。

6.2.2 融资策略

融资策略不仅直接关系到企业的财务费用,更重要的是直接影响着企业的资金流。企业能否获得稳定的资金来源,及时筹集到生产经营所需要的资金,对经营和发展都是至关重要的。在沙盘模拟经营中,最主要的两种融资方式是银行贷款和应收款贴现。

1. 银行贷款

我们经常看到很多学生没有合理安排好长短期贷款的融资策略,结果要么就是被高额的财务费用削减了大部分的利润,要么就是因为还不起到期的贷款而导致现金断流、企业破产。

在分析融资策略之前,我们要明确一点:贷款的目的就是为了赚钱。通俗地说就是:利用贷款所赚的钱要比贷款利息高,在这种前提下,贷款越多就意味着赚取的利润越多;反之,如果赚的钱还不够支付贷款利息,那么贷款越多就亏得越多。这就是企业的"财务杠杆效应"。因此,我们可以简单地得出一个结论:不贷款绝对不是经营企业最好的策略。

在沙盘模拟经营中，由于长期贷款利率通常比短期贷款利率高，因此，尽量多使用短期贷款的方式来筹集资金，可以有效地减少财务费用。在短期贷款的具体操作上，有以下两个技巧：

◇ 短期贷款的利率为5%，且利息计算时四舍五入，其计算利息本金数以（20N＋9）为最佳，其中N为正整数，因为"9"部分利息为0.45，根据四舍五入法则，恰好可以不计利息。

◇ 短期贷款尽量分散在一年4个季度中，且只要够用，贷款时间尽量推后。如图6-1所示，在第二年企业每个季度分别短期贷款20M。这样做的好处就是，只要企业的权益不下降，那么次年在偿还了年初第一季度到期的20M短期贷款后，立即可以申请20M的短期贷款，用来保证第二季度到期的20M短期贷款还款。如此反复，类似一个滚雪球的过程，只要企业的权益不下降，就可以保证企业的贷款额度不减少，从而保障以贷养贷策略的顺利循环。但这也是风险相当高的一种贷款模式，因为如果经营失误或者预算不精确，将会导致企业的权益下降，随之贷款额度也会下降。这种局面对于企业发展非常不利，在偿还了短期贷款后无法用新借贷款来弥补资金链空缺，就会造成企业现金断流、甚至是破产的后果。

现金预算表(第二年)						现金预算表(第三年)				
期初库存现金	11					期初库存现金	6			
市场广告投入	2			应收登记		市场广告投入	9			应收登记
支付上年应交税						支付上年应交税				
支付长贷利息	1					支付长贷利息	4			
支付到期长期贷款						支付到期长期贷款				
新借长期贷款	30					新借长期贷款				
贴现所得					9	贴现所得	56	21	22	27
季初库存现金	38	36	34	18		季初库存现金	49	22	22	44
利息(短期贷款)			1			利息(短期贷款)	1	1	1	1
支付到期短期贷款			20			支付到期短期贷款	20	20	20	20
新借短期贷款	20	20	20	20		新借短期贷款	20	20	20	20
原材料采购支付现金			14	10		原材料采购支付现金	12	15	15	15
厂房租/购						厂房租/购	5			
转产费						转产费				
生产线投资	20	20				生产线投资				
工人工资			4	4		工人工资	4	5	5	5
收到现金前所有支出	20	20	44	14		收到现金前所有支出	47	41	41	41
应收款到期						应收款到期		17		
产品研发投资						产品研发投资				
支付管理费用	1	1	1	1		支付管理费用	1	1	1	1
设备维护费用				8		设备维护费用				10
市场开拓投资				3		市场开拓投资				2
ISO资格认证				1		ISO资格认证				
其他				5		其他				
季末库存现金余额	36	34	9	6		季末库存现金余额	1		17	8

图6-1 现金预算图

如果前期大量使用长期贷款，也会导致财务费用过高，从而侵蚀了企业的利润空间，使得企业发展缓慢。在教学过程中，有些学生在经营开始就将贷款额度全部用完，结果到了第六年贷款到期时，无法一次性筹集大量现金而导致现金断流、企业破产。

但这并不是说长期贷款策略就一定失败。如果可以充分利用长期贷款还款压力小的特点，前期可以用大量资金扩充产能、开拓市场和研发产品，那么凭借前期产能和对市场的绝对控制权，打造出不俗的利润空间，加上利用削峰平谷的分期长期贷款的方式（合理分配每年的长期贷款额度以减小还款压力），也可以达到让人意想不到的效果。

长期贷款的使用有一个小技巧：

◇ 长期贷款的利率一般为10%，其利息计算时四舍五入，与短期贷款类似，其当年计算利息本金数以（10N＋4）为最佳，其中N为正整数，因为"4"部分对应的利息为0.4，根据四舍五入法则,恰好可以不计利息。

那么,怎样的贷款融资策略才是合理的呢?一般来说,企业整体战略和精准的财务预算,是决定长短期贷款配比的最重要因素。长期贷款用来做长期投资,比如新建厂房和生产线、研发投资市场产品等;短期贷款用来做短期周转,比如原材料采购、产品加工费用等。总之,企业只要合理调节好长短期贷款比例,把每一分钱都投入到最需要的地方,让它变成盈利的工具,就可以让借来的钱为企业服务,创造出更多的利润。

2. 应收款贴现

关于应收款贴现,很多人认为是增加财务费用的罪魁祸首,只有在资金周转不顺畅的时候,才会无奈地选择它,因此对贴现都抱有"能不贴就不贴"的态度。

但是否真的如此呢?其实未必。与长短期贷款相似,贴现只是一种融资方式。贴现可以分两种情况:一种是在现金流遇到困难时,迫不得已去将应收款或厂房作贴现处理,如果不贴现,资金断流,属于被动贴现;另一种是主动贴现,如果在市场宽松、资金不足的情况下,主动贴现以换取宝贵的资金用于投入生产线的建设和产品的研发,从而达到迅速占领市场、扩大企业产能和市场份额的目的。

在被动贴现的情况下,企业一直处于以贴还债的境地,即这个季度的现金不够了,就要将下个季度的应收款贴现,虽然这个季度过去了,可是下个季度又会出现财务危机需要再次贴现,从而陷入"连环贴现"的怪圈之中。

主动贴现则不同,企业往往是利用贴现来扩大企业生产规模和市场份额,追求效益最大化。贴息和利息都属于财务费用,从财务角度来看,只要其创造出比财务费用更高的利润,就是有价值的。

6.2.3 税收管理

1. 所得税计算的方法

很多初学者对于沙盘中的所得税的计算不是很清楚,对于什么时候该交所得税、什么时候不需要交所得税,常常存在疑惑。

所得税在沙盘中是一个综合概念,大概可以理解成模拟企业经营盈利部分所要交的税费。缴税需满足两个条件:经营当年盈利(税前利润为正);弥补了前面最多5年的亏损后仍盈利。

以利润表为计算依据最为清晰,下面以实例说明,如表6-1所示。

表6-1　　　　　　　　　　所得税计算

项目	第一年	第二年	第三年	第四年	第五年	第六年
税前利润	−19W	−4W	7W	9W	33W	11W
所得税	0W	0W	0W	0W	7W	3W
年度净利	−19W	−4W	7W	9W	26W	7W

第一、第二年亏损,当然不缴纳所得税;第三、第四年分别盈利7W、9W,因为要弥补以前年度的亏损,所以也不缴税;第五年要交所得税了,仍是要先弥补以前年度的亏损,弥补亏损后的余额为26W(−19−4+7+9+33=26),应交所得税7W(26×25%=6.5),因为所得

税的计算原则是四舍五入,所以第五年缴纳所得税7W;第六年的税前利润不需要再弥补以前年度的亏损,直接用税前利润11W计算当年应缴纳的所得税3W($11×25\%=2.75$)。

总之,从当年开始,与前面连续无所得税年份(最多5年)的税前利润累加,得到应税利润,若大于零,则需缴纳所得税。

2. 合理避税

合理避税不同于偷税、漏税,它不是对法律的违背和践踏,而是以尊重税法、遵守税法为前提,以对法律和税收的详尽理解、分析和研究为基础,对现有税法不完善及其特有的缺陷的发现和利用。

了解了如何计算所得税后,自然就会想到利用"四舍五入"这一规则进行合理避税。假设系统采用25%的所得税税收政策,通过预算发现当年应税利润为($4N+2$)时,其中N为正整数,可以主动贴现,增加一个贴息,将应税利润减少到($4N+1$),所得税将由($N+1$)减少到N。这种情况下,年度净利润相同,但后者增加了资金流动性,保证了年初充裕的广告费。

另外,一般情况下,前3年的资金较为紧张,仅是生产什么产品,便研发什么产品;但经营6年后,要求每个组,无论是否全线生产所有产品,必须要研发全部的产品,这是为了得分。这种情况下,如果通过预算得知当年缴纳所得税额,并且还有未研发的产品,就可以研发不想生产的产品,增加综合费用,降低纳税比例。

6.2.4 财务费用最小化

财务费用在整个综合费用中所占比重非常大,发生财务费用将直接导致企业所有者权益减少,如此看来有效控制财务费用就显得尤为重要。财务费用包括贷款利息和贴现费用两方面的内容,要降低财务费用就得从这两方面着手。控制财务费用的主要方法有:做好财务预算;合理配比长期贷款与短期贷款,多用短期贷款;调整企业的交货时期,争取少贴现。要使得财务费用最小化,主要应关注以下两个方面:

(1) 筹资方式的选择。不同的筹资方式产生不同的筹资成本,长期贷款、短期贷款以及财务贴现的费用是不相同的,在模拟经营中应当根据具体情况尽量选择成本低的筹资方式。

(2) 财务预算的准确性。如果财务总监能够有效地进行年度现金收支的预算,那么企业在本年度内面临的现金缺口将会一目了然,进而筹资方式的选择也就比较准确,从而避免了因突然出现现金缺口而产生不必要的财务费用。

6.3 市场板块

企业的生存和发展离不开市场这个大环境,市场是企业赖以生存的土壤。要适应瞬息万变的市场,就需要团队把握住市场走向,进行市场预测和市场调查。市场预测是企业战略制定和实施的重要前提;而市场调查则是要调查客户需求、竞争对手的生产能力、投资组合、资本结构等,以最大限度地利用资源。例如在广告投入方面,可以发现本企业与竞争对手在策略上的差距,再根据自己的实际情况制定新的可取胜的策略。同时,也要注意从宏观上把握市场领导者优势,利用这一无形资产更好地提高市场占有率,为企业获取更多的利润。

6.3.1 市场领导者地位

在模拟经营中，市场领导者是指该市场上一年度所有产品总销售额最多的企业，被称为"市场老大"。可以肯定地说，市场领导者地位非常重要，处于该地位有以下优势：

◇ 市场领导者可以节约广告费用。由于"市场老大"优先选单，用少量的广告就能获得更大的销售额。

◇ 市场领导者可以保证实现一定的销售，有机会优先选到最合适的订单。

◇ 争夺市场领导者地位远比保住市场领导者地位要困难得多，因此市场领导者的地位一般能够持续，其优势自然也能得以持续。

争夺市场领导者地位可以通过以下两种方式：一种是通过多打广告从而优先选单，企业可以选择销售额比较大的订单，从而实现市场领导者的地位。当然，不是广告多就一定能成为"市场老大"。在抢占市场领导者地位时，不能只用"蛮劲"猛砸广告，还要更多地考虑利用"巧劲"，依靠合理的产品组合智取市场领导者地位。另一种是将开发的新产品投放市场，抢占市场份额。每一家企业研发的产品和研发时间不尽相同，如果能先于其他企业研发出新产品并生产销售，那么很有可能市场上只有少数企业（甚至可能只有一家企业）生产此类产品，这种"率先"优势就更能够夺得市场领导者的地位。但是，所有策略都需要企业拥有足够的生产能力作为保证，也需要有精妙的广告策略。

"市场老大"是把双刃剑，用好了，威力无穷；用不好，则很有可能赔了夫人又折兵。因此，到底要不要抢"市场老大"，以多少广告抢"市场老大"，以什么样的产品组合抢"市场老大"，这些都是需要经过严密的计算然后再做博弈。

6.3.2 商业间谍

"知己知彼方能百战不殆！"自古兵家都极其重视竞争对手的情报收集。沙盘虽小，但想要在激烈的博弈竞争中脱颖而出，除了规划好企业自身的运作，还必须收集商业情报，时刻关注竞争对手，针对竞争对手的弱点制定相应的打击策略。

我们应该了解什么商业情报？简单的说，就是把别人的企业当成自己的企业来关注，通过间谍和观盘时间，尽可能多地记录下对手信息，比如现金流、贷款额度、ISO资格认证、市场开拓、产品研发、原材料的订单及库存、订单详情、生产线的类型、成品库存等，然后再逐个分析，找出真正的竞争对手。其中最重要的是能够分析、提炼出竞争对手的各种产品的"产能"和"现金流"，这两个要素在市场选单博弈中最为关键。通过了解竞争对手的生产线情况以及原材料采购情况，可以推测出竞争对手的最大产能及可能进行的转产计划，甚至到每个季度可以交付几个产品。只有这样才能在选单的博弈中推断出对手的策略，并且针对其产能需求采取遏制或规避战术。同样，对现金流的密切监控，可以分析出对手可能投放的广告费用及拿单的策略，这些信息都为市场决策提供了非常重要的决策依据。另外，在每年的订货会中，除了做好自己企业的选单工作外，还要密切注意主要竞争对手的选单情况，不仅要记录他们销售的产品数量，还要对交货期和账期做密切的关注和记录。

由以上分析可知，做好间谍工作可以给企业带来很多好处，制作一张间谍表格是做好间谍工作的好方法。表6-2是一个示例表格，仅供大家参考。

表 6-2　　　　　　　　　　　　　　间　谍　表

企业		A					
年份		1	2	3	4	5	6
生产线	手工						
	半自动						
	全自动						
	柔性						
产品	P1						
	P2						
	P3						
	P4						
原材料	R1						
	R2						
	R3						
	R4						
市场开拓							
ISO 认证							
现金							
贷款							
应收账款							

6.3.3　广告投放策略

广告怎么投,该投多少广告费?这是沙盘模拟经营中必然会遇到的问题,很多学生希望得到一个"秘籍"从而保证广告投放的准确性。"兵无定势、水无常形",不同的市场需求、不同的经营规则以及不同的竞争对手等一切内外因素,都可能导致广告投放策略的不同。那么是不是投放广告就没有任何规律可循呢?当然不是,很多优秀的营销总监都有一套广告投放的技巧和策略。下面我们一起探讨广告投放的基本考虑要素,从而帮助大家更好地做好广告投放策略。

1. 分析自己企业的现金预算结构

对于长期借款比较多的企业,每年年初需要支付利息费用,加上上年支付过管理费、维护费等,在现金上对广告不会留出太多的预算。另外,当出现应收账款周转不及时、刚开始铺设生产线、有产品库存等情况时,是压缩广告投放规模,还是靠应收账款贴现继续实行轰炸式的广告投放策略,营销总监需要与财务总监、首席执行官进行沟通,对市场和对手进行再分析,最终确定策略。

对于短期借款较多或者长短贷结合的企业,年初的现金压力不是很大,因为这个压力已经分散到各个季度中去了。对于每个需要还短期借款的季度,现金都有要求,因此对订货会上的订单选择要求就高了,对应收款的管理要求也高了,营销总监和财务总监要多交流,在能还清当年第一季度短期借款的情况下,尽量要求多预算广告费用。

2. 分析对手的风险偏好

在没有"市场老大"的情况下,前几年广告投放很多的队伍往往会后劲不足,这是对市场分析不深入造成的。从第四年开始,每一年的广告都很关键,这个时候就需要注意分析前几年广告投放比较好的队伍的广告投入产出比,投入产出比低的那些企业基本已经进入了恶性循环,在分析其现金后可以判断它们各自的风险偏好。

3. 分析市场预测

通常在拿到一个市场预测后,首先要做的就是将图表信息转换成易于读识的数据表。如表 6-3 所示,通过这样"数字化"转换以后,我们可以清晰地看到,各种产品、各个市场、各个年度的不同需求和毛利;弄清市场上的"金牛"产品;更重要的是,通过市场总需求量与不同时期全部企业的产能比较,可以分析出该产品是"供大于求"还是"供不应求"。通过这样的分析,就可以粗略地获知各个市场的竞争激烈程度,从而有助于制定广告策略。另外,除了考虑整体市场的松紧情况外,还可以将这些需求量除以参加经营企业数,就可以得到平均需求量。如果今年出售的产品数量大于这个平均值,意味着需要投入更多的广告费用去抢其他企业的市场份额;反之,则可以少投入广告费。

表 6-3 某年 P1、P2 产品的价格、数量及毛利表

		本地	区域	国内	亚洲	国际	合计	平均值
P1	单价	6	6	6.2	6	5.9		
	数量	87	62	59	59	79	346	13.31
	毛利	4	4	4.28	4	3.9		
	总毛利	348	248	252.52	236	308.1	1 392.62	53.6
P2	单价	6.7	6.6	6.5	6.7	7.2		
	数量	57	50	48	45	48	248	9.54
	毛利	3.7	3.6	3.5	3.7	4.2		
	总毛利	210.9	180	168	166.5	201.6	927	35.7

注:本表统计企业为 26 家。

4. 利用选单规则

广告费的投放还要考虑整体广告方案,吃透并利用规则:"若在同一产品上有多家企业的广告投入相同,则按该市场上全部产品的广告投入量决定选单顺序;若市场的广告投入量也相同,则按上年订单销售额的排名决定选单顺序。"如果在某一市场整体广告费偏高,或者前一年度销售额相对较高的情况下,可以适当优化部分产品的广告费用,从而达到整体最优的效果。

6.3.4 选单策略

选择有价值的订单,对企业来说有很重要的意义,营销总监不仅要有敏锐的洞察力和准确的判断力,嗅出市场上的变化、把握住稍纵即逝的商机,更要能结合本企业的产能情况、市场定位、财务状况和产品差异等因素,果断、合理地作出选单的决策。

(1) 在广告投放前,对市场预测作出详细分析,做到产品价格变化趋势、订单数量大小

和分布情况已成竹在胸。哪个市场竞争激烈，订单质量好，应该集中资金拿下；哪些市场可以采用遍地开花策略，即多个市场投入少量广告费，"捡"到订单，都要心中有数。

（2）要了解企业的产能情况，依据产能大小接单，防止出现违约。同时，还要结合企业财务状况，争取用最低的广告费获取最大的利润，并能保证现金及时回流。

（3）营销总监选单时，不仅要关注订单里所含的信息，更要留意竞争对手，观察对手的选单情况，了解对手的产品构造、市场定位以及广告投放喜好，做到知己知彼，充分掌握竞争对手的信息。

（4）选单时，应该优先考虑的是交货期，交货期越长，企业越能有较多时间调整产品配置和生产顺序。其次考虑产品的数量和总价，保证企业本年不留库存，尽可能增长权益。接下来才是看产品的单价和应收账款的账期，毕竟缺少现金时，应收账款是可以贴现的，只是多了财务费用而已。

总之，订单选取的好坏直接决定了一个企业的发展，企业的生存和发展离不开市场，谁赢得了市场，谁就赢得了竞争。

6.4 生产板块

企业的生产要与市场需求、企业发展战略一致，产品的研发和产品组合应与市场需求和企业整体发展战略相匹配。生产总监按照企业的发展战略规划确定投资产能大、效率高的生产线，同时，生产线的建成也要与产品研发同步。在开始生产前，应制订合理的产销排程计划，以配合资金回流的需要。此外，生产总监要结合市场、财务、原材料等综合情况，预计下一年的产能和费用，以配合其他职务的需要。

6.4.1 产品组合策略

经营企业最重要的一个环节就是企业的经营战略。经营什么？如何经营？怎么才能获取最高的利润？这是每个企业决策层需要考虑的问题。很多企业在经营初始阶段就犯下了致命的错误，从而在经营过程中即便绞尽脑汁也无法走出困境。为了使企业在起跑线上赢得先机，确定产品组合策略尤为重要，这决定了今后企业发展的方向。在此，我们仅分析P1、P2产品组合策略以引发读者思考。有一点需要说明，没有绝对的最优方案，希望读者不要犯教条主义错误。

◇ P1、P2产品组合策略的优势。该策略的研发费用较低，能有效地控制综合费用，进而能够使企业的权益保持在一个较高的水平，这对于企业后期的发展非常有利。此种策略运用得当，第一年的所有者权益一般都在40M～45M左右，第二年实现盈利后所有者权益会得到较大的涨幅。如果要迅速扩张，以产能来挤压竞争对手的生存空间，此策略无疑是一个不错的选择。

◇ P1、P2产品组合策略的劣势。该策略的优势突出，然而劣势也很明显。使用该策略可以在前期创造较大的优势地位，但在后期很容易被对手所超越。原因有二：一是该策略在后期缺乏竞争力，利润显然不如P3、P4产品；二是学生在利用此策略建立起前期优势后难免在心理上有些松懈，商场如战场，形势随时都会发生巨变，如果缺乏足够的细心和耐心处理对手的信息，被竞争对手超越的可能性非常大。

6.4.2 企业生产

正确计算企业的产能,是企业参加订货会取得可接订单量的基础数据。为了准确计算产能,必须要了解不同类型生产线的生产周期、年初在制品状态以及原材料订购情况,计算本年能够完工产品的数量。那么,应该如何安排企业的生产,以达到最佳的效果呢?这是困扰生产总监对企业发展的一个难题,主要从以下几个方面考虑:

◇ 企业的生产应该从市场的需求出发,从企业的发展战略出发;
◇ 应该多安排生产市场需求量大、利润高的产品;
◇ 应该按照财务的要求满足其对产品交货时期的要求,以及应收账款收回账期调节的需要,从而控制财务费用;
◇ 在产品库存时,应多考虑生产直接成本较低的产品。

6.4.3 生产线分析

(1) 生产线是否越多越好?

生产线并不是越多越好,生产线的多少最好使企业的产能与市场的需求相匹配,达到企业销售的需要。多建生产线不仅需要多投资,同时还有可能造成产品积压,使得企业的资金流动性减弱,给财务运营带来极大的困难。但是少建生产线又不能满足市场的需求,也不能为企业实现更多的利润。这就需要企业高层综合考虑各种因素,从而作出最优化的决策。

(2) 怎样运用手工生产线和柔性生产线的灵活性?

要实现最大限度地利用手工生产线和柔性生产线的灵活性,需要从以下几个方面着手:

◇ 采购到能实现随时转产的原材料;
◇ 依据市场的需求,选择需求量大、利润空间高的产品进行生产;
◇ 根据财务的要求进行生产调节,满足财务尽快收回应收款项的需要。

(3) 如何考虑生产线的性价比?

手工生产线购置费用低,无维修费,无转产周期和转产费用,在企业初始资金较少、相对拥挤的市场环境下有一定的优势。但随着时间的推移,可以开拓的市场越来越多,企业的厂房是有数量上限的。手工线生产效率低下、分值低的劣势在经营后期会显现出来。因此,企业需要考虑继续生产线投资和转产的问题。

对于柔性生产线和自动生产线,柔性线的优势在于转产。假设自动线转产一次,需要停产一个周期,同时支付 2W 的转产费。由于柔性线安装周期比自动线多一个周期,因此,自动线停产一个周期与柔性线相当于基本持平。如果自动线开始第二次转产,又需要停产一个周期和 2W 的转产费,那么很显然,柔性线比自动线多生产出一个产品,自然更具优势。

想一想

◇ 手工线、半自动线、自动线、柔性线的优势和劣势在哪里?
◇ 第一年如何建设生产线才能实现盈亏平衡?

6.5 采购板块

采购是企业生产的重要部分,企业的原材料采购涉及两个环节,即签订采购合同和按合同收料。签订采购合同一定要注意提前期,采购总监应科学管理企业采购活动的执行过程,分析各种物资供应的时间点,采购合适的品种和数量,为企业的生产做好后勤保障。

6.5.1 零库存管理

关于原材料的采购数量以及采购计划排程,是沙盘模拟经营的核心内容之一,也是影响一个企业资金周转率的重要因素。零库存管理能够为企业减少大量的资金占用,提高资金利用率。

企业要实现零库存管理,就需要采购(物流)总监和生产总监、甚至还有销售总监默契的配合。ERP沙盘模拟的原则之一就是"需求决定生产,生产决定采购"。年初,根据市场总监拿到的销售订单,生产总监和采购总监就要核算每季度正常生产所需的各种原材料的数量,而后采购总监就根据各种原材料的订货提前期填列订货单。对于4种原材料及2种不同的提前期(提前一个季度和提前两个季度)来说,要想实现原材料的零库存并不困难。首先,应该计算出每一季度准确的需要上线生产的各产品的数量;其次,应根据这一数量计算出每一季度上线生产产品所需要的各种原材料的数量;最后,将提前采购一个季度、两个季度的原材料的数量分别往前移动一个季度或两个季度就得到各季度的采购量。这样采购就能实现企业原材料的零库存。

这就是最基本的生产采购排程。采购总监可以利用本书附录的生产计划及采购计划编制表制订采购计划;通过精确计算,做到下原材料订单的时候要明白它是什么时候做什么产品需要的。这样才可以做到准时制管理(JIT),实现零库存的目标。

> **知识链接**
>
> ◇ 准时生产方式(Just In Time,JIT),又称零库存(zero inventories)、超级市场生产方式(supermarket production)。它是日本丰田汽车公司在20世纪60年代起实行的一种生产方式。1973年以后,这种方式对丰田汽车公司渡过第一次能源危机起到了突出的作用,其后引起其他国家生产企业的重视,并逐渐在欧洲和美国的日资企业及当地企业中推行开来。现在这一方式与源自日本的其他生产、流通方式一起被西方企业称为"日本化模式"。

6.5.2 百变库存管理

企业在经营过程中实现零库存管理,说明企业已经熟练掌握了生产排程的技能。但是零库存管理是基于将来产品产出不变的情况下所做的安排,而实际经营中,企业需要经常利用柔性生产线转产调整生产计划以适应市场需求。因此,追求绝对的零库存,就暴露出一个问题：不能根据市场订单情况及时、灵活地调整生产安排。为此，企业在建有柔性生产线的情况下，原材料采购计划应该多做几种可能性，以增强销售的灵活性，更好地适应市场需求变化。

例如，企业现建设有一条柔性生产线，在第二年第一季度有可能上线生产 P2 产品，也有可能上线生产 P3 产品。P2 产品的原材料由 R2+R3 构成，P3 产品的原材料由 R1+R3+R4 构成。在生产安排不确定的情况下，通过分析发现要在第二年第一季度实现 P2、P3 任意转换生产，则需要在第一季度保证 R1、R2、R3、R4 四种原材料都有一个。

要想充分发挥柔性生产线的转产优势，必须做好充分的原材料预算，将市场可能出现的订单需求情况做多样性分析。提前在第一年的第三、第四季度原材料采购时就做好转产库存的准备，同时在第二年减少相应的原材料订单，从而将上一年多订的预备转产的原材料库存消化掉。

做好原材料的灵活采购计划，是保证后期机动调整产能、灵活选取订单的基础，同时需要兼顾资金周转率。只有这样才能发挥出柔性生产线最大的价值，这也是采购总监的使命所在。

6.5.3 紧急采购

紧急采购规则相对不被重视，甚至很多企业都忽略了它的存在，认为一旦涉及紧急采购就是亏本的买卖。事实上，恰恰是这么一个不起眼的规则，在市场选单的过程中可以发挥"出奇制胜"的效果。

例如，在选单过程中，第五、第六年的国际市场，P1 产品均价可以达到 6M，而这个时候 P1 产品的紧急采购价格也是 6M。如果企业发现自己缺少 P1 的某个原料，紧急采购一个原料是 2M，这时紧急采购还是赚的。这就意味着，选单时如果出现大单而自己产能不够或原料不足，完全可以利用紧急采购来补充。另外，还可以利用这样类似代销的模式，扩大在该市场的销售额，从而帮助企业抢到"市场老大"的地位。同样，别的产品也是如此，通过销售紧急采购的产品可以无形扩大自己的产能，达到出其不意的战术效果。

但是企业在经营过程中也要注意，用紧急采购的产品来交货并不是完全没有副作用的，即使在成本上没有亏损，也会导致把现金变成了应收款。因此，在使用该方法时要先做好预算，保证现金流顺畅，使得企业正常有序发展。

6.6 团队管理

在艰苦的创业道路上，团队是创业成败的关键所在。但是团队建设并不是一件简单的事情，它需要每个成员之间建立一种默契的关系。其中领导者是一个重要的角色，作为组织的领导者，在实现预期目标的过程中起着指导、协调和激励的作用。在管理过程中，由于组织成员在能力、态度、性格、地位等方面存在差异，加上各种外部因素的干扰，不可避免地出现思想上的分歧和行动上的偏离。因此，需要领导者来协调成员之间的关系，使得团队朝着共同的目标前进。

6.6.1 创造良好氛围

良好的氛围对于一个团队来说就好比肥沃的土壤对于大树的作用,而成员关系紧张的团队要想取得好成绩无异于在盐碱地上种水稻一般,必然失败。团结和谐、互助互爱、充满感情的团队是取得胜利的必要条件。

要创造并维护团队的良好氛围,需要成员间的及时沟通。队伍组建伊始,每位成员就应迅速融入组织,积极与队友交流,交流内容不仅限于经营心得,还应该包括各种感想。充分的沟通是消除隔阂、促进理解、巩固友谊的有效手段。

6.6.2 修炼领导力

领导者是处在特殊位置上的人,必须在工作和生活中率先垂范,起到榜样作用。领导是由权力派生而来的,领导者要能够运用其所拥有的权力,以一定的方式对他人形成正面的积极的影响。领导力的来源有三:第一,职位权力,在其位,司其职,谋其政。第二,能力权力(权威),由领导者自身的业务或学术能力决定。第三,道德权力(体恤下属),来自于领导者对下属的关心爱护。

《论语》云:"惠则足以使人",意思是领导者对下属有恩惠,就能使他们甘愿为领导者工作。一般来说,好的领导靠的不是他的职位权力,因为这种权力主要依靠其所处的职位,仅仅有这种权力只会让下属口服而心不服。好的领导一般都会有较强的业务或学术能力,由此而来的能力权力在组织中起到模范表率的作用,从而使下属佩服。领导最重要也是最有效的领导力来源是道德权力,充分体恤下属的好领导才能占领了道德高地,令下属无不怀有感激之心,这时一声令下,下属必定赴汤蹈火、在所不辞。因此,修炼领导力,做一个好的领导者必然要了解员工的需要,使组织目标转化为个人目标,并且公正地对待每一个下属,带领团队朝着共同的目标而奋斗。

6.6.3 摆正心态

团队成员应该要学会用积极的心态去面对每一个难题。尽管一组优秀的队员组成的智囊团配合默契、智计百出,但智者千虑必有一失,企业经营的形势瞬息万变,稍有不慎,经营就有可能棋失一招,一招失误可能对整体局势的影响非常巨大,甚至让企业的竞争优势瞬间荡然无存。这些情况,企业高层在运营的过程中应当尽量避免,即便遭遇了这些问题也不能被其吓倒,更不能退缩不前甚至轻言放弃。

在重大挫折面前,不自暴自弃,不互相抱怨,不互相推诿,团结一致,积极思考解决方法,是克服困难最重要的法宝。而任何责任的追究,以及消极的情绪都是不可取的,这些只会让队伍在泥潭里越陷越深,以至不能自拔。

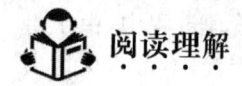

阅读理解

第十二届全国大学生"新道杯"沙盘模拟经营大赛夺冠心得

短短十年,BAT 三巨头全方位改变了我们的搜索方式、消费方式、社交方式,传统纸媒行业、实体店经营商、三大通讯运营商无一不受到冲击;互联网金融、共享经济、付费问答……新型商业模式层出不穷,现实版商战风起云涌。

在2016年企业沙盘模拟经营大赛国赛现场弥漫着浓浓的火药味,由全国1 000多所高校选拔出的122支参赛队伍,摩拳擦掌准备一较高下,紧张程度堪比现实商战。经过两天的激烈厮杀,我所在的杭州师范大学钱江学院最终获得了冠军。在此分享我们的夺冠心得,愿大家能在你们的沙盘之旅中找到开启成功之门的钥匙。

一、宝剑锋从砥砺出,梅花香自苦寒来

2016年9月省赛结束,我们在浙江众多高校中脱颖而出也是意料之中的事,以第一名的成绩代表浙江省参加国赛。犹记得大一第一次参加省赛,因出现了两次致命失误,被拒国赛大门之外,其中的不甘、失落与后悔,一度让我动了放弃沙盘的念头。痛定思痛,失败是暂时的,轻言放弃岂是男儿志?"不破楼兰终不还"才应是王者的姿态!

重振旗鼓、砥砺前行的这一年,充满了酸甜苦辣——一年多来的每一场网赛,从分析市场开始,与队友共同推演方案几个小时;熬夜、晨起,进行十几个小时的实时操作、方案优化;比赛结束后总结反思,不断从细节上打磨战略战术。近百场网赛的训练,终使我们既可以在面对不同市场规则时,耐心分析数套方案的可行性,也能做到在实际情况方案出现偏差时处变不惊。

我们暗暗给团队设下一个目标:国家一等奖之一?不,那只是起点,国赛冠军才是终点!

二、险峰景无限,有志方可达

市场规则在正式国赛开始前三天公布,我们在获悉市场规则的第一时间便着手研究。

初步分析市场规则,发现基本数据几乎全部变动:初始资金为创新高的666W;ISO 9000的研发投入费用也相应飙升到66W,ISO 14000为22W;P1和P2产品的研发周期也一改常态,P1由2季度的研发周期变为3季度,P2由3季度变为2季度,说明第一年选择用手工线开局的竞争对手主打P2产品的可能将大大增加;自动线安装周期变为4季度,柔性线安装周期变为3季度,分数均为10分,自动线低分的劣势被缩小;长贷利率从10%上调到14%,短贷利率从5%上调到6%,企业运营的财务成本变高……

接着透过市场预测数据深入分析市场状况,主要从三方面来考虑:① 数量,包括每年全部产品市场需求总量和单产品数量变动总趋势;② 价格,包括各产品每年市场价格和市场整体价格变动总趋势;③ 拆单,通过市场需求量和订单数量预测每一张订单详情。

(1) 数量

平均可售产品数量(如有中间品,折换数量)					
年份	第二年	第三年	第四年	第五年	第六年
数量/个	23.55	35.29	31.77	22	45.54

从人均可售产品数量和各产品6年市场需求量变化走势图可以分析出:第四年市场产品需求总量开始减少,唯有P5市场需求量呈现增长趋势;第五年市场容量更是急剧萎缩,所有产品市场需求量一律锐减,可以预测到这一年各企业必然将积压大量库存;第六年市场需求量爆炸性增长,P3、P4尤为显著。

总的来说,虽然前三年的市场需求量非常巨大,但是也从一个侧面说明前期各公司的发展都很可能将是"一马平川",决定胜负的时机必然是在后两年,尤其第六年更为关键。

单线加权平均利润走势

年份	第二年	第三年	第四年	第五年	第六年
P1	37.24	35.15	27.10	32.64	38.32
P2	44.48	44.26	32.88	35.18	47.54
P3	54.20	45.77	38.49	35.01	54.09
P4	46.38	41.68	37.68	38.89	45.48
P5	53.94	52.44	44.30	44.89	53.93

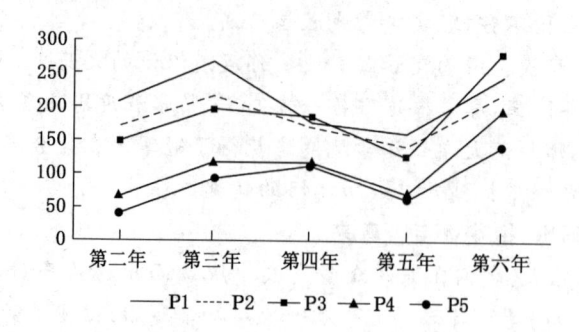

（2）价格

从产品利润方面分析，将利润高低分为三个档次：一档为高利润，二档居中，三档为低利润。各产品价格定位为：P5 为一档；P2、P3、P4 为二档，其中 P3 在第二年和第六年为一档；P1 为三档。市场上各产品 6 年利润整体走势为：前三年利润极高，中期两年价格暴跌，最后一年回归超高利润。

（3）拆单

各市场均单数量

年份	产品	本地	区域	国内	亚洲	国际
第二年	P1	4.39	4.42			
第二年	P2	4.26	4.18			
第二年	P3	3.71	3.93			
第二年	P4	2.40	2.15			
第二年	P5	1.85	1.50			
第三年	P1	4.96	3.88	4.78		
第三年	P2	4.55	4.69	3.71		
第三年	P3	4.40	3.82	4.30		
第三年	P4	2.67	2.90	2.60		
第三年	P5	2.38	2.24	2.88		
第四年	P1	4.67	4.38	3.50	0.00	

续表

各市场均单数量

年份	产品	本地	区域	国内	亚洲	国际
第四年	P2	4.11	3.80	3.80	0.00	
第四年	P3	0.00	5.08	3.70	4.05	
第四年	P4	2.69	0.00	2.94	2.80	
第四年	P5	0.00	2.62	2.30	2.75	
第五年	P1	3.91	3.60	0.00	0.00	4.20
第五年	P2	4.00	0.00	3.33	3.23	0.00
第五年	P3	3.80	3.33	0.00	3.70	
第五年	P4	0.00	2.33	3.09	0.00	2.33
第五年	P5	0.00		2.40	2.57	2.50
第六年	P1	6.08	5.20	0.00	0.00	5.95
第六年	P2	5.47	0.00	4.92	6.10	0.00
第六年	P3	5.87	0.00	4.90	5.15	6.33
第六年	P4	4.38	4.75	4.10		4.69
第六年	P5	0.00	4.00	3.70	4.33	4.00

通过拆单分析出：前五年，P1、P2、P3均有"大单"（单张订单产品数量为4个及4个以上），而P4、P5则以2个、3个的"小单"为主；第六年所有产品均以"大单"为主，且平均订单产品数量都已达到5个甚至6个，说明必然将会有7～9个数量的超大订单出现。由此分析得知：P1、P2、P3产品不适合分散做，因为其单张订单产品数量偏大，分散生产不易吃大单和回单；不适合多实线主打P5，P5的市场需求量少且单张订单产品数量少，不利于扩大产能增加销售收入，且广告投入产出比小，若P5市场趋向于饱和，争夺冠军的难度将大大增加。

经过对比赛规则和市场预测的详细研究，我们发现即使规则数据几乎全面变动，但其核心思路依然是我熟悉的"商战"。万变不离其宗，只需根据它制定最合理的比赛方案——国赛的制胜点不在开局的方案，即并不是简单的看谁前三年权益高，而在于第四、第五年谁能有效控制自己的产能和费用，对现金流实现有效利用，继而在最后两年保持高权益并建设新生产线，在第六年抓住市场机会，一举成功。

三、反其道而行之，天下武勇何所不诛

要想战胜全国各地那么多优秀的选手，在这场比赛中拔得头筹，必须抓住商战的本质，即在增加企业盈利的同时提升企业综合发展潜力。企业盈利的最直观体现就是权益的高低，而企业的综合发展潜力就涉及多方面的因素，比如产品多样性、目标市场多元化、生产线种类及数量……

根据市场预测我们知道，前三年的市场需求量巨大，适宜扩大产能增长权益。以这种思路操作，第三年理想权益基本能达到1 200＋。那么用小产能开局制胜的机会又有多大呢？前面有说到，"商战"的最终成绩以分数排名，分数＝所有者权益×（1＋企业综合发展潜力/100）。企业潜力需要6年时间逐步培育，如果整个6年方案就是在注意培育

企业综合潜力,那么只要前三年权益不落后太多,小产能开局也是可以在最后取得成功的。

既然决定反其道而行之,就必须制定严谨的方案。首先确定产品,在开局产能相对而言不高的情况下,要提高盈利增长权益,只能通过提高利润、降低费用来保障。根据各产品利润走势,我们决定以 P2、P3 两种产品开局,同时第一年研发一季度 P5,以备第三年进军 P5 市场。接着确定生产线,既然决定小产能开局,肯定不会以租赁线为主,其次第二年主打 2 种产品,第三年主打 3 种产品,则选择柔性线优于选择自动线,以方便灵活调整生产。生产线究竟该如何搭配? 一个厂房可容纳 5 条生产线,4"柔"6"手"的话,现金流极易断流;3"柔"7"手",资金又略显富裕。再回顾拆单,可知第二年订单数量较多,两个数量的 P2 订单会成为稀有订单。于是我们最终决定以 2 条柔性线搭配 3 条手工线开局,第二年再新建 5 条手工线,多下了上租赁线的原材料视作备用。

做完 6 年预算,权益最低在 2 500 的样子,最高可到 3 000+,企业综合发展潜力系数在 3～4 之间,一般情况最终得分达 7 000+问题不大,此方案理想情况依然可破万。分析近几年本科、高职国赛数据可知,最终分数达 7 000,便已有足够大的几率冲击一等奖。

四、山穷水尽疑无路,柳暗花明又一村

理想是丰满的,现实却是我们的方案在第三年就出现了小偏差。

第三年的产能共有 28 个,P3 市场竞争激烈,因想主打 P3 产品,便只订购了少量 P2 原材料,然而因为竞单得 3P5,导致第一季度生产 P2 的原材料不足,只好违约了 3 交的 3P2。第三年最终权益 1 037,暂列第一,但距 1 200+的理想权益仍有差距。

第四年实际产能是 44 个,由于选单出现失误,少选 3 个产品,我们花费了全场第三高的广告 434W,却只卖了 35 个产品。这一年 A 区权益上涨 100+的只有 5 个组,我们依靠最后一张 2P5 订单(其中紧急采购 1 个),侥幸上涨了 153 的权益。

第五年市场上人均产品需求量不足 30,而由于我们过于自信,认为第五年依然有把握销售 40+的产能,库存 10+的产能可以留至第六年强行爆发,所以第四年并没有退租赁线。当第五年产能已高达 58(退 6 手之后依然有 52),是市场均量的两倍! 市场利润除了 P4、P5 稍微高一些,其他依然惨不忍睹。结合前面几年 P5 的订单情况,再分析第五年拆单,发现 P5 极有可能没有 4 个的"大单",但依然抱有一丝侥幸心理,投入赌博式的广告——在亚洲和国际市场分别投入广告 133W、122W。毫无意外,我们在两个市场都是第一个选单。但是,国内市场的 P5 只有 3 个组打广告,且最高的只有 70W,浪费了大量广告额的我们追悔莫及。第一天的比赛只进行到第五年投放广告,回到宾馆后,我们继续推演方案,预计第五年权益将降 300+。这个时候方案已然完全脱离我们当初的设想,在巨大的压力下,我们只能重新梳理现金流:若权益下降 200,则第六年有 750W 左右的资金用于投广告,为确保第六年的顺利经营,第五年权益下降不得超过 250,否则资金周转艰难,第六年无法实现翻盘。

在第二天的实际操作中,我们凭借投入的 542W 广告,市场共卖出 31 个产能,竞单售出 6P5(单产能盈利不足 11W),总计销售产能 43,一"手"换一"自"后,最终库存 14 个产能,当年权益为 972,掉至第二名。第一名权益 1 200+,且他们有 4 条自动线+4 条柔性线,一共 8 条实线,企业综合发展潜力具有优势。如何在最后一年实现绝地大反击? 只能靠猛增权益!

第六年我们的产能达到 80 个产品——第六年上 5 租,且不考虑退手换租的附加产能增量。此时 6 个组已经破产,组均可售产能达到 60 个左右,且很多组资金周转已经出现困难,他们已没有足够的现金去投放广告,我们有足够的 1 交产能,但只有 3 种产品,为了确保销售完 4 交的 3 种产品,所以每个产品都需要投入单个稍高的广告,所以保险起见还是打出了 360W 的"高额广告额"。在看到第一名投入了 1 168W 的广告额,很多组也狂砸 800W 广告额时,我们不仅没有害怕,反而在窃喜——毕竟浪费了多少广告,就损失了多少权益,无形之中就拉开了差距。

我们只投入了 360W 的广告额,就实现有效产能 82 个,销售额达到 7 169W,净利润为 1 450,最终以权益 2 422,得分 7 120 的优势夺得 A 区第一,实现最终的胜利。

五、人生似沙盘,沙盘似人生

夺冠的那一刻,现在想来还是有些许激动。回顾团队的夺冠经历,我认为沙盘比赛制胜的公式就是:胜利＝计算＋博弈＋王者之气。

计算:沙盘中处处是计算,小到产能的计算、报表的填制,大到方案的预算、资金流的调整。近百场网赛的磨练,一次次增强我对数据的敏感度,夯实我扎实的基本功。

博弈:在对市场、产品进行严密分析的基础上,分析预测对手的方案,在间谍的过程中分析对手的广告策略、拿单策略等,即时调整自己的操作,以求付出最小的代价赢得最高的利润。

王者之气:既然选择参加沙盘国赛,我们就抱着必胜的决心,在日常的训练中以高目标严格要求自己,才能做到在国赛场上临危不乱。

沙盘带给我的并不只有一纸奖状,它还教会我如何将专业知识运用到实战当中,不知不觉间加深我对专业知识的理解,让我明白"资产＝负债＋所有者权益"并不仅仅是一个死板的公式,杜邦分析法也不只是一个生硬的专业名词,企业运营流程的庐山真面目也终窥一角……

而对我而言最大的收获是结识了一群来自全国各高校钻研沙盘的志同道合的朋友,我们在网赛中相识,在一次次的技艺切磋中相知,彼此见证着对方的努力,为了同一个目标奋力前行。

从最初的"创业者"到现在的"商战",以及不久后的"约创",沙盘的形式随着时代的需求不断在变化,不变的是其中蕴含的企业运营逻辑,是队友间的配合与协作,是我们夺冠国赛的初心。

人生似沙盘,沙盘似人生。愿踏入沙盘世界的你,也可拥有一场无悔的逐梦之旅!

——杭州师范大学钱江学院国赛选手陈聪

注:

① 拆单:根据单个市场需求量和对应市场订单张数预测订单详情。

② 单线加权平均利润:一条生产线一个季度做出一个产品获得的利润。

附:第十二届全国大学生"新道杯"沙盘模拟经营大赛国赛相关数据(国赛表 1～国赛表 6)。

国赛表 1　　　　　　　　　需求量预测

年份	市场	P1	P2	P3	P4	P5
第二年	本地	123	98	89	36	24
	区域	84	71	59	28	15
第三年	本地	114	91	88	48	31
	区域	66	61	65	29	38
	国内	86	63	43	39	23
第四年	本地	84	74	0	35	0
	区域	57	38	66	0	34
	国内	35	57	37	53	23
	亚洲	0	0	81	28	55
第五年	本地	43	68	57	0	0
	区域	54	0	30	14	0
	国内	0	30	0	34	12
	亚洲	0	42	37	0	18
	国际	63	0	0	21	30
第六年	本地	73	93	88	35	0
	区域	52	0	0	57	32
	国内	0	64	49	41	37
	亚洲	0	61	67	0	52
	国际	119	0	7	61	20

国赛表 2　　　　　　　　　均价

年份	市场	P1	P2	P3	P4	P5
第二年	本地	58.37	74.933	96.36	143.19	173.177
	区域	58.06	71.49	93.46	139.93	164.60
第三年	本地	56.18	73.41	87.28	131.42	166.39
	区域	54.12	71.25	85.14	133.66	166.84
	国内	57.67	74.98	88.21	132.54	167.57
第四年	本地	47.64	62.76	0.00	123.51	0.00
	区域	49.58	61.71	78.45	0.00	153
	国内	46.77	60.84	82.57	123.85	155.57
	亚洲	0.00	0.00	78.94	126.36	147.04
第五年	本地	51.44	64.46	77.30	0.00	0.00
	区域	50.74	0.00	75.33	127.36	0.00
	国内	0.00	61.77	0.00	127.59	150.08
	亚洲	0.00	65.45	74.59	0.00	151.61
	国际	57.63	0.00	0.00	125.05	152.57
第六年	本地	56.84	75.44	94.41	139.91	0.00
	区域	58.54	0.00	0.00	140.39	166.66
	国内	0.00	73.56	87.92	140.05	166.59
	亚洲	0.00	81.36	94.96	0.00	172.67
	国际	61.18	0.00	100.62	139.54	173.70

国赛表 3　　　　　　　　　　　　　　　　**单价**

年份	市场	P1	P2	P3	P4	P5
第二年	本地	28	23	24	15	13
	区域	19	17	15	13	10
第三年	本地	23	20	20	18	13
	区域	17	13	17	10	17
	国内	18	17	10	15	8
第四年	本地	18	18	0	13	0
	区域	13	10	13	0	13
	国内	10	15	10	18	10
	亚洲	0	0	20	10	20
第五年	本地	11	17	15	0	0
	区域	15	0	9	6	0
	国内	0	9	0	11	5
	亚洲	0	13	10	0	7
	国际	15	0	0	9	12
第六年	本地	12	17	15	8	0
	区域	10	0	0	12	8
	国内	0	13	10	10	10
	亚洲	0	10	13	0	12
	国际	20	0	12	13	5

国赛表 4　　　　　　　　　　　　　　　　**综合费用表**

年份	第一年	第二年	第三年	第四年	第五年	第六年
管理费	44	44	44	44	44	44
广告费	0	91	191	434	542	360
保养费	24	164	296	345	358	733
转产费	0	0	0	0	0	0
租金	0	88	132	132	88	88
市场准入开拓	53	31	20	11	0	0
产品研发	81	52	0	0	0	73
ISO 认证资格	88	22	22	0	0	0
信息费	0	0	0	0	0	0
其他	0	0	47	142	6	215
合计	290	492	752	1 108	1 038	1 513

国赛表 5　　　　　　　　　　　　　　利润表

年份	第一年	第二年	第三年	第四年	第五年	第六年
销售收入	0	1 486	2 453	2 928	2 756	7 169
直接成本	0	613	970	1 317	1 427	2 850
毛利	0	873	1 483	1 611	1 329	4 319
综合管理费用	290	492	752	1 108	1 038	1 513
折旧前利润	−290	381	731	503	291	2 806
折旧	0	18	120	114	201	210
支付利息前利润	−290	363	611	389	90	2 596
财务费用	0	121	68	185	308	735
税前利润	−290	242	543	204	−218	1 861

国赛表 6　　　　　　　　　　　　　资产负债表

年份	第一年	第二年	第三年	第四年	第五年	第六年
现金	9	426	245	1 142	485	531
应收款	0	285	1 279	1 346	1 778	3 678
在制品	87	338	441	664	562	0
产成品	0	82	123	169	358	0
原材料	0	0	0	40	0	10
流动资产合计	96	1 131	2 088	3 361	3 183	4 219
土地和建筑	444	0	0	0	444	888
机器与设备	99	615	495	786	771	642
在建工程	402	0	432	201	144	0
固定资产合计	945	615	927	987	1 359	1 530
资产总计	1 041	1 746	3 015	4 348	4 542	5 749
长期负债	0	0	360	1 060	1 523	1 523
短期负债	665	1 128	1 494	2 047	2 047	1 393
特别贷款	0	0	0	0	0	0
应交税金	0	0	124	51	0	411
负债合计	665	1 128	1 978	3 158	3 570	3 327
股东资本	666	666	666	666	666	666
利润留存	0	−290	−48	371	524	306
年度净利	−290	242	419	153	−218	1 450
所有者权益合计	376	618	1 037	1 190	972	2 422
负债和所有者权益总计	1 041	1 746	3 015	4 348	4 542	5 749

下 篇

鞭辟入里：评析企业的价值

第 7 章

企 业 评 价

学习目标

◇ 掌握广告投入产出比、市场占有率等分析方法
◇ 学会运用各种指标分析财务报表,洞悉企业经营情况
◇ 明晰沙盘模拟经营最终成绩的算法及背后逻辑

课前导读

小米 1.4 亿元冠名《奇葩说》,这笔钱砸得值吗?

从 2014 年开始,冠名费过亿的综艺节目就已经"人满为患",主流卫视纷纷推出综艺节目抢占市场,冠名权也水涨船高,《爸爸去哪儿》的冠名费一度达到 5 亿元人民币。而在真人秀限制令下发后,网络综艺又开始崛起,《奇葩说》就因为极高的人气被称为网综鼻祖。第四季的小米手机、纯甄酸牛奶、海飞丝、闲鱼 APP、美年达果味汽水五家公司成为赞助商,招商额总计约达 4 亿。

《奇葩说》的口播广告一直是节目的一大特色,从莫斯利安的"喝了就能活到 99 岁"、谷粒多燕麦牛奶的"国际抗饿大品牌"、肯德基"一人吃鸡,全家光荣",到有范 APP 的"有钱有势不如有范",加上主持人马东的花式打广告,都给网友留下了很深刻的印象,也成为《奇葩说》独有的广告特色。

作为唯一的冠名赞助商,小米这次在《奇葩说》要宣传的是小米 6,而《奇葩说》为之量身定做的广告语则是"掏出来搞事情的拍照黑科技小米手机",新上任的主持人何炅每次在节目首尾都会念一遍。与此同时,小米 6 的户外广告也大面积铺开,广告语是"小米 6 变焦双摄,拍人更美"。

"拍照"和"黑科技"这两点在今天的智能手机市场不是什么新鲜的卖点,OPPO 和 VIVO 的中高端机型都以拍照手机为卖点,也成为 2016 年小米最主要的对手。依靠两家公司遍布全国各省市的线下分销渠道,和针对单一功能宣传的户外广告,OPPO 和 VIVO 2015 年的出货量分别排名中国第一和第三,而小米 2016 年只出货了 4 150 万台手机,同比下跌 36%。

高端元器件供应链的紧缺已经成为小米手机新品的一个严重问题,用户往往在新品发售后很长一段时间都无法买到手机。即便是小米 6,仍然有这样的情况出现。

在这种情况下,延长广告营销的时间就变得很重要,而过去黎万强推崇的"不花钱做广告"已经无法满足业绩的要求。2015 年 8 月,红米请了三位代言人:刘诗诗、刘昊然、吴秀波,三人分别针对不同年龄阶段、不同性别的用户。10 月,中高端的"小米系列"手机也请了代言人梁朝伟。

2017 年春晚,小米以 4 457 万元人民币拿下了中标价最高的时段,而 1.4 亿元冠名《奇葩说》则可能是小米迄今最贵的单笔广告支出。值得一提的是,VIVO 手机曾以 6 000 万元冠名《奇葩说》第三季,2017 年的 VIVO X9 则出现在《吐槽大会》上。

为了《奇葩说》,把代言工作交给明星的雷军再次亲自出镜,不可谓不重视。而对小米和雷军来说,最大的疑问就是,这笔钱花得到底值不值?

从整个网络综艺市场来看,《奇葩说》第四季已经不再一家独大,除第一集的播放量突破 5 000 万,其他单集播放量都在 2 000 万~3 000 万左右,仅能排到网综收视的第五位。2016 年新上线的网络综艺节目多达 100 余档,其中表现亮眼的《火星情报局》《吐槽大会》《明星大侦探》等都分散了《奇葩说》的影响力。花 1.4 亿元冠名进行到第四季的《奇葩说》,这笔钱多少有虚高的成分。

尽管砸的是网络综艺,高昂的冠名费仍然是相当传统的营销手段,除了面向的人群不同,它和30秒的电视节目黄金时段没有本质上的区别,其最大的问题是很难衡量其性价比。用可口可乐全球高级数字总监 Mariano A. Bosaz 的观点来说就可能是:"我们今天生活的世界已经是数字化的世界了,为一个30秒的广告花这么多钱,还不知道广告打出来消费者喜欢不喜欢,这个风险是没有必要冒的。"

——摘选自《好奇心日报》

企业评价是揭示企业内在价值和提供创造价值途径的行为,因而企业评价有明显的导向性。几年模拟经营下来,每个团队都十分关注自己的业绩。本章将主要从营销业绩、财务状况和综合绩效评估三个方面对企业进行评价。上述案例中涉及广告投入产出比这一衡量企业绩效的指标,这笔钱砸得到底值不值?学习本章内容后,也许读者就会得到答案。

7.1 营销业绩

谁拥有市场,谁就拥有主动权。市场的获得与各企业的市场分析与营销计划相关。在"ERP沙盘模拟"课程中,营销策划集中体现在广告费用的投放上。因此,从广告投入产出分析和市场占有率分析两个方面可以局部评价企业的营销策略。

7.1.1 广告投入产出分析

广告投入产出分析是评价广告投入收益率的指标,反映广告投入带来的收益效果,其计算公式为:

$$广告投入产出比 = 订单销售额 / 广告投入$$

广告投入产出比用来比较各企业在广告投入上的差异。这个指标告诉经营者:本企业与竞争对手之间在广告投入策略上的差距,以警示营销总监深入分析市场和竞争对手,寻求节约成本、策略取胜的突破口。

表7-1和图7-1比较了第二年U01~U06企业的广告投入产出比。从中可以看出,U04企业每投入1M的广告可以获得10.38M的销售收入,因此广告投入产出的效益胜过其他企业。

表7-1　　　　　　　　第二年各企业广告投入产出比

企业	U01	U02	U03	U04	U05	U06
广告投入	14	14	10	8	8	15
订单销售额	74	100	66	83	30	85
广告投入产出比	5.29	7.14	6.60	10.38	3.75	5.67

图7-2展示了U01~U06企业6年的累计广告投入产出比。从中可以看出,经过6年的经营,U01企业在分析市场、制定营销计划上有了十分明显的进步,其广告投入产出比增长得较快。

除了以上两种比较之外,我们还可以比较分析同一产品在不同市场上的广告投入产出

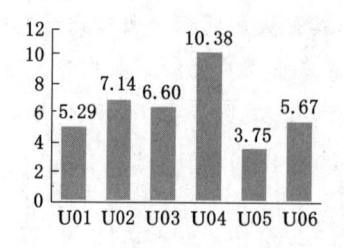

图 7-1　第二年各企业广告投入产出比 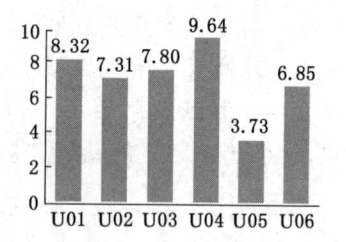　　　图 7-2　6 年各企业累计广告投入产出比

比、同一市场上不同产品的广告投入产出比、同一企业 6 年的综合广告投入产出比等,从而调整优化本企业的营销计划和广告策略。

7.1.2　市场占有率分析

市场占有率是企业能力的一种体现,企业只有拥有了市场,才有获得更多收益的机会。

市场占有率指标可以按销售数量统计,也可以按销售收入统计,这两个指标综合评定了企业在市场中销售产品的能力和获取利润的能力。市场占有率分析可以在两个方向上展开,一是横向分析,二是纵向分析。横向分析是对同一期间各企业市场占有率的数据进行对比,用以确定某企业在本年度的市场地位;纵向分析是对同一企业不同年度市场占有率的数据进行对比,由此可以看出企业历年来市场占有率的变化,这也从一个侧面反映了企业成长的历程。

1. 综合市场占有率分析

综合市场占有率是指某企业在某市场上全部产品的销售数量(收入)与该市场上全部企业全部产品的销售数量(收入)之比。从表 7-2 和图 7-3 中可以看出,第三年本地市场 U05 企业因为拥有最大的市场占有率而成为市场领导者。

$$\text{某市场某企业的综合市场占有率} = \frac{\text{该企业在该市场上全部产品销售数量(收入)}}{\text{全部企业在该市场上全部产品总销售量数量(收入)}} \times 100\%$$

表 7-2　　　　　　　　第三年本地市场各企业市场占有率(产品数量)表

企业	U01	U02	U03	U04	U05	U06	合计
P1	4	5	3	0	0	0	12
P2	0	0	4	2	7	2	15
P3	0	5	0	1	7	5	18
P4	0	0	0	0	0	0	0
合计	4	10	7	3	14	7	45
市场占有率	9%	22%	16%	7%	31%	16%	100%

2. 产品市场占有率分析

了解企业在各个市场的占有率仅仅是第一步,如果能够进一步确知企业生产的各类产品在各个市场的占有率,那么对企业分析市场、确立竞争优势则是非常必要的。

$$\text{某企业某产品市场占有率} = \frac{\text{该企业在市场中该产品的销售数量(收入)}}{\text{市场中该产品的总销售数量(收入)}} \times 100\%$$

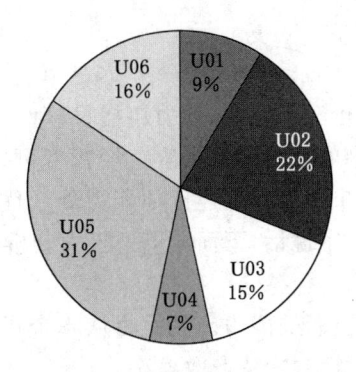

图 7-3　第三年本地市场各企业市场占有率(产品数量)分析

表 7-3 中显示了第三年本地市场各企业 P1 产品的市场占有率,可看出 U02 企业 P1 产品在本地市场的市场占有率较高,销售情况较好。

表 7-3　　　　第三年本地市场各企业 P1 产品市场占有率(产品数量)表

企业	U01	U02	U03	U04	U05	U06	合计
P1	4	5	3	0	0	0	12
市场占有率	33%	42%	25%	0%	0%	0%	100%

7.2　透过财务看经营

不同企业经营成果的差异是由决策引起的,而决策需要以准确、集成的数据为支撑。财务是企业全局信息的集合地,是数据的主要提供者。财务提供的分析数据可以通过各种决策指导企业各项业务的开展。

7.2.1　财务分析的基本方法

财务分析的方法一般有比率分析、结构分析、比较分析和趋势分析四种。

比率分析法是对同一期财务报表内两个或两个以上项目之间的关系进行比较分析,计算出具有特定经济意义的相对财务比率,从而揭示企业的财务状况和经营成果。比率分析是一种简单、方便、广为应用的分析方法,只要具有一个财政年度及以上的资产负债表和利润表,就能完整分析一家企业的基本经营状况。

结构分析法是指对经济系统中各组成部分及其对比关系变动规律的分析。在财务分析中,它以报表中总合计金额作为分母,相对应的各项目金额为分子,求出每一项目在总合计中的百分比,如百分比资产负债表、百分比利润表。这种分析的作用在于发现异常项目。

比较分析法是将本期报表数据与本企业预算或标杆企业水平或行业平均水平作对比,以找出实际与预算的差异或与先进企业的差距。比较分析的作用是发现企业自身的问题,或揭示企业与企业之间的差异,并进一步探寻产生差异的原因。

趋势分析法是将 3 个年度以上的数据,就相同的项目做多年度高低走向的观察,以判断企业财务状况和经营成果的变化趋势。

7.2.2 五力分析

五力分析法常用来综合评价一个企业,五力包括收益力、成长力、安定力、活动力和生产力五个方面,它是比率分析法中的一项重要内容。经营者可以通过五力分析法基本了解企业的经营业绩和发展前景。如果企业的上述五项能力处于优良水平,就说明企业的业绩优良。财务上讲求定量分析,用数字说话,下面我们把五力分析具体到可以量化的指标。

1. 收益力

收益力表明企业是否具有盈利的能力。收益力从 4 个指标入手进行定量分析,它们是毛利率、销售利润率、总资产收益率、净资产收益率。

(1) 毛利率

毛利率是经常使用的一个指标。在"ERP 沙盘模拟"课程中,其计算公式为:

$$毛利率 = \frac{销售收入 - 直接成本}{销售收入}$$

从理论上讲,毛利率说明了每 1 元销售收入所产生的利润。更进一步思考,毛利率是获利的初步指标,但利润表反映的是企业所有产品的整体毛利率,不能反映每个产品对整体毛利的贡献,因此还应该按产品计算毛利率。

(2) 销售利润率

销售利润率是毛利率的延伸,其中利润是毛利减掉综合费用后的剩余。在"ERP 沙盘模拟"课程中,其计算公式为:

$$销售利润率 = \frac{折旧前利润}{销售收入} = \frac{毛利 - 综合费用}{销售收入}$$

这项指标代表了主营业务的实际利润,反映企业主营业务经营的好坏。两个企业可能在毛利率一样的情况下,最终的销售利润率不同,原因就是三项费用不同的结果。

(3) 总资产收益率

总资产收益率(ROA)是反映企业资产盈利能力的指标,包含了财务杠杆概念,其计算公式为:

$$总资产收益率 = \frac{息税前利润}{资产合计}$$

(4) 净资产收益率

净资产收益率(ROE)反映投资者投入资金的最终获利能力,其计算公式为:

$$净资产收益率 = \frac{净利润}{所有者权益合计}$$

这项指标是投资者最关心的指标之一,也是公司总经理向公司董事会年终交卷时关注的指标。它还涉及企业对负债的运用,根据负债的多少可以将经营者分为激进型和保守型。

负债与净资产收益率的关系是显而易见的。在总资产收益率相同时,负债的比率对净资产收益率有着放大和缩小的作用。例如:有 A、B 两家企业,总资产相同,负债不同,假定负债年利率为 10%,所得税税率为 30%,比较计算相关指标如表 7-4 所示。

2. 成长力

成长力表示企业是否具有成长的潜力,即持续盈利能力。成长力指标由 3 个反映企业经营成果增长变化的指标组成:销售收入成长率、利润成长率和净资产成长率。

表 7-4　总资产收益率相同、负债不同的两家企业相关指标计算对比

企业	总资产	息税前利润	总资产收益率	负债	所有者权益	净利润	净资产收益率
A	100	20	20%	60	40	9.8	24.5%
B	100	20	20%	40	60	11.2	18.7%

(1) 销售收入成长率

这是衡量产品销售收入增长的比率指标，以衡量经营业绩的提高程度，指标值越高越好。其计算公式为：

$$销售收入成长率 = \frac{本期销售收入 - 上期销售收入}{上期销售收入}$$

(2) 利润成长率

这是衡量利润增长的比率指标，以衡量经营效果的提高程度，指标值越高越好。其计算公式为：

$$利润成长率 = \frac{本期息前利润 - 上期息前利润}{上期息前利润}$$

(3) 净资产成长率

这是衡量净资产增长的比率指标，以衡量股东权益提高的程度。对于投资者来说，这个指标是非常重要的，它反映了净资产的增长速度，其计算公式为：

$$净资产成长率 = \frac{本期净资产 - 上期净资产}{上期净资产}$$

3. 安定力

这是衡量企业财务状况是否稳定，会不会有财务危机的指标，由 4 个指标构成：流动比率、速动比率、固定资产长期适配率和资产负债率。

(1) 流动比率

流动比率体现企业偿还短期债务的能力。其计算公式为：

$$流动比率 = \frac{流动资产}{流动负债}$$

流动资产越多，短期债务越少，则流动比率越大，企业的短期偿债能力越强。一般情况下，运营周期、流动资产中的应收账款数额和存货的周转速度是影响流动比率的主要因素。

(2) 速动比率

速动比率比流动比率更能体现企业偿还短期债务的能力。其计算公式为：

$$速动比率 = \frac{速动资产}{流动负债} = \frac{流动资产 - 在制品 - 产成品 - 原材料}{流动负债}$$

从公式中可以看出，流动资产中尚包括变现速度较慢且可能已贬值的存货，因此将流动资产扣除存货再与流动负债对比，以衡量企业的短期偿债能力。一般低于 1 的速动比率通常被认为是短期偿债能力偏低。影响速动比率可信性的重要因素是应收账款的变现能力，账面上的应收账款不一定都能变现，也不一定非常可靠。

(3) 固定资产长期适配率

固定资产长期适配率的计算公式为：

$$固定资产长期适配率 = \frac{固定资产}{长期负债 + 所有者权益}$$

这个指标应该小于1,说明固定资产的购建应该使用还债压力较小的长期贷款和股东权益,这是因为固定资产建设周期长,且固化的资产不能马上变现。如果用短期贷款来购建固定资产,由于短期内不能实现产品销售而带来现金回笼,势必造成还款压力。

(4) 资产负债率

这是反映债权人提供的资本占全部资本的比例,该指标也被称为负债经营比率。其计算公式为:

$$资产负债率 = \frac{负债}{资产}$$

负债比率越大,企业面临的财务风险越大,获取利润的能力也越强。如果企业资金不足,依靠欠债维持,导致资产负债率特别高,偿债风险就应该特别注意了。资产负债率在60%～70%,比较合理、稳健;当达到85%及以上时,应视为发出预警信号,企业应引起足够的注意。资产负债率指标不是绝对指标,需要根据企业本身的条件和市场情况判定。

4. 活动力

活动力是从企业资产的管理能力方面对企业的经营业绩进行评价,主要包括4个指标:应收账款周转率、存货周转率、固定资产周转率和总资产周转率。

(1) 应收账款周转率

应收账款周转率(周转次数)是在指定的分析期间内应收账款转为现金的平均次数,指标值越高越好。其计算公式为:

$$应收账款周转率 = \frac{当期销售净额}{当期平均应收账款} = \frac{当期销售净额}{(期初应收账款 + 期末应收账款)/2}$$

应收账款周转率越高,说明其收回越快;反之,说明营运资金过多呆滞在应收账款上,影响正常资金周转及偿债能力。应收账款周转率可以以年为单位计算,也可以以季、月、周为单位计算。

(2) 存货周转率

这是反映存货周转快慢的指标,其计算公式为:

$$存货周转率 = \frac{当期销售成本}{当期平均存货} = \frac{当期销售成本}{(期初存货余额 + 期末存货余额)/2}$$

从该项指标本身来说,销售成本越大,说明因为销售而转出的产品越多;销售利润率一定,赚的利润就越多;库存越小,周转率越大。这项指标可以反映企业中采购、库存、生产、销售的衔接程度。衔接得好,原材料适合生产的需要,没有过量的原料,产成品(商品)适合销售的需要,没有积压。

(3) 固定资产周转率

固定资产周转率的计算公式为:

$$固定资产周转率 = \frac{当期销售净额}{当期平均固定资产} = \frac{当期销售净额}{(期初固定资产余额 + 期末固定资产余额)/2}$$

如果是制造业和交通运输业,就要计算固定资产周转率。这项指标的含义是固定资产占用的资金参加了几次经营周转,赚了几次钱,用以评价固定资产的利用效率,即产能是否充分发挥。资产周转率越高,企业资金周转越快,赚钱的速度越快,赚的钱就越多。

(4) 总资产周转率

总资产周转率用于衡量企业运用资产赚取利润的能力,经常和反映盈利能力的指标一

起使用,全面评价企业的盈利能力。其计算公式为:

$$总资产周转率 = \frac{当期销售收入}{当期平均总资产} = \frac{当期销售收入}{(期初资产总额+期末资产总额)/2}$$

该项指标反映总资产的周转速度,周转越快,说明销售能力越强。企业可以采用薄利多销的方法,加速资产周转,带来利润绝对额的增加。

5. 生产力

生产力是衡量人力资源产出能力的指标,包括人均利润和人均销售收入这两个指标。生产力指标旨在说明:企业规模扩大,员工数量增加,增加的这些员工生产是否有效率。

$$人均利润 = \frac{当期利润总额}{当期平均职工人数} = \frac{当期利润总额}{(期初职工人数+期末职工人数)/2}$$

人均利润指标用来衡量人力投入与利润之间的关系,指标值越大越好。

$$人均销售收入 = \frac{当期销售净额}{当期平均职工人数} = \frac{当期销售净额}{(期初职工人数+期末职工人数)/2}$$

人均销售收入指标衡量人力投入与销售收入之间的关系。

6. 经营业绩的综合评价

经营业绩综合评价的主要目的是与行业或特定的对手相比,发现自己的差距,以便在日后的经营中加以改进。在模拟训练中,一般参加训练的多个企业是同一个行业,所进行的分析可以理解为同行业中的对比分析,以发现自己公司与行业的平均水平之间的差别。

计算出企业的各项经营比率后,各项单个的数据给人的印象是散乱的,我们无法判断企业整体的经营在同行业中处于何种位置。而通过图表可以清晰地反映出数据的各种特征,比如雷达图是专门用来进行多指标体系分析的专业图表。

雷达图通常由一组坐标轴和三个同心圆构成。每个坐标轴代表一个指标。同心圆中最小的圆表示最差水平或是平均水平的 1/2;中间的圆表示标准水平或是平均水平;最大的圆表示最佳水平或是平均水平的 1.5 倍。其中中间的圆与外圆之间的区域称为标准区,如图 7-4 所示。

在雷达图上,企业的各项经营指标比率分别标在相应的坐标轴上,并用线段将各坐标轴上的点连接起来。图中坐标值 1.00 为行业的平均值,如果某项指标位于平均线以内,说明该指标有待改进;而对于接近甚至低于最小圆的指标,则是危险信号,应分析原因,抓紧改进。如果某项指标高于平均线,说明该企业相应方面具有优势。总之,各种指标越接近外圆越好。

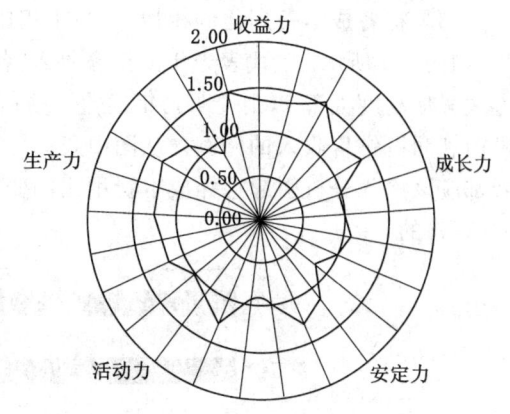

图 7-4 企业能力雷达图

7.2.3 成本结构变化分析

企业经营的本质是获取利润,获取利润的途径是扩大销售或降低成本。企业成本由多项费用要素构成,了解各费用要素在总体成本中所占的比例,分析成本结构,从比例较高的那些费用支出项入手,是控制费用的有效方法。

在"ERP沙盘模拟"课程中,从销售收入中扣除直接成本、综合费用、折旧、财务费用后得到税前利润。明确各项费用在销售收入中的比例,可以清晰地指明工作方向。

$$各项费用比例 = \frac{各项费用}{销售收入}$$

表7-5所列为沙盘比赛中实际提炼出来的数据,其中的运营费用是指设备维护费、转产费、厂房租金、信息费和其他费的综合。

表 7-5　　　　　　　　U16各年的各项成本费用统计表

年份	第二年	第三年	第四年	第五年	第六年
直接成本	33	75	68	114	150
管理费用	4	4	4	4	4
广告费用	14	16	20	27	37
产品研发费用	2	4	8	2	0
市场开拓费用	3	2	1	0	0
ISO认证费用	3	0	0	0	0
运营费用	8	13	18	25	26
折旧	0	16	18	21	27
财务费用	3	16	13	26	15
总成本费用合计	70	146	150	219	259
销售收入	74	161	153	254	341

如果将各成本费用比例相加,再与1相比,则可以看出总成本费用占销售收入比例的多少,如图7-5所示。1代表当年的销售收入,各方块是各类成本费用分摊比例。若当年的各方块累加高度大于1,则说明当年经营亏损;若低于1,则说明盈利;到1的距离则表示当年税前利润占销售收入的比例。从图中我们可以看到各项成本费用比例的变化,每一位经营者都应该深入分析引起这样成本费用比例变化的真正原因,去思考这样的变化是否是合理的、正常的。

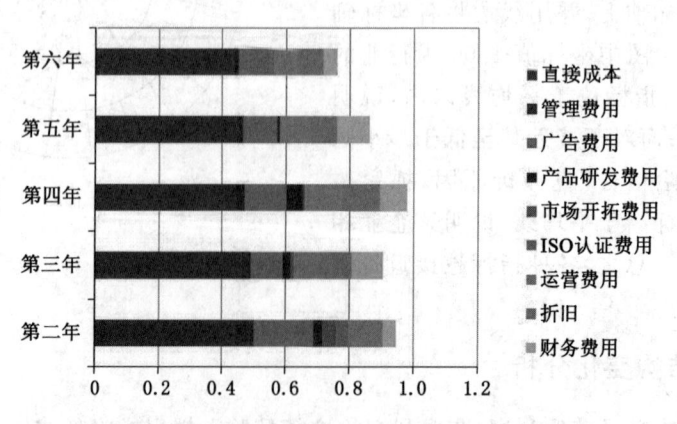

图7-5　U16各年的各项成本费用比例的变化

如果将企业各年成本费用变化情况进行综合分析,就可以通过比例变化透视企业的经营状况,如图 7-6 所示。

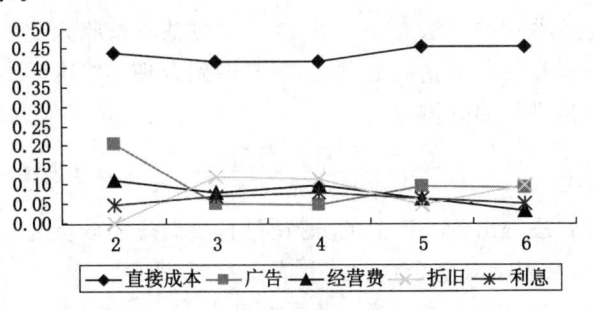

图 7-6 成本费用比例的变化

企业经营是持续性的活动,由于资源的消耗和补充是缓慢进行的,所以单从某一时间点上很难评价一个企业经营的好坏。比如,广告费用占销售的比例,单以一个时点来评价,无法评价好坏。但在一个时点上,可以将这个指标同其他同类企业来比,评价该企业在同类企业中的优劣。在企业经营过程中,很可能由于在某一时点出现了问题,而直接或间接地影响了企业未来的经营活动,正所谓"千里之堤,溃于蚁穴",所以不能轻视经营活动中的每一个时点的指标状况。那么,如何通过每一时点的指标数据发现经营活动中的问题,引起我们的警惕呢?在这里,给出一个警示信号,这就是比例变化信号。从图 7-6 可以看到,第二年和第三年各项费用比率指标均有很大的变化,这说明企业经营遇到了问题,经营的环境正在发生变化,这个信号提醒管理者格外注意各种变化情况,及时调整经营战略和策略。图 7-6 所示企业,在以后的年份中,各种费用的比例比较平稳,没有突变的情况,说明企业运营得比较正常。而图 7-7 所示的企业,其费用指标变化较大,实际上这个企业的经营一直是有问题的。

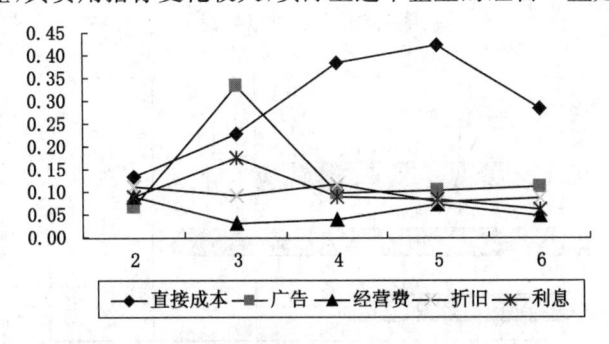

图 7-7 经营有问题的企业的成本费用比例变化

7.2.4 产品盈利分析

企业经营的成果可以从利润表中看到,但财务反映的损益情况是公司经营的综合情况,并没有反映具体业务、具体合同、具体产品、具体项目等明细项目的盈利情况。产品盈利分析就是对企业销售的所有产品和服务分项进行盈利细化核算,核算的基本公式为:

单产品盈利＝某产品销售收入－该产品直接成本－分摊给该产品的费用

这是一项非常重要的分析,它可以告诉企业经营者哪些产品是赚钱的,哪些产品是不赚钱的。在这个公式中,分摊费用是指不能够直接认定到产品(服务)上的间接费用,比如广告费、管理费、维修费、租金、开发费等,都不能直接认定到某一个产品(服务)上,需要在当年的产品中进行分摊。分摊费用的方法有许多种,传统的方法有按收入比例、成本比例等进行分摊。这些传统的方法多是一些不精确的方法,很难谈到合理。"ERP沙盘模拟"课程中的费用分摊是按照产品数量进行的分摊,即:

$$某类产品的分摊费用 = \frac{分摊费用}{各类产品销售数量总和} \times 该类产品销售数量$$

按照这样的计算方法得出各类产品的分摊费用,根据盈利分析公式,计算出各类产品的贡献利润,再用利润率来表示对整个企业的利润贡献度,即:

$$某类产品利润率 = \frac{该类产品的贡献利润}{该类产品的销售收入}$$

$$= \frac{该类产品的销售收入 - 直接成本 - 分摊费用}{该类产品的销售收入}$$

其结果以图7-8所示的产品贡献利润和图7-9所示的产品利润率来表示。

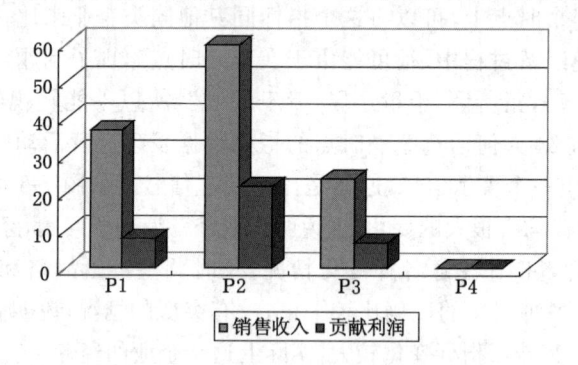

图 7-8 产品贡献利润

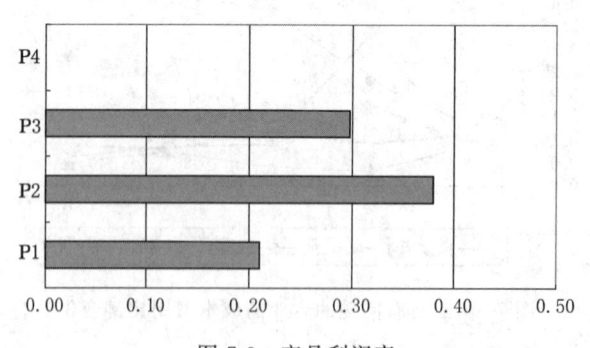

图 7-9 产品利润率

尽管分摊的方法有一定的偏差,但分析的结果可以说明哪些产品是赚钱的,值得企业大力发展的产品,哪些产品赚得少或根本不赚钱。企业的经营者可以对这些产品进行更加仔细的分析,以确定企业发展的方向。

7.2.5 杜邦分析——挖掘影响利润原因的工具

财务管理是企业经营管理的核心之一,而如何实现股东财富最大化或企业价值最大化是财务管理的中心目标。任何一个公司的生存与发展都依赖于该公司能否创造价值,公司的每一个成员都负有实现企业价值最大化的责任。杜邦财务分析体系就是一种比较实用的财务比率分析体系,这种分析方法最早由美国杜邦公司使用,故名杜邦分析法。

杜邦分析法利用几种主要的财务比率之间的关系来综合地分析企业的财务状况,用来评价公司盈利能力和股东权益回报水平。它的基本思想是将企业净资产收益率(ROE)逐级分解为多项财务比率的乘积,这样有助于深入分析比较企业经营业绩。

如图7-10所示,杜邦分析图解告诉我们,净资产收益率是杜邦分析的核心指标。这是因为,任何一个投资人投资某一特定企业,其目的都在于希望该企业能给他带来更多的回报。因此,投资人最关心这个指标,同时,这个指标也是企业管理者制定各项财务决策的重要参考依据。通过杜邦分析,将影响这个指标的三个因素从幕后推向前台,使我们能够目睹它们的庐山真面目。所以在分析净资产收益率时,就应该从构成该指标的三个因素分析入手。

为了找出销售利润率及总资产周转率水平高低的原因,可将其分解为财务报表有关项目,从而进一步发现问题产生的原因。销售利润率及总资产周转率与财务报表有关项目之间的关系可从杜邦分析图中一目了然。有了这张图,可以非常直观地发现是哪些项目影响了销售利润率,或者是哪个资产项目扯了资产周转率的后腿。

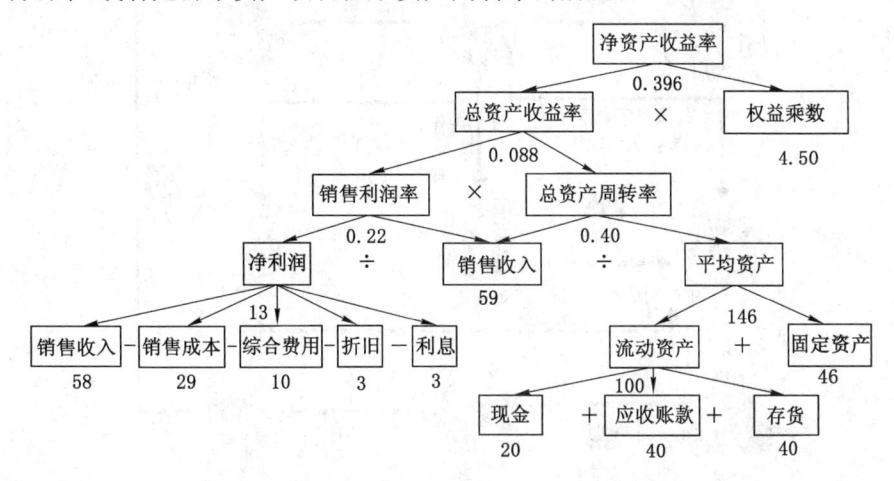

图 7-10 杜邦分析法

总资产收益率水平高低的原因可类似进行指标分解。总资产收益率低的原因可能在于销售利润较低,也可能在于总资产周转率较低。如果属于前一种情况,则需要在开源节流方面挖掘潜力;倘若属于后一种情况,则需要提高资产的利用效率,减少资金闲置,加速资金周转。

权益乘数反映企业的负债能力。这个指标越高,说明企业资产总额中的大部分是通过负债形成的,这样的企业将会面临较高的财务风险。而这个指标低,说明企业的财务政策比较稳健,较少负债,风险也小,但获得超额收益的机会也不会很多。

杜邦分析既涉及企业获利能力方面的指标(净资产收益率、销售利润率),又涉及营运能力方面的指标(总资产周转率),同时还涉及举债能力指标(权益乘数),可以说杜邦分析法是一个三足鼎立的财务分析方法。

7.2.6 资金周转分析——筹集资金的依据

财务管理的目标主要与筹资管理、流动性管理及风险管理有关，其目标是：
◇ 确保满足企业预期经营规模的资金需求；
◇ 保持充分的流动性；
◇ 将信用风险、外汇风险及利率风险控制在可接受的范围内；
◇ 利用过剩的现金进行投资，为企业盈利。

所有这些均与现金流量相关，可以现金流对企业来说至关重要。企业为了生存，必须获取现金以便支付各种商品和服务的开销。理解公司现金如何循环，不仅对老板非常重要，对职员也一样。即使在非常小的公司里，如果想使其他资产占用的现金最小化，老板也需要职员的配合。

图 7-11 所示的资金周转流程图，图中实线表示现金流动，虚线表示实物供应链，可以看出以下几方面信息。

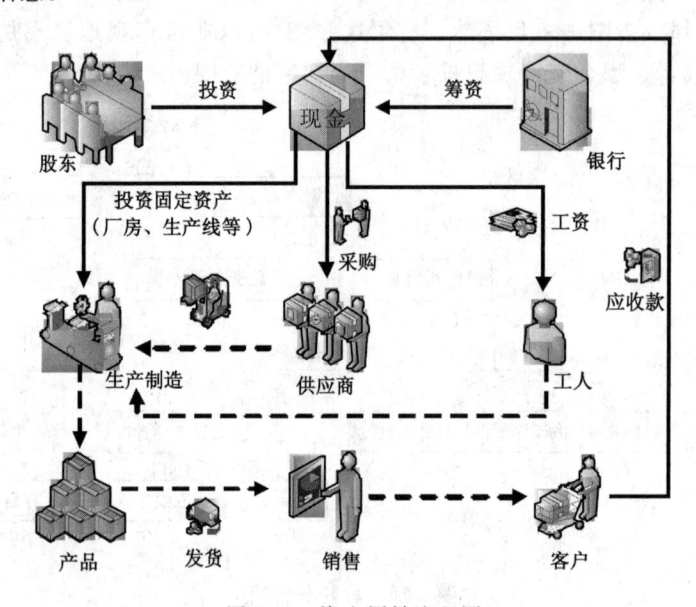

图 7-11 资金周转流程图

（1）现金来源于何处

在公司经营初期，所有者向公司投入股本，银行也向公司提供贷款或透支额度。现金流入公司的银行账户，所有的钱就存在银行账户中。现金不可能来源于其他地方。

（2）资金流动

花钱非常容易。现金从银行账户流出，用于固定资产投资及支付工人工资、原材料采购等。一些现金由于存货浪费而丧失。其他一小部分现金将在出售资产时收回。

也许在毫无准备的情况下，现金已经被赊销收入（应收账款）占用了。如果应收账款得不到回收而形成了坏账，也会导致现金漏出。

（3）应收账款收回现金

企业一般采用赊销策略，因此，产品售出后一般不能直接收到现金，而是应收账款。只有应收账款收回时,销售收入才能变成现金。

7.2.7 资金使用效果分析——资金利用的优劣评判

现金循环与交易循环是相关联的。在制造企业中,交易循环始于原材料购买,在经过生产和产品入库后,最后结束于产品的销售。现金循环则与之相对应,从付款购买原材料开始,到从客户手中收款后结束。在零售企业中,交易循环始于购买用于再销售的商品,结束于商品销售。尽管一些零售商可以在销售商品后再支付购货款,但现金循环还是应从付款开始,到收取商品销售收入时结束。在大多数的企业中,交易循环是从向外部供应商购买货物开始的,而现金循环则是从向供应商付款开始的。然而,仍存在许多不是支付给供应商的付款,如支付给雇员的工资薪金、日常管理费用,后者包括支付的租金、利息、电话费、咨询费、广告费等。在这些项目中,也存在着现金循环,因为在支付费用和取得销售收入之间有一定的时间间隔。现金循环如图 7-12 所示。

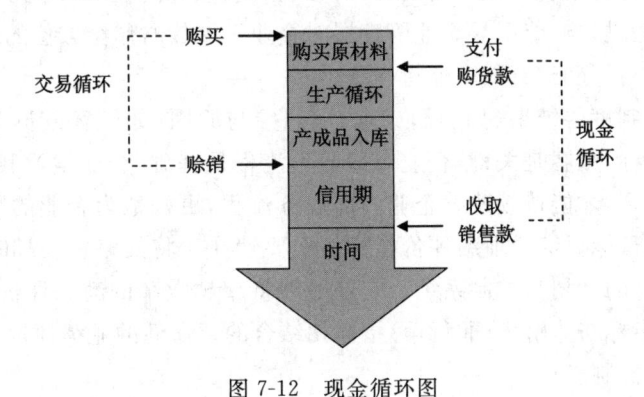

图 7-12 现金循环图

现金管理要解决的问题:一是尽快取得现金收入并缩短现金循环的周期;二是保证有足够的现金来偿还到期的支出款项,并且妥善利用销售收入。

7.3 企业综合评价

在日常生活中,人们往往习惯于用财务指标去衡量一个企业的业绩表现,但财务指标是一种滞后的指标,不能指示出企业的未来;并且会导致企业管理人员严重短视,阻碍对未来发展的投资,使企业丧失可持续发展能力。

7.3.1 企业决胜

在"ERP 沙盘模拟"课程中,企业综合评价如何接近企业的真实价值,并且反映企业未来的发展和成长性,需要集中体现在总成绩计算算法中。在综合考虑各方面因素的基础上,定义了企业决胜的算法:

$$总成绩 = 所有者权益 \times (1 + 企业综合发展潜力/100)$$

企业综合发展潜力要综合考虑企业目前的资产状况、产品研发水平、市场、所取得的认证资格等。

7.3.2 平衡计分卡

传统的基于财务报表的业绩评价制度,大多数离不开对财务指标的分析。虽然他们有助于认识企业的控制能力、获利能力、偿债能力、成长能力,但它们只能发现问题而不能提供解决问题的思路,只能作出评价而难以改善企业的状况。在现代市场竞争环境下,各种不确定因素对企业前景有着众多影响,仅仅对一些财务指标分析,已经难以满足企业经营管理需要。为了使企业能够应对顾客需求、市场竞争和变化,对企业经营业绩的评价必须突破单一的财务指标,采用包括财务指标和非财务指标相结合的多元化指标体系。由此,引发了对企业综合业绩评价制度的强势需求。

综合业绩评价制度 BSC(The Balanced Score Card,平衡计分卡)是 Kaplan 和 Norton 等人从 1990 年开始进行的一个实地研究项目,目前已经在美国很多企业、政府和军事机构中得到应用。平衡计分卡包括四个角度,即财务、客户、业务流程以及学习和成长,通过这四个方面的协调及相互影响,能引导企业管理层对企业发展战略作全方位的思考,确保日常业务运作与企业远景目标和经营战略保持一致。

综合业绩评价制度将结果(如利润或现金流量)与原因(如顾客或员工满意)联系在一起。财务是最终目标,顾客是关键,企业内部业务流程是基础,企业学习和成长是核心。只有企业学习和成长了,才能持续改善企业内部业务流程,更好地为企业的顾客服务,从而实现企业最终的财务目标。综合业绩评价指标的重要性在于将战略、过程和管理人员联系在一起,提供一种综合的计划与控制系统。它是一种将超越数字的动态评价与静态评价相统一,将财务(货币)指标与非财务(非货币)指标相结合的革命性的业绩评价,也是推动企业可持续发展的业绩评价制度。

想一想

已知 U01 公司第五年经营的综合费用表、利润表及资产负债表,求 U01 公司五力分析中涉及的各指标。

1. 收益力

(1) 毛利率 $= \dfrac{销售收入-直接成本}{销售收入} = \dfrac{344-156}{344} = 54.65\%$

(2) 销售利润率 $= \dfrac{折旧前利润}{销售收入} = \dfrac{毛利-综合费用}{销售收入} = \dfrac{188-105}{344} = 24.13\%$

(3) 总资产收益率 $= \dfrac{息税前利润}{资产合计} = \dfrac{52}{360} = 14.44\%$

(4) 净资产成长率 $=$ 净资产收益率 $= \dfrac{净利润}{所有者权益合计} = \dfrac{39}{116} = 33.62\%$

2. 成长力

(1) 销售收入成长率 $= \dfrac{本期销售收入-上期销售收入}{上期销售收入} = \dfrac{344-205}{205} = 67.8\%$

(2) 利润成长率 $= \dfrac{本期息前利润-上期息前利润}{上期息前利润} = \dfrac{67-25}{25} = 168\%$

综合费用表

年度	第四年	第五年
类型	系统	系统
管理费	4	4
广告费	33	44
设备维护费	21	39
转产费	0	4
租金	10	10
市场准入开拓	1	0
产品研发	1	0
ISO 认证资格	0	0
信息费	0	0
其他	2	4
合计	72	105

利润表

年度	第四年	第五年
类型	系统	系统
销售收入	205	344
直接成本	93	156
毛利	112	188
综合管理费用	72	105
折旧前利润	40	83
折旧	15	16
支付利息前利润	25	67
财务费用	10	15
税前利润	15	52
所得税	2	13
净利润	13	39

资产负债表

年度	第四年	第五年
类型	系统	系统
现金	71	33
应收账款	45	150
在制品	30	54
产成品	0	4
原材料	0	0
流动资产合计	146	241
土地和建筑	40	40
机器与设备	50	79
在建工程	35	0
固定资产合计	125	119
资产总计	271	360
长期负债	80	119
短期负债	112	112
特别贷款	0	0
应交税金	2	13
负债合计	194	244
股东资本	70	70
利润留存	-6	7
年度净利	13	39
所有者权益合计	77	116
负债和所有者权益总计	271	360

(3) 净资产成长率 $= \dfrac{\text{本期净资产} - \text{上期净资产}}{\text{上期净资产}} = \dfrac{116 - 77}{77} = 50.65\%$

3. 安定力

(1) 流动比率 $= \dfrac{\text{流动资产}}{\text{流动负债}} = \dfrac{241}{112 + 13} = 1.93$

(2) 速动比率 $= \dfrac{\text{速动资产}}{\text{流动负债}} = \dfrac{\text{流动资产} - \text{在制品} - \text{产成品} - \text{原材料}}{\text{流动负债}}$

$= \dfrac{241 - 54 - 4 - 0}{112 + 13} = 1.46$

(3) 固定资产长期适配率 $= \dfrac{\text{固定资产}}{\text{长期负债} + \text{所有者权益}} = \dfrac{119}{119 + 116} = 50.64\%$

(4) 资产负债率 $= \dfrac{\text{负债}}{\text{资产}} = \dfrac{244}{360} = 67.78\%$

4. 活动力

(1) 应收账款周转率 $= \dfrac{\text{当期销售净额}}{\text{当期平均应收账款}} = \dfrac{\text{当期销售净额}}{(\text{期初应收账款} + \text{期末应收账款})/2}$

$= \dfrac{344}{(45 + 150)/2} = 3.53$

(2) 存货周转率 $=\dfrac{\text{当期销售成本}}{\text{当期平均存货}}=\dfrac{\text{当期销售成本}}{(\text{期初存货余额}+\text{期末存货余额})/2}=\dfrac{156}{(0+4)/2}=78$

(3) 固定资产周转率 $=\dfrac{\text{当期销售净额}}{\text{当期平均固定资产}}=\dfrac{\text{当期销售净额}}{(\text{期初固定资产余额}+\text{期末固定资产余额})/2}$

$=\dfrac{344}{(125+119)/2}=2.82$

(4) 总资产周转率 $=\dfrac{\text{当期销售收入}}{\text{当期平均总资产}}=\dfrac{\text{销售收入}}{(\text{期初资产总额}+\text{期末资产总额})/2}$

$=\dfrac{344}{(271+360)/2}=1.09$

5. 生产力

生产力公式中涉及职工人数,"创业者"中未体现职工人数,相关指标计算无多大意义,故在此不予计算。

根据以下数据,试比较某一次"创业者"比赛中 U08 和 U16 两个企业某一年的经营成果。

	公司名称	U08	U16
收益力	毛利率	0.729 7	0.551 2
	销售利润率	0.241 3	0.334 6
	总资产收益率	0.144 4	0.109 7
	净资产收益率	0.336 2	0.268 0
成长力	销售收入成长率	0.678 0	0.660 1
	利润成长率	2.466 7	0.914 3
	净资产成长率	0.506 5	0.366 2
安定力	流动比率	1.960 0	1.540 0
	速动比率	1.464 0	1.010 0
	固定资产长期适配率	0.506 3	0.877 7
	资产负债率	0.677 8	0.695 9
活动力	应收账款周转率	3.528 2	4.932 0
	存货周转率	0.236 9	3.368 1
	固定资产周转率	2.819 7	1.660 1
	总资产周转率	1.090 3	0.849 5

第 8 章

企业经营分析报告

学习目标

◇ 了解什么是企业经营分析报告
◇ 了解企业经营分析报告的分类
◇ 企业经营分析报告的基本要求、基本格式、结构要素及主要内容

课前导读

阿里巴巴第四财季业绩：收入同比增60%、净利同比增38%

北京时间2017年5月18日，阿里巴巴集团公布了2017财年第四季度财报及2017财年全年业绩——

财年第四季度，阿里巴巴集团收入同比增长60%，达到385.79亿元人民币；全年阿里巴巴集团收入为1 582.73亿元人民币，同比增长56%。中国零售平台年度活跃买家增至4.54亿，移动端月度活跃用户高达5.07亿。

在过去一年全球担忧中国经济放缓背景下，阿里巴巴的成交额和收入实现强劲双增长，增幅继续超越华尔街预期，展现了消费经济和由科技驱动的中国服务业的巨大韧性与潜力。

2017财年全年，阿里巴巴作为全球最大移动经济实体的增长势头持续强劲：中国零售平台全年商品交易额（GMV）达3.767万亿元人民币，较2016财年破3万亿里程碑继续大增22%。其规模不亚于欧美主要发达国家全年的GDP。此外，拥有4.7万名员工的阿里巴巴，2017财年收入已突破千亿元，达到1 582.73亿元人民币，由此成为人均产能最高的中国互联网公司。

2017财年全年，阿里巴巴集团平台成交额达到3.767万亿元人民币。与此相对应，2017年2月21日，沃尔玛发布的业绩报告显示，其2017财年年度总营收为4 969亿美元（约3.428万亿元人民币），同比增长3.1%；营业收入228亿美元，减少5.6%。

阿里超越沃尔玛成为全球最大的零售集团，更可怕的是，它还保持着每年50%的速度在高速增长。这预示着商业发展的"奇点"已经出现，新经济的脚步已经追上传统经济，接下来将是超越和迭代。

不仅是零售业务，阿里巴巴在其他领域也冠绝全球：翻看2017财年阿里巴巴的财报，阿里云在该财年营收规模达到66.63亿元人民币，同比上一年增长了121%，连续两年实现三位数增长。阿里云在全球云数据技术、营收、规模都属于全球前三名，仅次于微软、亚马逊，这又是一个千亿级别的武器。

蚂蚁金服：蚂蚁金服在2016年已完成了B轮45亿美元融资，估值约600亿美元。

菜鸟物流：菜鸟于2016年一季度完成百亿融资。菜鸟网络与合作伙伴的物流线路已经覆盖到全球224个国家和地区，以及国内2 800个县区。全中国超过70%的快递包裹都在菜鸟数据平台运转。

还有UC浏览器、高德地图、优酷、新浪微博、滴滴公司等数十家互联网领域巨头级别的子控股公司，每一家都不低于数百亿元的规模。

《福布斯》近日评选2016年最有投资价值的10大公司，阿里巴巴位居榜首，Facebook、优步只能屈居第二和第三。《巴伦周刊》则将阿里巴巴置于"能让全球投资者参与到中国消费升级浪潮中"的高度，认为"这家公司正在改变中国和全球的商业结构"。

阿里巴巴财报显示，2017财年的自由现金流达到687.9亿元。

强劲的现金流和充分的自由现金流，将保证阿里巴巴对电商之外业务的战略投入，加大对未来新兴产业的投资布局，以充分参与和分享中国乃至世界经济转型的成果。

根据阿里巴巴的计划,2019年阿里巴巴成为世界上第一个平台销售额超过一万亿美元的公司。在2016年亚布力企业家论坛上,阿里巴巴董事局主席马云曾表示"消费需要重新定义"。从阿里巴巴的布局可以看到,在现金流充沛的背景下,阿里巴巴未来的可增长空间将相当恐怖!

业内预测,新财年阿里巴巴GMV有望超过瑞典GDP冲击"全球第20大经济体",2020财年有望冲进"全球前15大经济体",实现真正的富可敌国。

——摘选自搜狐财经

在现实商业中,最常见的企业经营分析报告是上市公司发布的季度、年度经营分析报告。除此之外,使用比较多的还有财务分析报告和近年来在国有资产管理部门、国有企业中流行的企业绩效评价报告等。本章只是用"企业经营分析报告"这一广义的概念,以企业经营成果分析、评价的书面形式来表达这种企业管理活动的事实。

8.1 企业经营分析报告概述

广义的企业经营分析报告,是指运用科学、规范的评价方法,对企业一定经营期间的资产运营、财务效益等情况进行定量及定性的分析,从而作出真实、客观、公正的综合评价的书面文件,是企业管理和企业经营活动评价的一个重要环节。企业经营分析报告通常会提出、分析和尽可能地回答这样一些基本问题:企业在一定时期的经营活动取得了哪些成果,成果的绝对水平和相对水平怎么样,取得成果的原因是什么;企业还存在什么问题,存在问题的原因是什么,如何改进,等等。

8.1.1 经营分析报告的类型

经营分析报告按编写的时间来划分,可分为定期分析报告和非定期分析报告。传统的经营分析报告又可以分为月度、季度和年度报告。企业绩效评价报告一般以年度为单位,甚至会涉及一个更长的战略计划期,即在一个战略计划期内持续地分析评价报告。

经营分析报告按编写的内容可以划分为三种。一是综合性分析报告,一般是将财务指标作为成果性指标,对企业整体运营状况的成果和原因进行分析评价,这更符合经营分析报告的本意。二是专项分析报告,是对企业运营某一领域或业务流程的分析评价,例如财务分析报告、销售分析报告、运营分析报告等。这里的财务分析报告,往往以财务指标为中心,或者集中于财务风险、资本周转或现金流量等方面的分析。三是项目分析报告,例如针对某一新产品或促销活动的分析报告。

8.1.2 经营分析报告的使用者和编制者

广义的经营分析报告的报送和阅读对象,包括企业管理者、企业所有者或股东、政府管理部门、企业员工(例如平衡计分卡要求与员工广泛沟通)、银行或债券人等。

狭义的经营分析报告主要用于企业评价、分析和改进内部管理,报告的编制人员主要是企业的财务、营销、生产的管理人员及分公司或地区经理等。综合性报告涉及的知识面广、专业性强,通常由财务人员和其他专业或技术人员组成的团队来编制。而对于运用经济附加值法和平衡计分卡法分析的报告,编制的核心人物应是主持评价的专家组。

经营分析报告的对象或客体,可以是整个企业、企业下属的业务部门、分公司或某项特别的业务活动等。

8.1.3　经营分析报告编制的基本要求

首先,经营分析报告的主要内容与格式要适应评价方法的要求,也要考虑报告使用者的要求。企业评价方法通常是由企业的所有者、高层管理者或者政府部门决定的。经营分析报告是企业管理活动——企业对自身经营成果进行分析评价的一种书面描述。所以,无论是内部使用还是对外发布,经营分析报告在主要内容和格式上都要反映和适应企业所选择或要求的分析评价方法。例如,一般的经营分析报告强调综合性的财务分析报告,大多采用杜邦分析模型,或者结合企业实际增加适当的非财务指标来解释一定时期取得的财务成果。当企业选择平衡计分卡评价方法时,报告的主要内容就要围绕财务、顾客、业务流程及学习和创新等设计报告的基本结构。原则上讲,企业管理者在选择评价办法时,就已经表明了他们对企业管理信息的主要需求意图。

其次,要使用统一、规范的财务指标、经营指标和计算方法等,以便于交流和比较。使用统一、规范的指标,是狭义经营分析报告实现交流和横向比较的必要条件。

第三,在评价指标和数据选择上,既要反映经营成果全貌、突出重点,又要考虑数据的连续性和可比范围等。

最后,经营分析报告应当力争做到:结构严谨,层次清晰;主题突出,问题准确;建议可靠,有说服力;语言流畅、通顺、简明,避免口语化和使用自己杜撰的概念等。另外,适当的图表引用,往往能够让复杂的问题简单化,使报告更加简明、易读和有说服力。

8.2　企业经营分析报告的编制

本节将简要说明狭义经营分析报告和企业绩效评价报告的编制方法。

8.2.1　企业经营分析报告的基本格式

狭义的经营分析报告包括财务分析报告,由于大多用于企业内部管理,因而没有固定的标准格式和体裁。但要求报告能够反映成果,点面结合;抓住问题,分析透彻;提出建议,有理有据。报告应体现"总结过去,面向未来"的思想,遵循"发现问题→分析问题→解决问题"的思路,至少包括以下几个最基本的部分:

(1) 基本成果描述——背景介绍;

(2) 横比纵比——发现或提出问题;

(3) 财务与非财务指标的分析、分解——分析原因,提示因果联系;

(4) 提出发展或改进建议——解决问题,支持决策。

这样的结构具有逻辑性,可以让报告为企业管理层提供更好的决策支持。

8.2.2 企业经营分析报告的结构要素

1. 标题

标题应简明扼要,准确反映报告的主要内容。也可以通过主副标题的方式,在标题中将报告的分析期(如第×季度或××××年度等)和报告的分析对象范围予以明确,以方便文件的管理和报告使用者的阅读。

2. 报告摘要

报告摘要是对本期报告核心内容的高度浓缩。要让报告使用者通过对摘要的阅读,只用一二分钟的时间,就对报告的基本内容有一个大概的了解。要使熟悉企业运营的高层管理者看了摘要后就基本满足或有选择地查阅几个细节;使不熟悉的用户能够根据自己的需要进行有选择的阅读。所以,报告摘要应当用最简明的语言陈述下列问题:企业经营在特定期间取得的主要成果是什么?有何新成就、新变化或新问题?主要原因何在?主要建议或措施有哪些?能取得怎样的预期效果?

3. 经营概况描述

经营概况描述部分对企业在分析期内的经营状况和成果作简要说明,对计划执行情况和主要指标完成情况主要用数据进行描述,以概括地反映企业经营的基本面貌。其中涉及的主要指标,通常是由所选择的评价方法、企业规章制度等决定的。

4. 主要指标完成情况的分析与评价

一般要对主要经营分析指标采用绝对数和相对数指标的方法,将实际指标与计划指标、本期指标与上年同期指标进行对比,有时还需要与历史最高水平以及与同行业其他企业进行对比。通过对实际完成的异常指标值的发现、分析和评价,深入查找与分析数据异常背后的原因、存在的问题等,以便提出改进建议。

5. 建议和措施

经营分析报告是一种常规性的企业管理文件,改进管理是其重要功能之一。报告应当利用对整体情况和数据掌握的优势,针对企业内外环境的实际,包括取得的成就或存在的问题等,有针对性地提出一些或巩固、或发展、或改进的建议与措施等。

有人将经营分析报告或财务分析报告的格式归纳为"五段论",即摘要段、描述段、分析段、评价段和建议段。实际上,经营分析报告的结构设计是可以灵活的。评价的目的和方法不同,报告的格式自然会有较大差别。比如综合性报告和专项分析报告,在结构上就应当有所不同。但无论采用何种格式,报告撰写的基本要求是应当做到的。

8.2.3 企业经营分析报告的主要内容

狭义经营分析报告的主要内容尽管没有统一规定,但在实践中大体还是有章可循的。比如,财务分析报告在内容和分析方法上,基本依据的是杜邦分析系统的财务指标体系;经营分析报告则多数是杜邦的财务指标集合,加上一些非财务指标。在实际工作中,一些大型公司为了加强对下属企业的管理,往往对财务分析报告或者经营分析报告的内容和格式有明确规定。下面是一家公司对公司层和下属企业编制财务分析报告的内部规范,可作为编制财务分析报告或经营分析报告的参考。该公司要求财务分析报告的内容应包括以下五个方面。

1. 主要经营指标完成情况

这部分大体相当于经营成果的描述，包括计划的和实际完成的财务指标和非财务经营指标，与上期和上年同期的对比和增减比率等。

为了规范报告内容和简化工作的复杂性，这部分常常由企业统一制订标准化的表格，由财务人员按期填报，再添加简要文字说明即可。指标内容取决于公司下达的计划，一般包括短期和长期经济效益指标，例如主营业务收入或销售收入、销售毛利、销售净利润、产品销售率、资金周转率、投资收益率和权益收益率等，其中后两项一般按年计算。在需要时，可以从绝对数和相对数两个方面描述，并与上期和上年同期对比。

2. 经营状况分析

（1）生产经营状况分析。将本期主要产品产量、销售额等与上年同期对比，并做简单评价。

（2）成本费用分析。包括将本期原材料消耗、单位产品成本、销售毛利、管理费用、销售费用（包括业务费、销售佣金等）与上年同期对比，对异常变化的指标要分析其变化的原因并作出说明，有可能时应提出提高效益和降低成本的具体措施和途径。

3. 财务指标分析

（1）利润分析。分析利润增加或减少的原因，并寻求解决途径。包括：分析主要业务（产品）利润占全部利润比例，分析主要业务（产品）的市场吸引力和竞争实力；提出有利于开发和培育更多"明星"和"金牛"产品，减少"问题"和"瘦狗"产品的建议；通过优化产品组合，提升企业的利润和利润增长潜力。

（2）资金筹集与运用状况分析。包括对应收账款、产成品库存分析等。

应收账款分析，包括本期销售现金比率分析、大额应收账款形成原因及处理情况、应收账款账龄分析、减少应收账款总额和缩短应收账款账龄的措施等。

产成品库存分析，包括产品销售率分析、库存积压原因分析、库存积压产品处理情况（含处理的数量、金额及导致的损失）等。

（3）负债分析。通过负债比率、流动比率及速动比率等指标，分析企业的偿债能力及财务风险的大小；分析本期负债增加原因；分析负债成本，提出降低成本途径等。

4. 其他分析或说明

其他分析或说明包括：对较大资产或负债项目的增减作出说明；对数额较大的待摊费用、预提费用超过限额部分作出分析；对其他影响企业效益和财务状况较大的项目和重大事件作出分析说明。

5. 建议与改进措施

在前面发现和分析问题的基础上，提出解决建议或改进措施。包括：就生产、经营活动提出改进建议；就降低成本、提高经济效益提出具体建议；等等。

8.2.4　成本控制部门的经营分析报告

成本控制部门是成本费用发生的部门。由于该类部门的产出成果主要在企业内部转移或消耗，所以，该类部门往往只能控制成本，而无法控制销售和收益。因此，成本控制部门的分析评价，应在描述部门基本投入、产出情况的基础上，主要分析评价责任成本的增减额、升降率以及与其产出、投入和作业过程相关的非财务指标等。责任成本增减额和升降率的计算公式为：

$$成本（费用）增减额＝实际成本（费用）额－预算或计划成本（费用）额$$

$$成本（费用）升降率＝\frac{成本（费用）增减额}{预算或计划成本（费用）额}$$

应用上述财务指标分析和评价时，一是要尽可能从全部发生成本中将部门责任成本分离出来，主要评价责任成本指标的变动情况。责任成本是指能为该部门所控制，即由该部门的管理者和员工的工作表现、决策能力和行动能力决定的成本部分。表 8-1 所列是某公司三个成本控制部门责任成本评价的基本数据。二是要使用足够的非财务指标，对成本控制部门的投入、产出和业务（或管理）过程进行必要的评价，比如生产管理部门的产品合格率、按时交付率等；否则，责任成本的评价就很可能是没有意义的。

表 8-1　　　　某公司三个部门责任成本增减额和升降率　　　　单位：元

项目	预算	实际	增减额	升降率/%
A 部门	132 500	125 500	－7 000	－5.28
B 部门	105 800	101 800	4 000	3.78
C 部门	78 000	77 200	－800	－1.03

注：表中负数为下降或减少，正数为上升或增加。

8.2.5　利润控制部门的经营分析报告

利润控制部门是其工作对销售收入、成本（费用）和利润均有影响的部门。由于利润是销售数量、价格、成本、费用等因素综合作用的结果，因此对该类部门的分析评价，通常应该以效益性的利润指标为主。而最有效的利润指标，应当是由该部门的工作表现、决策及行为能力决定的利润指标。这些利润指标主要包括毛利、部门贡献毛益、营业利润等。

1. 毛利

毛利是销售收入（净额）扣除销售成本后的余额。这项指标包含了企业或部门管理者所能控制的两项指标：销售收入和直接成本。

2. 部门贡献毛益

部门贡献毛益是毛利额减去部门直接费用后的余额。表 8-2 是某公司营销部门利润核算的一个例子。

表 8-2　　　　某公司营销部门利润核算表　　　　单位：元

项目	营销部门
(1) 销售收入（净额）	32 485 000
(2) 直接成本	23 664 000
(3) 毛利＝(2)－(1)	8 821 000
(4) 部门直接费用	4 940 300
(5) 部门贡献毛益＝(3)－(4)	3 880 700
(6) 间接费用	2 446 100
(7) 营业利润＝(5)－(6)	1 434 600

注：部门直接费用包括部门人员工资、广告费用和其他销售费用等；间接费用是不能确认的部门分摊部分。

在表 8-2 中,由于直接成本不是营销部门可控制的成本,所以不适合作为该部门的责任成本;相反,部门直接费用是营销部门可控制的费用。对于营销部门来说,一方面,部门直接费用的大小,代表着部门整体的工作表现、决策和行为能力的质量与数量(以成本或费用支出量表示);另一方面,部门直接费用又是直接影响其产出成果——销售收入和毛利大小的主要因素或变量(假定直接成本不变)。

因此,部门贡献毛益、毛利(包括与之相关联的销售收入)和部门直接费用,是分析和评价营销部门工作的三个主要指标。分析毛利或销售收入、直接费用和部门贡献毛益二者之间的关系和变化,以部门贡献毛益为主要指标来分析和评价营销部门的工作质量与努力程度,既有利于调动其积极性,又有助于其发现工作中的问题。同时,也有利于促使营销部门的利益和行动与企业整体保持一致。

此外,利润控制部门,如营销部门,还可以借用成本费用利润率或成本费用收益率指标,来分析和评价广告费用、促销费用或其他销售费用等具体费用项目的投入产出效率,以便发现问题,寻求提高的办法与途径。成本费用利润率的计算公式为:

$$成本费用利润率 = \frac{利润}{成本费用合计}$$

以评价广告支出效率为例,上述公式经适当修改后为:

$$广告费用收入比率 = \frac{销售收入}{广告费支出合计}$$

$$广告费用毛利率 = \frac{毛利}{广告费支出合计}$$

3. 营业利润

营业利润是部门贡献毛益减去各部门应负担的间接费用后的余额,或者是毛利减去部门直接费用,再减去间接费用后的余额。间接费用是指那些由企业整体受益,不能直接归属于某一部门的费用,如企业管理人员工资等。间接费用的支出主要是由企业管理层控制,所以,营业利润更适合用于企业或管理层的绩效评价。

阅读材料

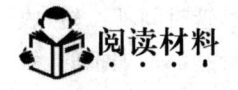

ERP 沙盘模拟经营分析报告

专业班级：_____

姓　　名：_____

学　　号：_____

角　　色：_____

指导教师：_____

实验时间：_____

二〇　　年　　月　　日

引言 这是大学期间唯一一门在结束时我会觉得特别不舍的课程,尽管时间那么短,收获却特别多。大家在一起为同一件事情努力的感觉真的很棒,那些资产虽然都是虚拟的,然而烙印在我们心里的精神财富却是实实在在的。这种努力得来的成果,甜得什么糖果都比不上。

一、经营概况

在模拟经营之前,我们团队给自己公司(U06)设定的目标是:经过6年的奋力厮杀,在6家公司中一举夺冠。在正式经营的前一天,我们将"ERP沙盘模拟"教程反复地翻阅,苦思冥想了好久,究竟明天怎样经营才能立于不败之地?

我们想的问题很多:

◇ 我们的经营战略是什么?经营的短期目标是什么?中期目标呢?

◇ 我们销售的产品是什么?怎样进行产品组合以赚取最大的利润?

◇ 在不同时期,如何选择目标市场?

◇ 如何选择生产线,既能保证规模经济又减少销售压力?

通过深入分析市场预测,我们发现:P4产品在第二年没有需求,在第三和第四年也都只在区域市场仅有不足5个产品数量的市场需求,单价平均是9.5M,即毛利润为4.5M/个。而这个阶段,P2的利润是4M/个,P3的利润是5M/个,但相对P2、P3而言,P4成本更高,也就意味着如果生产P4,资金的占用率更高。很明显,在这个资金紧张的阶段,P4不是我们的核心产品。再看P3,这个阶段P3价格趋于平稳,需求量呈现不断上升的趋势,作为志向远大的公司,我们把目光集中在成本相对较低、利润更高的P3产品上。这样P3也就成为了我们公司中期的主打产品。虽然竞争可能会激烈些,但既然已经选定,那么就坚决执行!

市场对于任何一个公司都是至关重要的。市场决定了销售,销售从根本上决定了利润,进而决定了我们公司的整体经营情况,形成一个多米诺骨牌效应。对于市场的开拓,我们通过具体数据来分析。国际市场的开发是耗费时间最长、资金最多、可用时间最少的。它的开发需要5M,但只能在第五年和第六年用。所有产品中,P1的利润最低,毛利是3M/个。假设我们开发国际市场,那么我们销售2个P1就有6M的利润,去掉1M广告费,也能实现市场开发的价值。而事实上,我们在国际市场上的销售远不止2个P1,所以我们决定,在资金不是特别紧张的情况下,我们会不遗余力地开发国际市场。

同样,对于生产线的选择,我们也是通过数据来确定的。3条手工线=1条全自动线,但手工线多了2M的维修费,也极大地占用了厂房空间,所以在手工线与全自动线中,我们优先选择更高效的全自动线。而柔性线除了高效外,还可以自由转产,为了适应整个市场的变化,柔性线也就成了我们的不二之选。

综合前面的分析,我们得出了我们公司的总体战略:以P3为核心,初期以P1、P2为主要辅助产品;中期在市场需求量够大的情况下,舍弃低利润的P1,主做P2和P3;后期,随着公司生产规模扩大,在P2、P3的市场供应达到饱和的情况下,再辅做P4,以实现销售最大化,库存最小化,最终实现利润最大化。

根据我们公司的整体战略,我们精确预算,整理出一套合理的经营方案。在第二天的经营中,这套凝聚着我们公司众高管智慧的经营战略方案得到成功实施。

前三年是公司的积累阶段(部分数据见表8-5),我们力求稳扎稳打,筑厚基以图霸业。

表 8-5　　　　　　　　　前三年公司经营情况

期初余额	70M	4M	1M
贷款	长期贷款20M,短期贷款80M	长期贷款40M,短期贷款100M	长期贷款40M,短期贷款80M
生产线	3柔,2自	3柔,2自,1手工	3柔,2自,1手工
生产状况	0	9P1,5P2,2P3	5P1,10P2,7P3
销售额	0M	89M	163M
产品库存	0M	3M	1M
期末余额	18M	13M	16M
年度净利	−22M	−2M	18M

第一年:胸有成竹,拭目以待

考虑到租用厂房会减少我们第一年的所有者权益,进而影响到我们的中期贷款,所以第一年我们选择了购买大厂房,计划在第二年资金紧张的情况下将厂房出售,填补资金空缺。对于生产线,我们根据既定战略,经过具体预算后,认为3条柔性线加2条自动线的开局是公司可以承受的。同时,按原计划,我们研发P1、P2、P3。第一年,经营思路清晰,我们零失误地完成了公司的经营。

第二年:决策失误,有惊无险

第二年中我们的目标是拿到本地和区域市场的老大,也就是说在本地和区域市场我们公司要做到销售额最大。而P3具有较高的单价优势,对于提高销售额能起到极大作用,我们要拿到市场老大,就必须有P3的强力支持。但是,P3要到第二年第三季才能研发完成,进行生产。也就是说,如果我们要顺利完成订单的话,就只能在第三季通过柔性线转产P3。为了确保我们公司能顺利拿到P3的订单,我们对其他5家竞争公司进行了间谍活动,判断出各公司的发展动向,然后有针对性地投了相对保险的广告。

在选单过程中,我犯了一个严重的错误。这一年我们的战略是以P2为核心,P1和P3作为辅助产品。但当时出现的状况是,在区域市场多选了2个P1产品,在选完P2后,我们的产能已经达到了最大,也就是说我们没有多余的生产线来生产P3了,那么到底还选不选P3?看了对手已经选的订单之后,发现有一家公司在区域市场主打P2和P3,从目前已经接单的情况看,他的销售额并不比我少多少,如果我再少拿一张P3的订单,那么我就很可能拿不到市场老大,接下来的经营战略实行起来也就可能不那么顺利。想到这里,我们团队决定,毫不犹豫,再选一张P3的订单。紧接着的问题就是怎么去生产出这几个产品,紧急采购还是多加条生产线?这个时候,我们财务总监说话了:教师说要用数据说话。于是我们将几套经营方案代到预算表里,比较后发现再加一条手工生产线生产P1产品的利润是最高的。预算完,时间所剩无几,我们齐心协力,按照预算好的清晰方案,再次零失误地完成了操作。

第三年:再临险境,痛定思痛

第三年是6年经营中最难熬的一年,资金来源少,用钱的地方特别多。而我们公司又遇到一个更为尴尬的问题:第二年经营时,考虑第三年的贷款,我们计划把第二年的利润做到−1,以保证我们公司的权益,使我们在还完上一年的短期贷款后,能够再贷出同样数量的贷款。预算后,我们发现利润是−5,经过再三讨论,决定取消第二年原定的9K和14K的ISO

认证以及亚洲市场的开发。但第二年结束后，系统发的财务报表显示我们的利润是-2。我们核对之前做的预算表，发现少算了年初1M的贴息。这使得我们第三年还完上一年20M的贷款后，贷款额度变成了18M。少了20M的贷款，我们公司的经营没有了设想中的顺利，甚至可以说是举步维艰！这时我们果断放弃了原计划中一条全自动生产线的投资，只把年初拿的订单完成了。这一年我们损失是比较严重的，个人感触很深的就是：计算一定要精确！

虽然出现了失误，但通过前三年的经营，我们的基础已经非常牢靠，相对其他公司的优势也逐渐凸显。接下来，我们只要一鼓作气、高歌猛进，就能获得最后的冠军！

后三年公司的经营相对平衡，部分数据如表8-6所示。

表8-6 后三年公司经营情况

期初余额	2M	6M	247M
贷款	长期贷款50M,短期贷款140M	长期贷款70M,短期贷款140M	长期贷款75M,短期贷款180M
生产线	3柔,6自	4柔,6自	4柔,6自
生产状况	8P2,13P3	10P2,16P3,7P4	9P2,17P3,12P4
销售额	170M	277M	325M
产品库存	0M	0M	0M
期末余额	12M	21M	298M
年度净利	23M	60M	62M

第四年：小心谨慎，稳中求胜

在吸取前几年的教训后，接下来的几年，我们经营得很谨慎，步步为营，基本上没犯什么错误。第四年我们公司按照计划，租了一个小厂房，新建了4条自动线，扩大了生产规模。同时，我们发现U04公司与我们咬得比较紧，它的产品研发与产能和我们是一样的，年度净利和我们差距也不是很大。商场如战场，面对如此强有力的竞争对手，我们需要采取有力措施进行坚决打压。我们"间谍"到U04公司主打亚洲市场，并在第四年已经成为亚洲市场老大，所以我们公司决定在第五年抢掉它的亚洲老大。

第五年：不遗余力，扫除障碍

俗话说："长袖善舞，多钱善贾"。当我们公司的利润越来越多，权益越来越大，公司的贷款额度也因为是权益的3倍而得到更大增长，经营愈来愈顺风顺水。所以，我们在年初争取拿到对我们最有利的订单，然后尽量以利润最大的方案完成订单。第五年我们就大胆地贷款，大胆地销售，资金不再是限制我们公司发展的关键。同时，为了继续扩大生产规模，我们公司将低效率的手工线出售，新建了一条柔性生产线。

第六年：水到渠成，拔得头筹

第六年中我们公司10线全铺，生产规模达到最大限度，同时销售得力，实现零库存。第六年投广告时，充分发挥间谍作用，了解到各小组产能都比较大，而市场需求并不是很大。进一步间谍发现，另外5家公司中已经有3家正准备集中力量做P4，而第6年的P4需求远不及P3，利润却和P3相差不大，所以我们决定集中力量做P3，同时为了打压竞争对手，我们利用市场老大的优势，尽量去抢P4的订单，如此在实现我们公司零库存的同时，也造成了对手公司产品严重积压。最终，我们公司毫无悬念，拿下第一。

二、经营分析

（一）广告投入与产出分析

广告的投入产出比能很好地反映出企业的营销能力。对广告的要求就一个字——"准"，用最少的广告拿到最多的订单，使广告投入产出比尽可能的大。这需要对市场及竞争对手有足够的了解，有针对性、选择性地去投广告。我们将最有力的竞争对手 U04 公司和我们公司的广告投入产出比进行了比较，如图 8-1 所示。

很明显，每一年我们的广告投入产出比都比对手要高，而且呈不断上升的趋势。最后一年，由于我们公司产能极其巨大，而市场需求并没有明显扩大，为了实现零库存，我们在广告上投入相对较大。

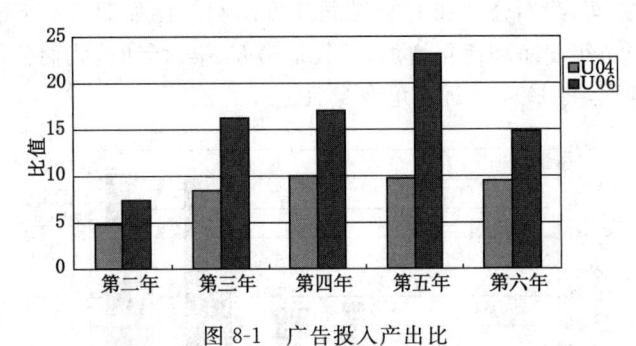

图 8-1　广告投入产出比

（二）运营能力

总资产周转率＝销售收入/[（期初总资产＋期末总资产）/2]，反映出企业全部资产的利用效率。也可以说是企业经营期间，总资产从投入到产出的速度，周转速度越快，说明企业的销售能力、运营能力越强，企业运用资产获取利润的能力越强。由我们公司和 U04 公司的总资产周转率比较可知（见图 8-2），我们公司的资产周转率比较高，并保持着一个相对平稳的状态，这说明我们公司的资产利用率和管理水平是比较高的。

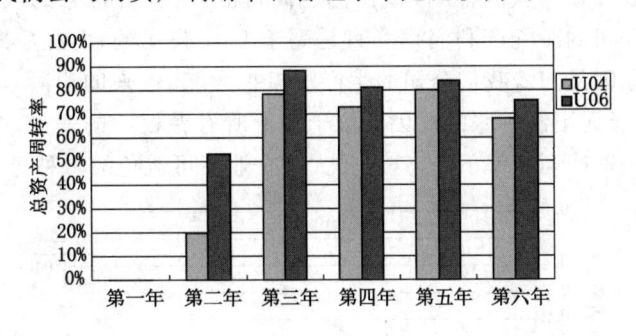

图 8-2　总资产周转率

（三）盈利能力

下面从销售收入、年度净利、净资产利润率三个方面分析我们公司的盈利能力。

首先比较我们公司和 U04 公司的销售额，如图 8-3 所示。可以看出，我们公司与 U04 公司都保持着非常强劲的销售增长态势。但是，我们公司的销售增长更快，而且第二年我们公司销售情况明显好于 U04 公司，这也是为什么我们能将优势不断扩大，最终战胜 U04 公司的重要原因。

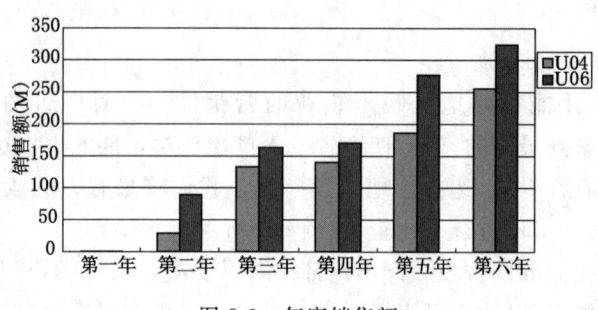

图 8-3 年度销售额

再看年度净利方面，我们公司和 U04 公司年度净利对比如图 8-4 所示。从对比中可以清晰地看见，我们公司年度净利逐年增加，尤其是第五、第六年时，我们公司充分发挥规模经济优势，获得巨大利润，将 U04 远远地甩在身后。

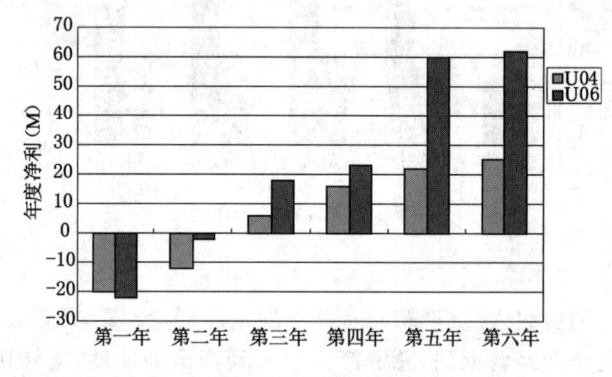

图 8-4 年度净利

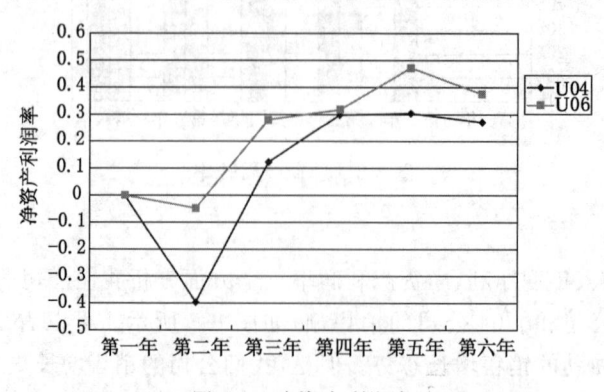

最后，比较我们公司和 U04 公司的净资产利润率。净资产利润率＝税后利润/所有者权益，它反映所有者投资的获利能力，该比例越高，说明所有者带来的收益越高。从图 8-5 中可以看出，我们公司的净资产利润率一直是高于 U04 公司的；而在后期净资产利润率增长趋势放缓，主要原因是随着我们公司的生产规模扩大，其带来的边际效益逐渐趋于平缓，这也是企业不能进行无限制扩张的原因。由于随着所有者权益的增加，企业的边际利润却在减少，进而导致净资产利润率下降，这也是大型企业不可避免的一种经济现象。

图 8-5 净资产利润率

三、ERP 思维探索

这次模拟经营顺利夺冠,实现了最初的目标。现在回想一下,这看似风平浪静的经营背后却充满了无限可能。在整个经营过程中,我们思路简单而透彻,主要思考了以下问题。

(一)合理分工,全面运营

在职位分配上,我们团队进行了紧张而激烈的讨论。企业的经营犹如一棵大树的成长,生产是筛管,销售是根须。大树如果没有根须从外界吸收水分和营养,就会因无法满足成长需要而枯死;如果吸收了外界的水分和营养,但没有筛管的运输,那么大树同样会枯死。这正像企业如果没有很好的销售,就会因没有足够的外界收入而无法维持最基本的经营,走向衰败;企业如果仅是拿订单环节顺利,但没有生产部门的配合,也会因无法按要求提交订单而破产。

企业的财务反映的是一个企业的内部情况,就如同树的叶子,我们可以通过看叶子的颜色来了解树的营养状况;同样,我们通过分析财务指标,就能知道企业哪个环节出现了问题。企业的采购,确切地说,应该是企业生产的一部分,只有采购到原材料,才能进行生产。

CEO 虽然是总决策者,但在商业经营中,任何一个优秀公司的决策都不是 CEO 的一意孤行,而是大家一起讨论的结果,大家都是决策者。

综上所述,我们把主要力量集中在生产和销售环节上。生产是为了完成订单而生产,销售是为了适应产能而销售。

(二)生产关键——因需定产

既然销售是企业经营的根基,而销售又必须有产能做支撑,那么合理安排产能的最重要项——市场需求分析是不容小觑的。在现实生活中,没有按市场需求进行生产经营的公司,最终往往都是繁华落幕。曾经炙手可热、引领无线通讯发展的摩托罗拉品牌手机,一度超越了诺基亚,最终却被谷歌收购。而位于皇冠宝座上的诺基亚,在独占数年之久后又败给了三星,这一系列现象的背后更深层次的原因是什么?这让我们的注意力不禁再次回到市场需求上。

在沙盘模拟经营中,很多公司并不喜欢看市场预测,他们的广告投放都是感性的,有的公司即使看了市场预测,但也只是定性地去判断,看哪个市场需求多,就在该市场多投广告……事实上,我们在对市场预测定性之后,还要定量分析。看完市场预测后,要把每一种产品在相应市场的需求数量具体确定,然后进一步确定我们该怎么组合产能才能最有效地利用市场需求的变化,实现企业的利益。

(三)销售成败——广告投放

在沙盘模拟经营中,很多企业在打广告的时候很茫然,经常会出现广告投的比竞争对手多,但拿到的订单却比竞争对手少,他们更倾向于将广告投放视为是一种运气。其实不然,投广告更确切地说,应该是一个博弈的过程。何谓博弈?作战要知己知彼,不仅要知道对手目前的状况,还要推测对手的未来发展动向,再做对自己最有利的决策。就如田忌赛马,田忌的马全都没有齐威王的马强,但结果田忌赢了。因为田忌在知己知彼的基础上,充分运用博弈的心理推测齐威王会如何进行赛马,所以他将自己马的等级顺序重新排列,同样的马却赛出了不一样的结果。应该来说,运气只是一种盲目,而博弈需要的是智慧。

比如说我们公司第二年的广告投放。第二年是我们公司完成短期战略目标非常关键的一年,我们要拿到本地和区域市场的老大。首先我们对市场需求做了透彻的分析,本地和区域市场的 P1 产品需求分别是 20 个和 7 个左右,那么本地市场的订单张数应该是 5~8 张,区域市场应该是 2~4 张订单。投放广告的前 10 分钟可以进行间谍活动，我们"间谍"到，5 家对手公司中，第二年准备投 P1 的有 X 家公司。但根据各小组的原料订单和生产线信息，P1 充其量只能生产 X 个。所以对于本地 P1 拿单，我们是没有压力的，只投放 1M 的广告。但在区域市场，考虑到产品数量较少，我们又要夺取市场老大，那么我们就需要拿一个销售额高一点的订单，所以投了 2M 的广告，以争取一次优先选单的机会，拿一个对我们最有利的订单。相对而言，P3 的广告投放需更谨慎，由于 P3 销售的单价高，可能会出现少拿一个 P3 的量就会失去市场老大资格。P3 产品在本地和区域市场的需求量分别是 5 个和 4 个左右，也就是说 2 个市场的订单都是 2~3 张，而且 P3 产品研发周期是 6Q，也就意味着 P3 只能在第二年第三季度开始生产，选单时还必须要选 4 个周期的。我们"间谍"到第二年只有 U04 小组可以获得 P3 的生产资格，这个竞争对手目前是 3 条柔性线，没有新建生产线，这也意味着他们公司第三季度可以生产 3 个 P3 产品，而我们第二年最多也只能生产出 3 个 P3 产品。考虑到本地和区域市场 P3 单价相差不大，但本地 P3 的需求量更多，所以我们推测对手在本地市场投放广告的机会会更大，为了避开鹬蚌相争的局面，我们选择在区域市场投广告，且为保险起见，我们投的是 2M。事实证明我们是对的，我们很顺利地拿到了区域市场老大。这种博弈过程在第三年和第四年最为突出，这两年是资金最紧张的时候，我们要精确做到如何以最少的广告额拿到最好的单。

（四）财务与采购——良好习惯

细节决定成败在沙盘模拟经营中绝不是一句简单空话，一不留神，思维不清晰或思想不集中就会错点、漏点，甚至手一抖，操作就会出错。比如，错过开拓市场的时间、忘记申请贷款、没有交货、忘记生产……这种情况几乎在每一次比赛中都会有个别小组发生，造成的损失小的可能只是 1M、2M，但大的导致了整个企业破产。财务主要用于公司内部的分析和决策的制定，要清楚知道自己公司的经营状况，财务计算一定不能有任何差错。同样，原材料采购是生产的重要环节，一旦算错，也将造成较大损失。如果因为个人习惯问题而在这些方面犯错，导致公司重大损失，那是得不偿失的。我们从第二年初的选单失误到计算失误，以及接下来几年紧张的经营过程中，都深深体会到每一个细节都值得我们用百分百的精力去关注。

还有就是，在沙盘模拟经营中更多的是需要一种理性，数据往往是最有力的说服工具，通过数据才能理性地作出决策判断，而不是单纯地通过感性认识、主观认识去理解事物、判断事物；仁者见仁，智者见智，小组成员发生意见冲突是不可避免的，如何说服对方？需要的就是数据。

四、对现实生活的思考

上面的总结主要是对这次企业模拟经营技巧的收获，但我认为通过沙盘，我们获得更多的是对人生的思考。

（一）战略意识

在沙盘中，没有一个清晰的战略意识，很难立于不败之地。在生活中，战略就是当我们决定做一项工作的时候，我们要清楚我们的目标是什么，我们目前的状态是什么，我们该怎样做才能实现我们的目标。这需要一个很清晰的战略意识。而作为一个战略制定者，我们需要对事物进行更深入的思考，去挖掘事物的内在本质。同时，一个战略制定者，也需要有长远的目光、敏锐的洞察力，发掘制定战略中潜在的问题，最终制定一个切实可行的战略。

（二）懂得选择

ERP经营中，企业面临的环境在不断变化，我们需要相应地不断调整公司的策略，选择适合公司发展的方案。同样，在生活中，我们也需要处理很多事情，面对很多选择，是玩游戏还是专心把作业做完？是去做一份兼职实践工作还是静下心来搞理论学习……我只能说，这些没有正确的答案，每一项选择如果用心去做都会有各自的收获。玩游戏、做兼职可能会使我们成为一个实干家；做作业、搞学习可能会使我们在学术领域有更多的成就。关键是，当我们作抉择的时候，我们要清晰地知道我们的目标是什么，知道每一种选择的结果是什么？然后在大方向正确的前提下，对小方向作出理智的选择，作出适合自己人生的选择，不要让自己后悔！

（三）勇于尝试

在沙盘中，我们需要大胆地尝试我们的新想法，墨守成规只会让我们的局势更为糟糕。在生活里，很多时候，当机会降临时，我们可能因为认为自己准备不够而放弃了机会，与成功擦肩而过。而当我们认为自己做好准备之后，机会已经不属于我们，从而导致空有一身壮志情怀，却没有高山流水的知音或伯乐。机会不等人，尽管机会垂青于有准备的人，但是当我们准备不够时，我们也要勇于尝试，在尝试中不断完善自己、提升自己。只有尝试了才会有成功的可能，不尝试连成功的机会都不给你。

（四）善于利用资源

在沙盘中，如果资金没有充分利用，那么利润就很难达到最大化，钱只有用来投资才会有收益，资金是企业极为宝贵的资源；团队成员如果分工合理，扬长避短，优势互补，就能实现效率最大化，团队成员是珍贵的人力资源……资源在于我们的意识，在于我们不断地发掘。图书馆是资源，可以让我们不断地学习，不断地接触外面我们所不知道的世界；平时的各种课外活动是资源，可以给我们提供各种锻炼的平台，让我们在实践中不断提升自己；身边的同学是资源，可以不断地学习他们的优点……

（五）具备良好素质

这次沙盘模拟让我感触最深的是第二年和第三年的经营，我们频频失误，但最终能够化险为夷，这与我们团队成员过硬的心理素质是分不开的。生活是多变的，它不会永远荆棘载途，也没有永远的康庄大道，但是狭路相逢勇者胜，当遇到挫折的时候，我们如果一味地抱怨、沮丧、妥协，只会让挫折一直停留甚至扩大。我们需要做的是想办法去解决问题。所以，坚持不懈，愈挫愈勇，就一定会有让我们自豪的收获。

（六）团队协作

对于团队协作，我们体会很深，当我们第三年出现失误面临破产的可能时，是整个团队的凝聚力给了我们前进的动力，让我们渡过难关。所以我们也深深体会到"一个人可以走得更快，但一群人可以走得更远"。当困难降临，在我们万分沮丧、意志摇摆不定的时候，队友一句鼓励就犹如给我们心灵的鸡汤，整个团队的凝聚力带领我们继续前行。在任何时候，团队有效的分工合作会极大地提高我们的工作效率。

结语 "一沙一世界"，仅仅2天的沙盘模拟经营仿佛让我们经历了一个漫长的时代。回味之中，让我们有了无尽的思考。相信，如果将在沙盘中的思考真正运用到现实生活中，这将会是我们人生的一笔宝贵财富！

——湖南科技大学2011级财务管理专业周晓红

附　录

附录 A　企业经营过程记录表

　　本附录包括企业经营流程表、订单登记表、产品核算表、综合费用明细表、利润表、资产负债表及现金预算表，共有七年。若经营年限超过七年可另外复印。若采用物理沙盘模拟形式，企业运营流程应严格按照企业经营流程表中所列的手工操作流程操作，也就是说，除该表中已注明"可随时进行"的项目外，其他项目均不得逆序操作。表中计提折旧项目手工记录单元格标有括号，结账时应注意该单元格数据不计入现金。经营过程中应认真填写上述各表，为后期撰写"企业经营分析报告"做好准备。

附 录

用户 _____   第 __0__ 年经营

	企业经营流程		每执行完一项操作,请CEO在相应的方格内打钩	
	手工操作流程	系统操作	手工记录	
年初	新年度规划会议			
	广告投放	输入广告费确认		
	参加订货会选订单/登记订单	选单		
	支付应付税	系统自动		
	支付长期贷款利息	系统自动		
	更新长期贷款/长期贷款还款	系统自动		
	申请长期贷款	输入贷款数额并确认		
1	季初盘点(请填余额)	产品下线,生产线完工(自动)		
2	更新短期贷款/短期贷款还本付息	系统自动		
3	申请短期贷款	输入贷款数额并确认		
4	原材料入库/更新原料订单	需要确认金额		
5	下原料订单	输入并确认		
6	购买/租用——厂房	选择并确认,自动扣现金		
7	更新生产/完工入库	系统自动		
8	新建/在建/转产/变卖——生产线	选择并确认		
9	紧急采购(可随时进行)	随时进行输入并确认		
10	开始下一批生产	选择并确认		
11	更新应收款/应收款收现	需要输入到期金额		
12	按订单交货	选则交货订单确认		
13	产品研发投资	选择并确认		
14	厂房——出售(买转租)/退租/租转买	选择并确认,自动转应收款		
15	新市场开拓/ISO资格投资	仅第四季允许操作		
16	支付管理费/更新厂房租金	系统自动		
17	出售库存	输入并确认(可随时进行)		
18	厂房贴现	随时进行		
19	应收款贴现	输入并确认(可随时进行)		
20	季末收入合计			
21	季末支出合计			
22	季末数额对账[(1)+(20)-(21)]			
年末	缴纳违约订单罚款	系统自动		
	支付设备维护费	系统自动		
	计提折旧	系统自动	(	)
	新市场/ISO资格换证	系统自动		
	结账			

订单登记表

订单号											合计
市场											
产品											
数量											
账期											
销售额											
成本											
毛利											
未售											

产品核算统计表

	P1	P2	P3	P4	合计
数量					
销售额					
成本					
毛利					

综合管理费用明细表

单位：百万元

项目	金额	备注
管理费		
广告费		
保养费		
租金		
转产费		
市场准入开拓		□本地　□区域　□国内　□亚洲　□国际
ISO资格认证		□ISO 9000　□ISO 14000
产品研发		P1(　)　P2(　)　P3(　)　P4(　)
其他		
合计		

利 润 表

项　　目	上 年 数	本 年 数
销售收入		
直接成本		
毛利		
综合费用		
折旧前利润		
折旧		
支付利息前利润		
财务收入/支出		
其他收入/支出		
税前利润		
所得税		
净利润		

资产负债表

资　产	期初数	期末数	负债和所有者权益	期初数	期末数
流动资产：			负债：		
现金			长期负债		
应收款			短期负债		
在制品			应付账款		
成品			应交税金		
原料			一年内到期的长期负债		
流动资产合计			负债合计		
固定资产：			所有者权益：		
土地和建筑			股东资本		
机器与设备			利润留存		
在建工程			年度净利		
固定资产合计			所有者权益合计		
资产总计			负债和所有者权益总计		

注：① 库存折价拍卖、生产线变卖、紧急采购、订单违约记入损失；
　　② 每年经营结束请将此表交到裁判处核对。

第0年总结

这是我们模拟经营的教学年,你学到了什么呢?

学会什么,记录知识点:

企业经营遇到哪些问题?

下一年准备如何改进?

用户_____ 第__1__年经营

	企业经营流程	每执行完一项操作,请CEO在相应的方格内打钩			
	手工操作流程	系统操作	手工记录		
年初	新年度规划会议				
	广告投放	输入广告费确认			
	参加订货会选订单/登记订单	选单			
	支付应付税	系统自动			
	支付长期贷款利息	系统自动			
	更新长期贷款/长期贷款还款	系统自动			
	申请长期贷款	输入贷款数额并确认			
1	季初盘点(请填余额)	产品下线,生产线完工(自动)			
2	更新短期贷款/短期贷款还本付息	系统自动			
3	申请短期贷款	输入贷款数额并确认			
4	原材料入库/更新原料订单	需要确认金额			
5	下原料订单	输入并确认			
6	购买/租用——厂房	选择并确认,自动扣现金			
7	更新生产/完工入库	系统自动			
8	新建/在建/转产/变卖——生产线	选择并确认			
9	紧急采购(可随时进行)	随时进行输入并确认			
10	开始下一批生产	选择并确认			
11	更新应收款/应收款收现	需要输入到期金额			
12	按订单交货	选则交货订单确认			
13	产品研发投资	选择并确认			
14	厂房——出售(买转租)/退租/租转买	选择并确认,自动转应收款			
15	新市场开拓/ISO资格投资	仅第四季允许操作			
16	支付管理费/更新厂房租金	系统自动			
17	出售库存	输入并确认(可随时进行)			
18	厂房贴现	随时进行			
19	应收款贴现	输入并确认(可随时进行)			
20	季末收入合计				
21	季末支出合计				
22	季末数额对账[(1)+(20)−(21)]				
年末	缴纳违约订单罚款	系统自动			
	支付设备维护费	系统自动			
	计提折旧	系统自动		( )	
	新市场/ISO资格换证	系统自动			
	结账				

现金预算表

	1	2	3	4
期初库存现金				
市场广告投入				
支付上年应交税				
支付长期贷款利息				
支付到期长期贷款				
新借长期贷款				
贴现所得				
季初库存现金				
利息（短期贷款）				
支付到期短期贷款				
新借短期贷款				
原材料采购支付现金				
厂房租/购				
转产费				
生产线投资				
工人工资				
收到现金前所有支出				
应收款到期				
产品研发投资				
支付管理费用				
设备维护费用				
市场开拓投资				
ISO 资格认证				
其他				
季末库存现金余额				

要点记录

第一季度：_____

第二季度：_____

第三季度：_____

第四季度：_____

年底小结：_____

订单登记表

订单号										合计
市场										
产品										
数量										
账期										
销售额										
成本										
毛利										
未售										

产品核算统计表

	P1	P2	P3	P4	合计
数量					
销售额					
成本					
毛利					

综合管理费用明细表

单位：百万元

项目	金额	备注
管理费		
广告费		
保养费		
租金		
转产费		
市场准入开拓		□本地　□区域　□国内　□亚洲　□国际
ISO 资格认证		□ISO 9000　□ISO 14000
产品研发		P1(　)　P2(　)　P3(　)　P4(　)
其他		
合计		

利 润 表

项　　目	上 年 数	本 年 数
销售收入		
直接成本		
毛利		
综合费用		
折旧前利润		
折旧		
支付利息前利润		
财务收入/支出		
其他收入/支出		
税前利润		
所得税		
净利润		

资产负债表

资　产	期初数	期末数	负债和所有者权益	期初数	期末数
流动资产：			负债：		
现金			长期负债		
应收款			短期负债		
在制品			应付账款		
成品			应交税金		
原料			一年内到期的长期负债		
流动资产合计			负债合计		
固定资产：			所有者权益：		
土地和建筑			股东资本		
机器与设备			利润留存		
在建工程			年度净利		
固定资产合计			所有者权益合计		
资产总计			负债和所有者权益总计		

注：① 库存折价拍卖、生产线变卖、紧急采购、订单违约记入损失；
　　② 每年经营结束请将此表交到裁判处核对。

第一年总结

这是你们自主当家的第一年,感觉如何?是不是一个有收益的年度?你们的战略执行得怎样?将你的感想记录下来和你的团队分享。

学会什么,记录知识点:

企业经营遇到哪些问题?

下一年准备如何改进?

用户＿＿＿＿＿＿　　第＿＿2＿＿年经营

	企业经营流程		每执行完一项操作,请CEO在相应的方格内打钩			
	手工操作流程	系统操作		手工记录		
年初	新年度规划会议					
	广告投放	输入广告费确认				
	参加订货会选订单/登记订单	选单				
	支付应付税	系统自动				
	支付长期贷款利息	系统自动				
	更新长期贷款/长期贷款还款	系统自动				
	申请长期贷款	输入贷款数额并确认				
1	季初盘点(请填余额)	产品下线,生产线完工(自动)				
2	更新短期贷款/短期贷款还本付息	系统自动				
3	申请短期贷款	输入贷款数额并确认				
4	原材料入库/更新原料订单	需要确认金额				
5	下原料订单	输入并确认				
6	购买/租用——厂房	选择并确认,自动扣现金				
7	更新生产/完工入库	系统自动				
8	新建/在建/转产/变卖——生产线	选择并确认				
9	紧急采购(可随时进行)	随时进行输入并确认				
10	开始下一批生产	选择并确认				
11	更新应收款/应收款收现	需要输入到期金额				
12	按订单交货	选则交货订单确认				
13	产品研发投资	选择并确认				
14	厂房——出售(买转租)/退租/租转买	选择并确认,自动转应收款				
15	新市场开拓/ISO资格投资	仅第四季允许操作				
16	支付管理费/更新厂房租金	系统自动				
17	出售库存	输入并确认(可随时进行)				
18	厂房贴现	随时进行				
19	应收款贴现	输入并确认(可随时进行)				
20	季末收入合计					
21	季末支出合计					
22	季末数额对账[(1)+(20)-(21)]					
年末	缴纳违约订单罚款	系统自动				
	支付设备维护费	系统自动				
	计提折旧	系统自动			(	)
	新市场/ISO资格换证	系统自动				
	结账					

现金预算表

	1	2	3	4
期初库存现金				
市场广告投入				
支付上年应交税				
支付长期贷款利息				
支付到期长期贷款				
新借长期贷款				
贴现所得				
季初库存现金				
利息（短期贷款）				
支付到期短期贷款				
新借短期贷款				
原材料采购支付现金				
厂房租/购				
转产费				
生产线投资				
工人工资				
收到现金前所有支出				
应收款到期				
产品研发投资				
支付管理费用				
设备维护费用				
市场开拓投资				
ISO 资格认证				
其他				
季末库存现金余额				

要点记录

第一季度：_____

第二季度：_____

第三季度：_____

第四季度：_____

年底小结：_____

订单登记表

订单号										合计
市场										
产品										
数量										
账期										
销售额										
成本										
毛利										
未售										

产品核算统计表

	P1	P2	P3	P4	合计
数量					
销售额					
成本					
毛利					

综合管理费用明细表

单位：百万元

项目	金额	备注
管理费		
广告费		
保养费		
租金		
转产费		
市场准入开拓		□本地　□区域　□国内　□亚洲　□国际
ISO资格认证		□ISO 9000　□ISO 14000
产品研发		P1（　）P2（　）P3（　）P4（　）
其他		
合计		

利润表

项目	上年数	本年数
销售收入		
直接成本		
毛利		
综合费用		
折旧前利润		
折旧		
支付利息前利润		
财务收入/支出		
其他收入/支出		
税前利润		
所得税		
净利润		

资产负债表

资产	期初数	期末数	负债和所有者权益	期初数	期末数
流动资产：			负债：		
现金			长期负债		
应收款			短期负债		
在制品			应付账款		
成品			应交税金		
原料			一年内到期的长期负债		
流动资产合计			负债合计		
固定资产：			所有者权益：		
土地和建筑			股东资本		
机器与设备			利润留存		
在建工程			年度净利		
固定资产合计			所有者权益合计		
资产总计			负债和所有者权益总计		

注：① 库存折价拍卖、生产线变卖、紧急采购、订单违约记入损失；
② 每年经营结束请将此表交到裁判处核对。

第二年总结

现在已经是第二年了,你肯定获得了很多不同于第一年的感受,渐渐从感性走向理性。将你的感想记录下来和你的团队分享。

学会什么,记录知识点:

企业经营遇到哪些问题?

下一年准备如何改进?

用户_____ 第___3___年经营

	企业经营流程		每执行完一项操作,请CEO在相应的方格内打钩			
	手工操作流程	系统操作	手工记录			
年初	新年度规划会议					
	广告投放	输入广告费确认				
	参加订货会选订单/登记订单	选单				
	支付应付税	系统自动				
	支付长期贷款利息	系统自动				
	更新长期贷款/长期贷款还款	系统自动				
	申请长期贷款	输入贷款数额并确认				
1	季初盘点(请填余额)	产品下线,生产线完工(自动)				
2	更新短期贷款/短期贷款还本付息	系统自动				
3	申请短期贷款	输入贷款数额并确认				
4	原材料入库/更新原料订单	需要确认金额				
5	下原料订单	输入并确认				
6	购买/租用——厂房	选择并确认,自动扣现金				
7	更新生产/完工入库	系统自动				
8	新建/在建/转产/变卖——生产线	选择并确认				
9	紧急采购(可随时进行)	随时进行输入并确认				
10	开始下一批生产	选择并确认				
11	更新应收款/应收款收现	需要输入到期金额				
12	按订单交货	选则交货订单确认				
13	产品研发投资	选择并确认				
14	厂房——出售(买转租)/退租/租转买	选择并确认,自动转应收款				
15	新市场开拓/ISO资格投资	仅第四季允许操作				
16	支付管理费/更新厂房租金	系统自动				
17	出售库存	输入并确认(可随时进行)				
18	厂房贴现	随时进行				
19	应收款贴现	输入并确认(可随时进行)				
20	季末收入合计					
21	季末支出合计					
22	季末数额对账[(1)+(20)-(21)]					
年末	缴纳违约订单罚款	系统自动				
	支付设备维护费	系统自动				
	计提折旧	系统自动			(	)
	新市场/ISO资格换证	系统自动				
	结账					

现金预算表

	1	2	3	4
期初库存现金				
市场广告投入				
支付上年应交税				
支付长期贷款利息				
支付到期长期贷款				
新借长期贷款				
贴现所得				
季初库存现金				
利息（短期贷款）				
支付到期短期贷款				
新借短期贷款				
原材料采购支付现金				
厂房租/购				
转产费				
生产线投资				
工人工资				
收到现金前所有支出				
应收款到期				
产品研发投资				
支付管理费用				
设备维护费用				
市场开拓投资				
ISO 资格认证				
其他				
季末库存现金余额				

要点记录

第一季度：_____

第二季度：_____

第三季度：_____

第四季度：_____

年底小结：_____

订单登记表

订单号										合计
市场										
产品										
数量										
账期										
销售额										
成本										
毛利										
未售										

产品核算统计表

	P1	P2	P3	P4	合计
数量					
销售额					
成本					
毛利					

综合管理费用明细表

单位：百万元

项 目	金 额	备 注
管理费		
广告费		
保养费		
租 金		
转产费		
市场准入开拓		□本地　□区域　□国内　□亚洲　□国际
ISO 资格认证		□ISO 9000　□ISO 14000
产品研发		P1(　) P2(　) P3(　) P4(　)
其 他		
合 计		

利 润 表

项　　目	上　年　数	本　年　数
销售收入		
直接成本		
毛利		
综合费用		
折旧前利润		
折旧		
支付利息前利润		
财务收入/支出		
其他收入/支出		
税前利润		
所得税		
净利润		

资产负债表

资　　产	期初数	期末数	负债和所有者权益	期初数	期末数
流动资产：			负债：		
现金			长期负债		
应收款			短期负债		
在制品			应付账款		
成品			应交税金		
原料			一年内到期的长期负债		
流动资产合计			负债合计		
固定资产：			所有者权益：		
土地和建筑			股东资本		
机器与设备			利润留存		
在建工程			年度净利		
固定资产合计			所有者权益合计		
资产总计			负债和所有者权益总计		

注：① 库存折价拍卖、生产线变卖、紧急采购、订单违约记入损失；
　　② 每年经营结束请将此表交到裁判处核对。

第三年总结

三年的时间是一个很长的时间跨度,回过头审视你们的战略是否成功?对产品和市场做一次精确的分析有助于发现你们的利润在哪里。

学会什么,记录知识点:
企业经营遇到哪些问题?
下一年准备如何改进?

用户_____　　　　　　第___4___年经营

	企业经营流程	每执行完一项操作,请CEO在相应的方格内打钩		
	手工操作流程	系统操作		手工记录
年初	新年度规划会议			
	广告投放	输入广告费确认		
	参加订货会选订单/登记订单	选单		
	支付应付税	系统自动		
	支付长期贷款利息	系统自动		
	更新长期贷款/长期贷款还款	系统自动		
	申请长期贷款	输入贷款数额并确认		
1	季初盘点(请填余额)	产品下线,生产线完工(自动)		
2	更新短期贷款/短期贷款还本付息	系统自动		
3	申请短期贷款	输入贷款数额并确认		
4	原材料入库/更新原料订单	需要确认金额		
5	下原料订单	输入并确认		
6	购买/租用——厂房	选择并确认,自动扣现金		
7	更新生产/完工入库	系统自动		
8	新建/在建/转产/变卖——生产线	选择并确认		
9	紧急采购(可随时进行)	随时进行输入并确认		
10	开始下一批生产	选择并确认		
11	更新应收款/应收款收现	需要输入到期金额		
12	按订单交货	选则交货订单确认		
13	产品研发投资	选择并确认		
14	厂房——出售(买转租)/退租/租转买	选择并确认,自动转应收款		
15	新市场开拓/ISO资格投资	仅第四季允许操作		
16	支付管理费/更新厂房租金	系统自动		
17	出售库存	输入并确认(可随时进行)		
18	厂房贴现	随时进行		
19	应收款贴现	输入并确认(可随时进行)		
20	季末收入合计			
21	季末支出合计			
22	季末数额对账[(1)+(20)−(21)]			
年末	缴纳违约订单罚款	系统自动		
	支付设备维护费	系统自动		
	计提折旧	系统自动		(　　)
	新市场/ISO资格换证	系统自动		
	结账			

现金预算表

	1	2	3	4
期初库存现金				
市场广告投入				
支付上年应交税				
支付长期贷款利息				
支付到期长期贷款				
新借长期贷款				
贴现所得				
季初库存现金				
利息（短期贷款）				
支付到期短期贷款				
新借短期贷款				
原材料采购支付现金				
厂房租/购				
转产费				
生产线投资				
工人工资				
收到现金前所有支出				
应收款到期				
产品研发投资				
支付管理费用				
设备维护费用				
市场开拓投资				
ISO 资格认证				
其他				
季末库存现金余额				

要点记录

第一季度：_____

第二季度：_____

第三季度：_____

第四季度：_____

年底小结：_____

订单登记表

订单号									合计
市场									
产品									
数量									
账期									
销售额									
成本									
毛利									
未售									

产品核算统计表

	P1	P2	P3	P4	合计
数量					
销售额					
成本					
毛利					

综合管理费用明细表

单位：百万元

项目	金额	备注
管理费		
广告费		
保养费		
租金		
转产费		
市场准入开拓		□本地 □区域 □国内 □亚洲 □国际
ISO 资格认证		□ISO 9000 □ISO 14000
产品研发		P1( ) P2( ) P3( ) P4( )
其他		
合计		

利 润 表

项　目	上 年 数	本 年 数
销售收入		
直接成本		
毛利		
综合费用		
折旧前利润		
折旧		
支付利息前利润		
财务收入/支出		
其他收入/支出		
税前利润		
所得税		
净利润		

资产负债表

资　产	期初数	期末数	负债和所有者权益	期初数	期末数
流动资产：			负债：		
现金			长期负债		
应收款			短期负债		
在制品			应付账款		
成品			应交税金		
原料			一年内到期的长期负债		
流动资产合计			负债合计		
固定资产：			所有者权益：		
土地和建筑			股东资本		
机器与设备			利润留存		
在建工程			年度净利		
固定资产合计			所有者权益合计		
资产总计			负债和所有者权益总计		

注：① 库存折价拍卖、生产线变卖、紧急采购、订单违约记入损失；
　　② 每年经营结束请将此表交到裁判处核对。

第四年总结

又一个新的三年开始了,三年的管理经验已使你今非昔比。如何有效利用资源、扩大市场份额、提升利润是管理者必须关注的。

学会什么,记录知识点:

企业经营遇到哪些问题?

下一年准备如何改进?

用户_____　　　　　　第____5____年经营

	企业经营流程	每执行完一项操作,请CEO在相应的方格内打钩				
	手工操作流程	系统操作	手工记录			
年初	新年度规划会议					
	广告投放	输入广告费确认				
	参加订货会选订单/登记订单	选单				
	支付应付税	系统自动				
	支付长期贷款利息	系统自动				
	更新长期贷款/长期贷款还款	系统自动				
	申请长期贷款	输入贷款数额并确认				
1	季初盘点(请填余额)	产品下线,生产线完工(自动)				
2	更新短期贷款/短期贷款还本付息	系统自动				
3	申请短期贷款	输入贷款数额并确认				
4	原材料入库/更新原料订单	需要确认金额				
5	下原料订单	输入并确认				
6	购买/租用——厂房	选择并确认,自动扣现金				
7	更新生产/完工入库	系统自动				
8	新建/在建/转产/变卖——生产线	选择并确认				
9	紧急采购(可随时进行)	随时进行输入并确认				
10	开始下一批生产	选择并确认				
11	更新应收款/应收款收现	需要输入到期金额				
12	按订单交货	选则交货订单确认				
13	产品研发投资	选择并确认				
14	厂房——出售(买转租)/退租/租转买	选择并确认,自动转应收款				
15	新市场开拓/ISO资格投资	仅第四季允许操作				
16	支付管理费/更新厂房租金	系统自动				
17	出售库存	输入并确认(可随时进行)				
18	厂房贴现	随时进行				
19	应收款贴现	输入并确认(可随时进行)				
20	季末收入合计					
21	季末支出合计					
22	季末数额对账[(1)+(20)-(21)]					
年末	缴纳违约订单罚款	系统自动				
	支付设备维护费	系统自动				
	计提折旧	系统自动			( )	
	新市场/ISO资格换证	系统自动				
	结账					

现金预算表

	1	2	3	4
期初库存现金				
市场广告投入				
支付上年应交税				
支付长期贷款利息				
支付到期长期贷款				
新借长期贷款				
贴现所得				
季初库存现金				
利息（短期贷款）				
支付到期短期贷款				
新借短期贷款				
原材料采购支付现金				
厂房租/购				
转产费				
生产线投资				
工人工资				
收到现金前所有支出				
应收款到期				
产品研发投资				
支付管理费用				
设备维护费用				
市场开拓投资				
ISO 资格认证				
其他				
季末库存现金余额				

要点记录

第一季度：_____

第二季度：_____

第三季度：_____

第四季度：_____

年底小结：_____

_____

订单登记表

订单号										合计
市场										
产品										
数量										
账期										
销售额										
成本										
毛利										
未售										

产品核算统计表

	P1	P2	P3	P4	合计
数量					
销售额					
成本					
毛利					

综合管理费用明细表

单位：百万元

项 目	金 额	备 注
管理费		
广告费		
保养费		
租 金		
转产费		
市场准入开拓		□本地　□区域　□国内　□亚洲　□国际
ISO 资格认证		□ISO 9000　□ISO 14000
产品研发		P1( )　P2( )　P3( )　P4( )
其 他		
合 计		

利 润 表

项　目	上年数	本年数
销售收入		
直接成本		
毛利		
综合费用		
折旧前利润		
折旧		
支付利息前利润		
财务收入/支出		
其他收入/支出		
税前利润		
所得税		
净利润		

资产负债表

资　产	期初数	期末数	负债和所有者权益	期初数	期末数
流动资产：			负债：		
现金			长期负债		
应收款			短期负债		
在制品			应付账款		
成品			应交税金		
原料			一年内到期的长期负债		
流动资产合计			负债合计		
固定资产：			所有者权益：		
土地和建筑			股东资本		
机器与设备			利润留存		
在建工程			年度净利		
固定资产合计			所有者权益合计		
资产总计			负债和所有者权益总计		

注：① 库存折价拍卖、生产线变卖、紧急采购、订单违约记入损失；
　　② 每年经营结束请将此表交到裁判处核对。

第五年总结

管理是科学,管理更是艺术。你已经走过了五年,一定有很多深刻的体会,那就一吐为快吧。

学会什么,记录知识点:

企业经营遇到哪些问题?

下一年准备如何改进?

用户_____   第___6___年经营

		企业经营流程	每执行完一项操作,请CEO在相应的方格内打钩		
		手工操作流程	系统操作	手工记录	
年初		新年度规划会议			
		广告投放	输入广告费确认		
		参加订货会选订单/登记订单	选单		
		支付应付税	系统自动		
		支付长期贷款利息	系统自动		
		更新长期贷款/长期贷款还款	系统自动		
		申请长期贷款	输入贷款数额并确认		
	1	季初盘点(请填余额)	产品下线,生产线完工(自动)		
	2	更新短期贷款/短期贷款还本付息	系统自动		
	3	申请短期贷款	输入贷款数额并确认		
	4	原材料入库/更新原料订单	需要确认金额		
	5	下原料订单	输入并确认		
	6	购买/租用——厂房	选择并确认,自动扣现金		
	7	更新生产/完工入库	系统自动		
	8	新建/在建/转产/变卖——生产线	选择并确认		
	9	紧急采购(可随时进行)	随时进行输入并确认		
	10	开始下一批生产	选择并确认		
	11	更新应收款/应收款收现	需要输入到期金额		
	12	按订单交货	选则交货订单确认		
	13	产品研发投资	选择并确认		
	14	厂房——出售(买转租)/退租/租转买	选择并确认,自动转应收款		
	15	新市场开拓/ISO资格投资	仅第四季允许操作		
	16	支付管理费/更新厂房租金	系统自动		
	17	出售库存	输入并确认(可随时进行)		
	18	厂房贴现	随时进行		
	19	应收款贴现	输入并确认(可随时进行)		
	20	季末收入合计			
	21	季末支出合计			
	22	季末数额对账[(1)+(20)−(21)]			
年末		缴纳违约订单罚款	系统自动		
		支付设备维护费	系统自动		
		计提折旧	系统自动	( )	
		新市场/ISO资格换证	系统自动		
		结账			

现金预算表

	1	2	3	4
期初库存现金				
市场广告投入				
支付上年应交税				
支付长期贷款利息				
支付到期长期贷款				
新借长期贷款				
贴现所得				
季初库存现金				
利息（短期贷款）				
支付到期短期贷款				
新借短期贷款				
原材料采购支付现金				
厂房租/购				
转产费				
生产线投资				
工人工资				
收到现金前所有支出				
应收款到期				
产品研发投资				
支付管理费用				
设备维护费用				
市场开拓投资				
ISO 资格认证				
其他				
季末库存现金余额				

要点记录

第一季度：_____

第二季度：_____

第三季度：_____

第四季度：_____

年底小结：_____

订单登记表

订单号										合计
市场										
产品										
数量										
账期										
销售额										
成本										
毛利										
未售										

产品核算统计表

	P1	P2	P3	P4	合计
数量					
销售额					
成本					
毛利					

综合管理费用明细表

单位：百万元

项 目	金 额	备 注
管理费		
广告费		
保养费		
租 金		
转产费		
市场准入开拓		□本地 □区域 □国内 □亚洲 □国际
ISO 资格认证		□ISO 9000 □ISO 14000
产品研发		P1( ) P2( ) P3( ) P4( )
其 他		
合 计		

利润表

项目	上年数	本年数
销售收入		
直接成本		
毛利		
综合费用		
折旧前利润		
折旧		
支付利息前利润		
财务收入/支出		
其他收入/支出		
税前利润		
所得税		
净利润		

资产负债表

资产	期初数	期末数	负债和所有者权益	期初数	期末数
流动资产：			负债：		
现金			长期负债		
应收款			短期负债		
在制品			应付账款		
成品			应交税金		
原料			一年内到期的长期负债		
流动资产合计			负债合计		
固定资产：			所有者权益：		
土地和建筑			股东资本		
机器与设备			利润留存		
在建工程			年度净利		
固定资产合计			所有者权益合计		
资产总计			负债和所有者权益总计		

注：① 库存折价拍卖、生产线变卖、紧急采购、订单违约记入损失；
② 每年经营结束请将此表交到裁判处核对。

第六年总结

经营结束了,是否有意犹未尽的感觉。结束也意味着新的开始,好好回顾一下,3天的课程,你最主要的收获是什么?关于课程有哪些建议和希望?

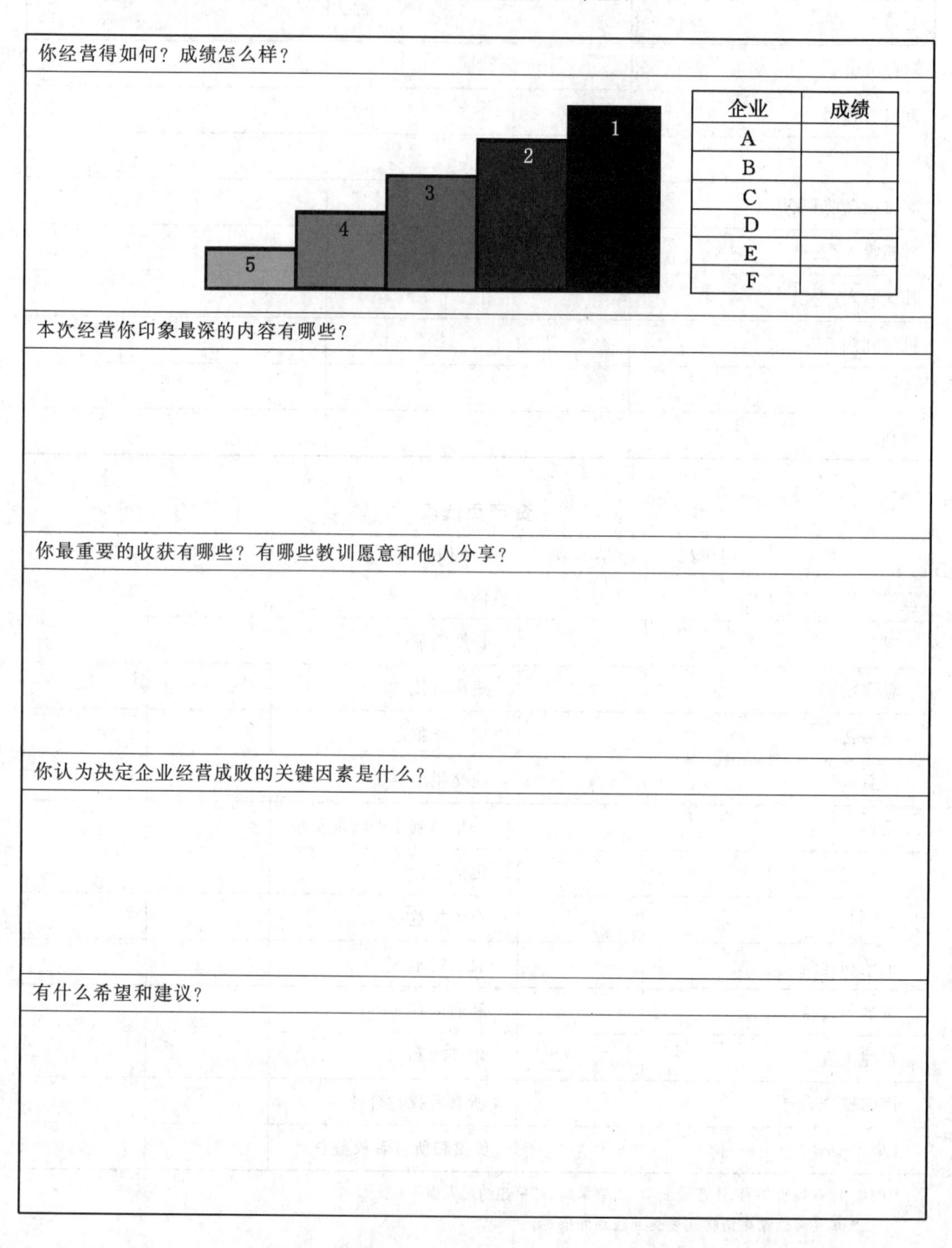

你经营得如何?成绩怎么样?		
	企业	成绩
	A	
	B	
	C	
	D	
	E	
	F	

本次经营你印象最深的内容有哪些?

你最重要的收获有哪些?有哪些教训愿意和他人分享?

你认为决定企业经营成败的关键因素是什么?

有什么希望和建议?

附录 B 生产计划及采购计划

表 B-1 生产计划及采购计划编制举例

生产线		第 1 年				第 2 年				第 3 年			
		一季度	二季度	三季度	四季度	一季度	二季度	三季度	四季度	一季度	二季度	三季度	四季度
1 手工	产品			1P1								1P2	1P2
	材料	R1	R1										
2 手工	产品				1P1	1P1							
	材料	R1	R1										
3 手工	产品	1P1	1P1		1P1								
	材料	R1											
4 半自动	产品		1P1		1P1								
	材料	R1											
5	产品												
	材料												
……	产品												
	材料												
合计	产品	1P1	2P1	1P1	2P1								
	材料	2R1	1R1		1R1								

表 B-2　生产计划及采购计划编制（1～3 年）

生产线		第 1 年				第 2 年				第 3 年			
		一季度	二季度	三季度	四季度	一季度	二季度	三季度	四季度	一季度	二季度	三季度	四季度
1	产品												
	材料												
2	产品												
	材料												
3	产品												
	材料												
4	产品												
	材料												
5	产品												
	材料												
6	产品												
	材料												
7	产品												
	材料												
8	产品												
	材料												
9	产品												
	材料												
10	产品												
	材料												
合计													

表 B-3　生产计划及采购计划编制（4～6 年）

生产线		第 4 年				第 5 年				第 6 年			
		一季度	二季度	三季度	四季度	一季度	二季度	三季度	四季度	一季度	二季度	三季度	四季度
1	产品												
	材料												
2	产品												
	材料												
3	产品												
	材料												
4	产品												
	材料												
5	产品												
	材料												
6	产品												
	材料												
7	产品												
	材料												
8	产品												
	材料												
9	产品												
	材料												
10	产品												
	材料												
合计													

附录 C 开 工 计 划

产品	第 1 年				第 2 年				第 3 年			
	一季度	二季度	三季度	四季度	一季度	二季度	三季度	四季度	一季度	二季度	三季度	四季度
P1												
P2												
P3												
P4												
人工												
付款												

产品	第 4 年				第 5 年				第 6 年			
	一季度	二季度	三季度	四季度	一季度	二季度	三季度	四季度	一季度	二季度	三季度	四季度
P1												
P2												
P3												
P4												
人工												
付款												

附录 D 采购及材料付款计划

产品	第1年				第2年				第3年			
	一季度	二季度	三季度	四季度	一季度	二季度	三季度	四季度	一季度	二季度	三季度	四季度
R1												
R2												
R3												
R4												
人工付款												

产品	第4年				第5年				第6年			
	一季度	二季度	三季度	四季度	一季度	二季度	三季度	四季度	一季度	二季度	三季度	四季度
R1												
R2												
R3												
R4												
人工付款												

附录 E 公司贷款记录

贷款类型		1年				2年				3年				4年			
		1	2	3	4	1	2	3	4	1	2	3	4	1	2	3	4
短期贷款	借																
	应还																
	核销																
长期贷款	借																
	应还																
	核销																

贷款类型		5年				6年				7年				8年			
		1	2	3	4	1	2	3	4	1	2	3	4	1	2	3	4
短期贷款	借																
	应还																
	核销																
长期贷款	借																
	应还																
	核销																

附录 F 公司应收款登记表

款类	年初	1年				年初	2年				年初	3年				年初	4年				年初	5年				年初	6年			
		1季	2季	3季	4季		1季	2季	3季	4季		1季	2季	3季	4季		1季	2季	3季	4季		1季	2季	3季	4季		1季	2季	3季	4季
应收期 1																														
应收期 2																														
应收期 3																														
应收期 4																														
应收到款																														
实际收款																														
贴现到款																														
贴现费用																														
应收款余额																														

附录 G 杜邦模型

```
                          利息加税金
                               │
            净利润 → 股东权益回报率(%) ← 股东权益
                                              │
                                             负债
                               │              │
            息税前利润 → 资产回报率(%) ← 总资产
              │                                │
       ┌──────┴──────┐                ┌────────┴────────┐
      毛利润         综合费用          流动资产          固定资产
       (减)                              (加)
   ┌───┴───┐                         ┌────┴────┐
  销售额   直接成本                  速动资产    存款
   (减)                                 (加)
```

附录 H 市场预测

6 组

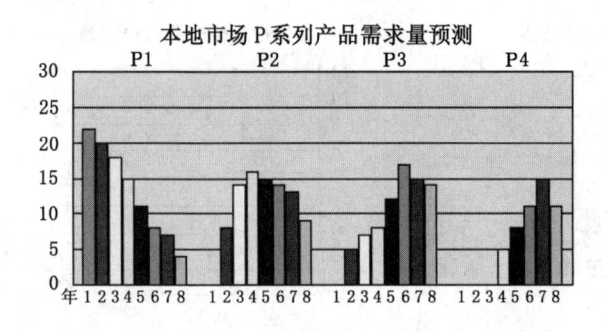

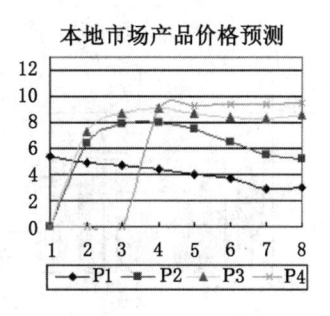

本地市场将会持续发展，对低端产品的需求可能要下滑，伴随着需求的减少，低端产品的价格很有可能走低。后几年，随着高端产品的成熟，市场对 P3、P4 产品的需求将会逐渐增大。由于客户的质量意识不断提高，后几年可能对产品的 ISO 9000 和 ISO 14000 认证有更多的需求。

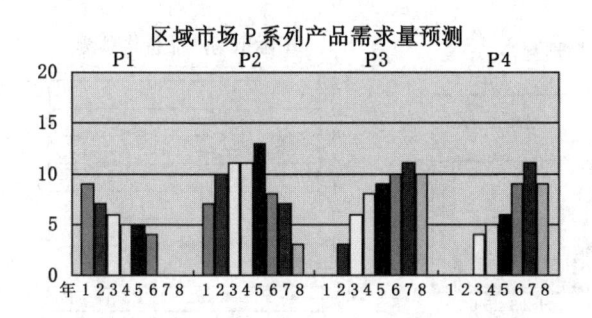

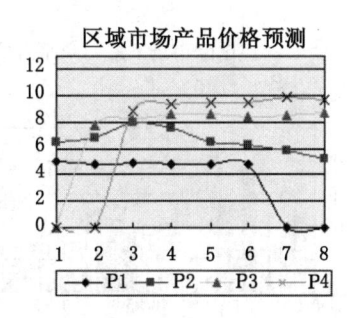

区域市场的客户相对稳定，对 P 系列产品需求的变化很有可能比较平稳。因紧邻本地市场，所以产品需求量的走势可能与本地市场相似，价格趋势也应大致一样。该市场容量有限，对高端产品的需求也可能相对较小，但客户会对产品的 ISO 9000 和 ISO 14000 认证有较高的要求。

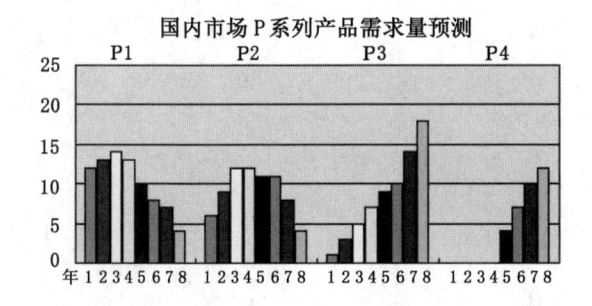

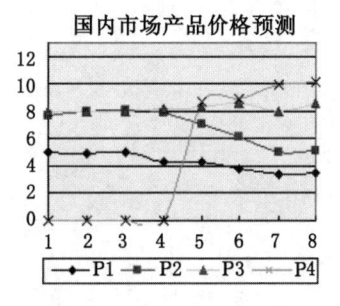

因 P1 产品带有较浓的地域色彩，估计国内市场对 P1 产品不会有持久的需求。但 P2 产品因更适合于国内市场，估计需求一直比较平稳。随着对 P 系列产品的逐渐认同，估计对 P3 产品的需求会发展较快。但对 P4 产品的的需求就不一定像 P3 产品那样旺盛了。当然，对高价值的产品来说，客户一定会更注重产品的质量认证。

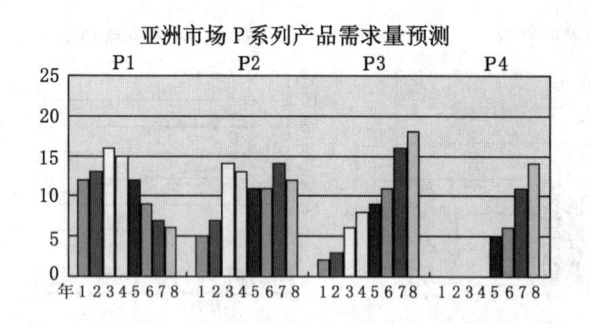

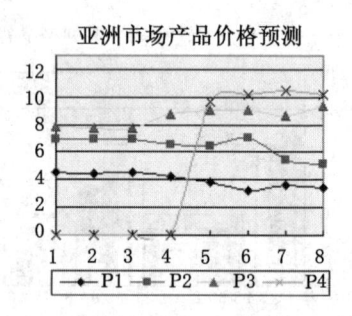

亚洲市场一向波动较大，所以对 P1 产品的需求可能起伏较大，估计对 P2 产品的需求走势与 P1 相似。但该市场对新产品很敏感，因此估计对 P3、P4 产品的需求量会发展较快，价格也可能不菲。另外，这个市场的消费者很看重产品的质量，所以没有 ISO 9000 和 ISO 14000 认证的产品可能很难销售。

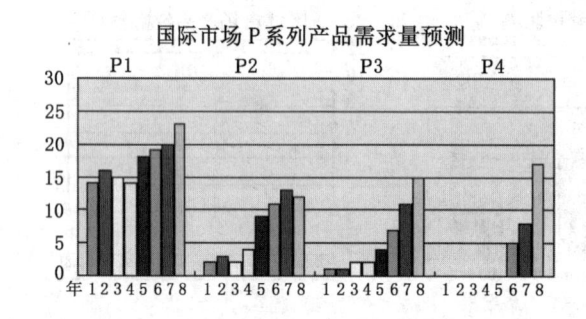

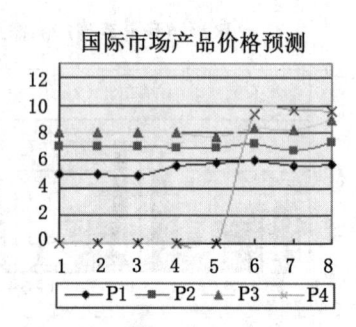

P 系列产品进入国际市场可能需要一个较长的时期。有迹象表明，对 P1 产品已经有所认同，但还需要一段时间才能被市场接受。同样，对 P2、P3 和 P4 产品也会很谨慎地接受，需求发展较慢。当然，国际市场的客户也会关注具有 ISO 认证的产品。

7 组

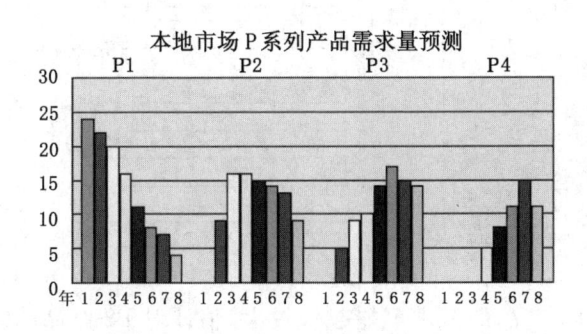

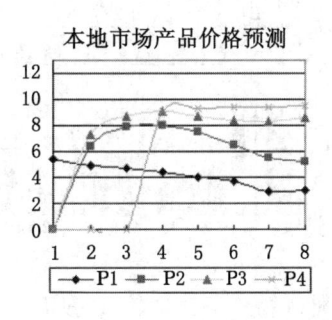

本地市场将会持续发展,对低端产品的需求可能要下滑,伴随着需求的减少,低端产品的价格很有可能走低。后几年,随着高端产品的成熟,市场对 P3、P4 产品的需求将会逐渐增大。由于客户的质量意识不断提高,后几年可能对产品的 ISO 9000 和 ISO 14000 认证有更多的需求。

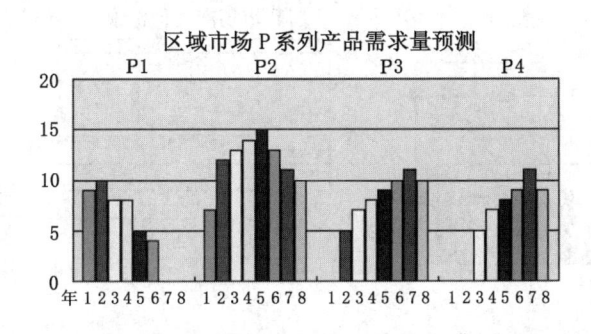

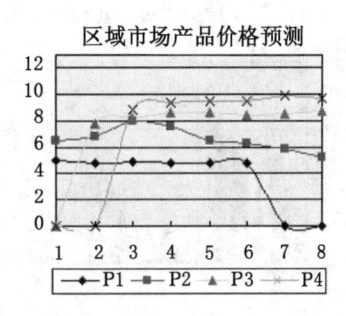

区域市场的客户相对稳定,对 P 系列产品需求的变化很有可能比较平稳。因紧邻本地市场,所以产品需求量的走势可能与本地市场相似,价格趋势也应大致一样。该市场容量有限,对高端产品的需求也可能相对较小,但客户会对产品的 ISO 9000 和 ISO 14000 认证有较高的要求。

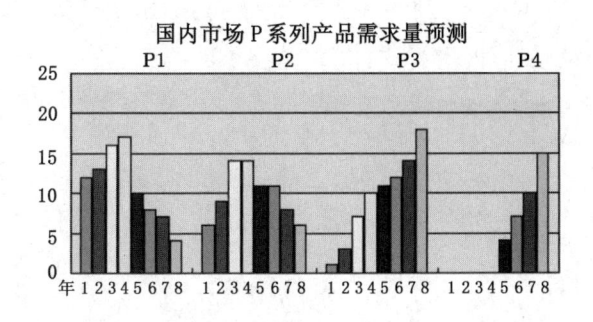

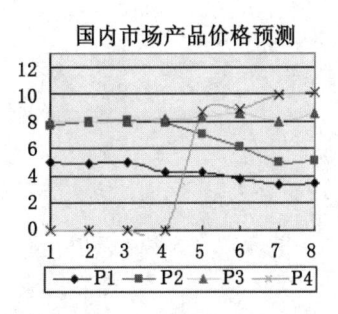

因 P1 产品带有较浓的地域色彩,估计国内市场对 P1 产品不会有持久的需求。但 P2 产品因更适合于国内市场,估计需求一直比较平稳。随着对 P 系列产品的逐渐认同,估计对 P3 产品的需求会发展较快。但对 P4 产品的需求就不一定像 P3 产品那样旺盛了。当然,对高价值的产品来说,客户一定会更注重产品的质量认证。

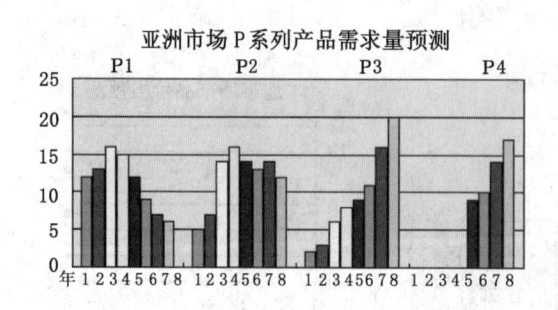

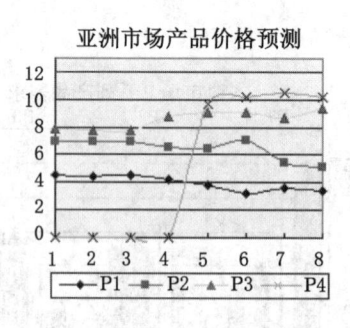

亚洲市场一向波动较大，所以对 P1 产品的需求可能起伏较大，估计对 P2 产品的需求走势与 P1 相似。但该市场对新产品很敏感，因此估计对 P3、P4 产品的需求量会发展较快，价格也可能不菲。另外，这个市场的消费者很看重产品的质量，所以没有 ISO 9000 和 ISO 14000 认证的产品可能很难销售。

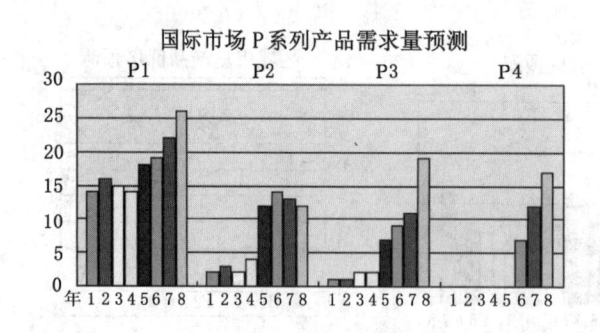

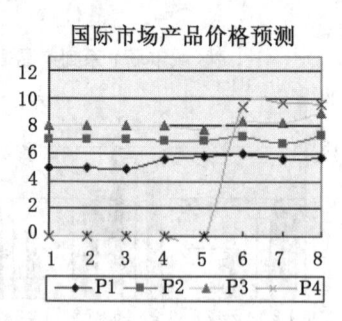

P 系列产品进入国际市场可能需要一个较长的时期。有迹象表明，对 P1 产品已经有所认同，但还需要一段时间才能被市场接受。同样，对 P2、P3 和 P4 产品也会很谨慎地接受，需求发展较慢。当然，国际市场的客户也会关注具有 ISO 认证的产品。

8 组

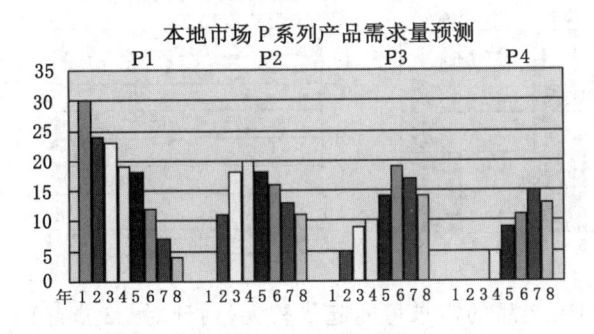

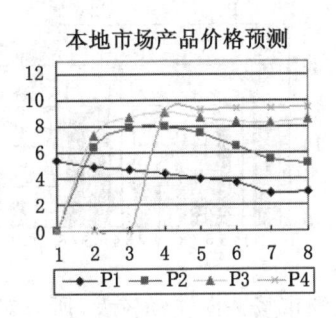

本地市场将会持续发展,对低端产品的需求可能要下滑,伴随着需求的减少,低端产品的价格很有可能走低。后几年,随着高端产品的成熟,市场对 P3、P4 产品的需求将会逐渐增大。由于客户的质量意识不断提高,后几年可能对产品的 ISO 9000 和 ISO 14000 认证有更多的需求。

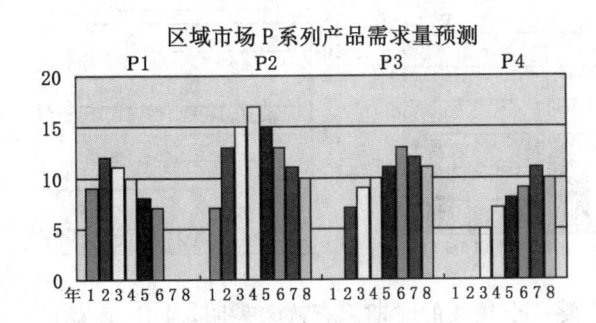

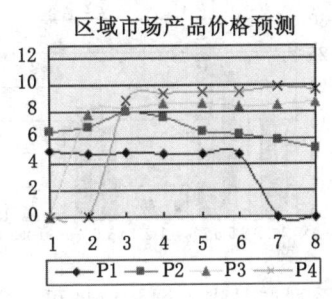

区域市场的客户相对稳定,对 P 系列产品需求的变化很有可能比较平稳。因紧邻本地市场,所以产品需求量的走势可能与本地市场相似,价格趋势也应大致一样。该市场容量有限,对高端产品的需求也可能相对较小,但客户会对产品的 ISO 9000 和 ISO 14000 认证有较高的要求。

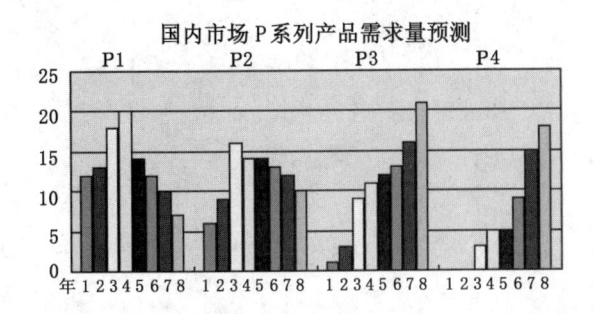

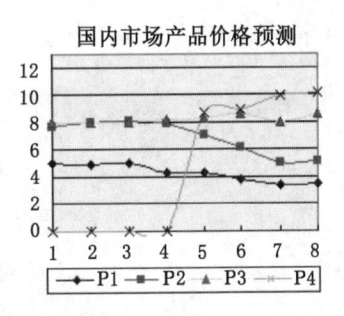

因 P1 产品带有较浓的地域色彩,估计国内市场对 P1 产品不会有持久的需求。但 P2 产品因更适合于国内市场,估计需求一直比较平稳。随着对 P 系列产品的逐渐认同,估计对 P3 产品的需求会发展较快。但对 P4 产品的的需求就不一定像 P3 产品那样旺盛了。当然,对高价值的产品来说,客户一定会更注重产品的质量认证。

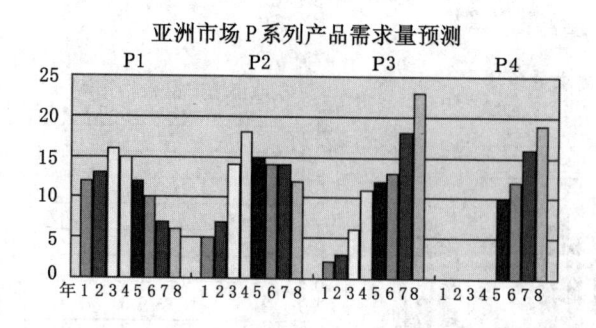

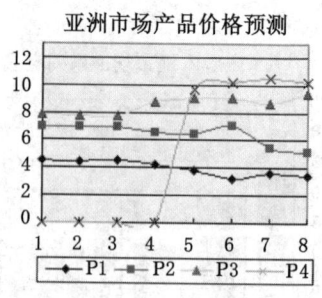

亚洲市场一向波动较大，所以对 P1 产品的需求可能起伏较大，估计对 P2 产品的需求走势与 P1 相似。但该市场对新产品很敏感，因此估计对 P3、P4 产品的需求量会发展较快，价格也可能不菲。另外，这个市场的消费者很看重产品的质量，所以没有 ISO 9000 和 ISO 14000 认证的产品可能很难销售。

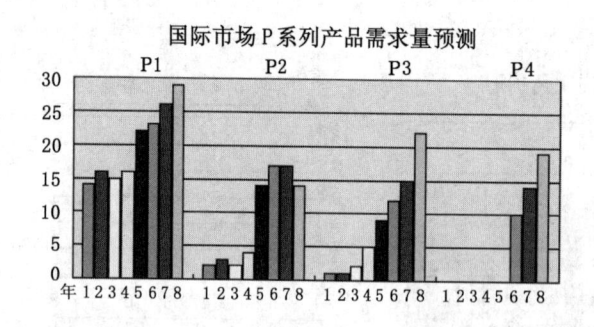

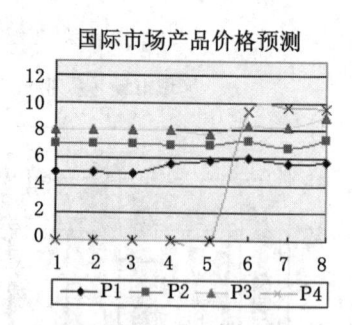

P 系列产品进入国际市场可能需要一个较长的时期。有迹象表明，对 P1 产品已经有所认同，但还需要一段时间才能被市场接受。同样，对 P2、P3 和 P4 产品也会很谨慎地接受，需求发展较慢。当然，国际市场的客户也会关注具有 ISO 认证的产品。

9 组

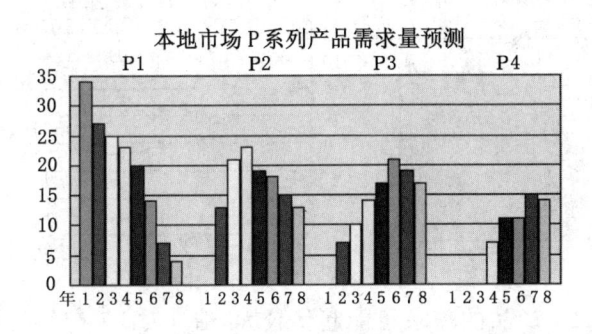

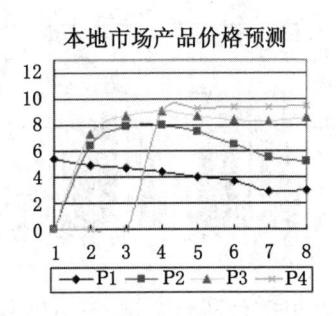

本地市场将会持续发展,对低端产品的需求可能要下滑,伴随着需求的减少,低端产品的价格很有可能走低。后几年,随着高端产品的成熟,市场对 P3、P4 产品的需求将会逐渐增大。由于客户的质量意识不断提高,后几年可能对产品的 ISO 9000 和 ISO 14000 认证有更多的需求。

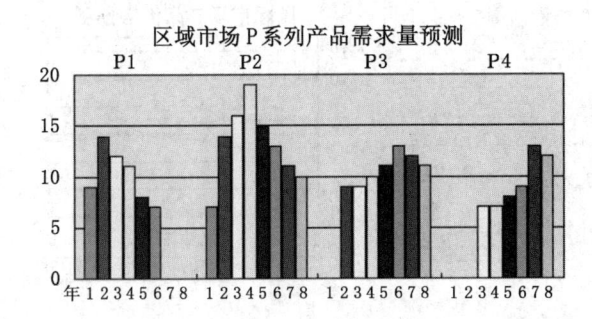

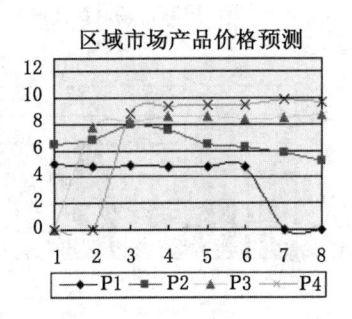

区域市场的客户相对稳定,对 P 系列产品需求的变化很有可能比较平稳。因紧邻本地市场,所以产品需求量的走势可能与本地市场相似,价格趋势也应大致一样。该市场容量有限,对高端产品的需求也可能相对较小,但客户会对产品的 ISO 9000 和 ISO 14000 认证有较高的要求。

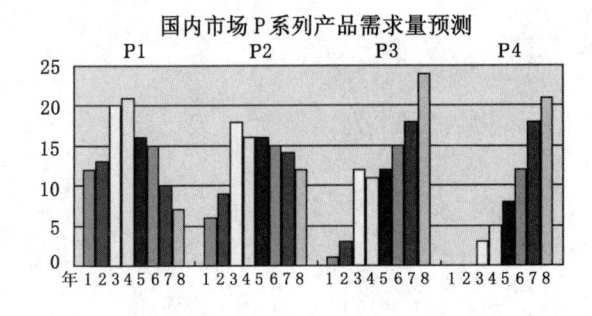

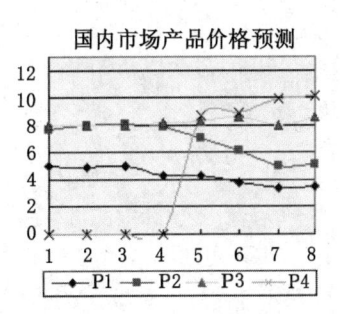

因 P1 产品带有较浓的地域色彩,估计国内市场对 P1 产品不会有持久的需求。但 P2 产品因更适合于国内市场,估计需求一直比较平稳。随着对 P 系列产品的逐渐认同,估计对 P3 产品的需求会发展较快。但对 P4 产品的的需求就不一定像 P3 产品那样旺盛了。当然,对高价值的产品来说,客户一定会更注重产品的质量认证。

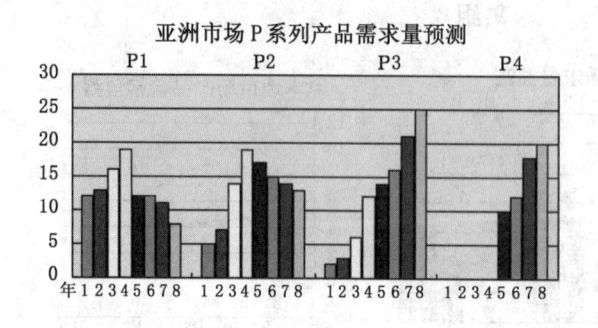

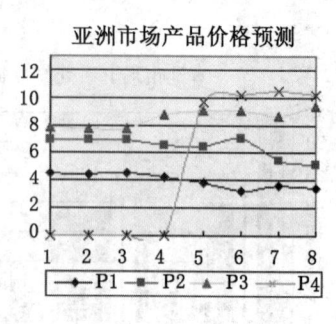

亚洲市场一向波动较大，所以对 P1 产品的需求可能起伏较大，估计对 P2 产品的需求走势与 P1 相似。但该市场对新产品很敏感，因此估计对 P3、P4 产品的需求量会发展较快，价格也可能不菲。另外，这个市场的消费者很看重产品的质量，所以没有 ISO 9000 和 ISO 14000 认证的产品可能很难销售。

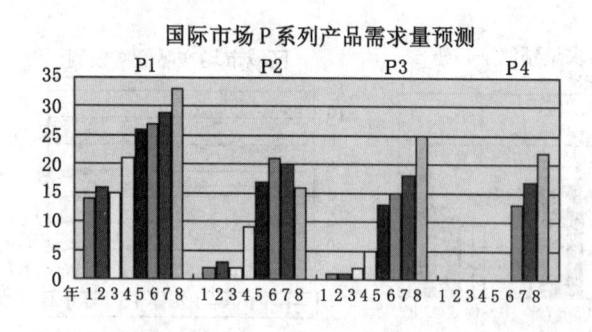

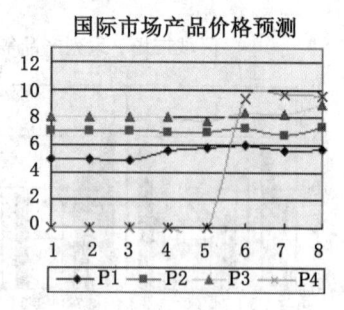

P 系列产品进入国际市场可能需要一个较长的时期。有迹象表明，对 P1 产品已经有所认同，但还需要一段时间才能被市场接受。同样，对 P2、P3 和 P4 产品也会很谨慎地接受，需求发展较慢。当然，国际市场的客户也会关注具有 ISO 认证的产品。

10 组

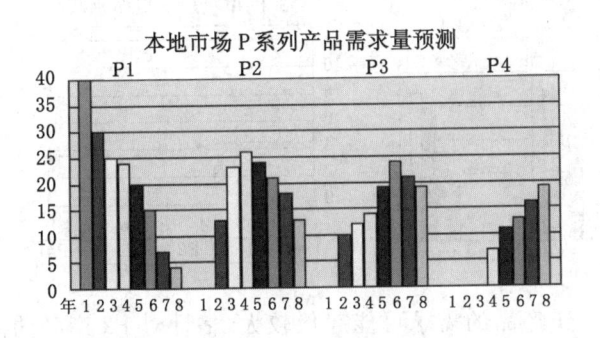

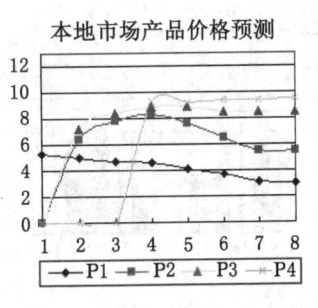

本地市场 P 系列产品需求量预测 / **本地市场产品价格预测**

本地市场将会持续发展,对低端产品的需求可能要下滑,伴随着需求的减少,低端产品的价格很有可能走低。后几年,随着高端产品的成熟,市场对 P3、P4 产品的需求将会逐渐增大。由于客户的质量意识不断提高,后几年可能对产品的 ISO 9000 和 ISO 14000 认证有更多的需求。

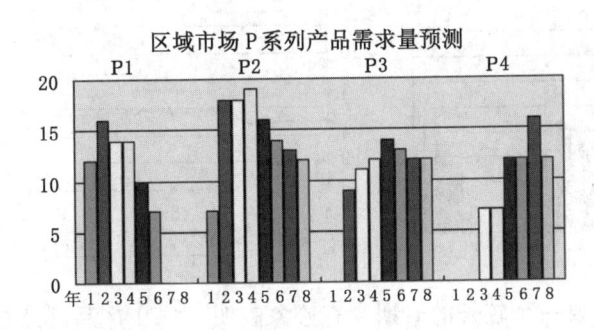

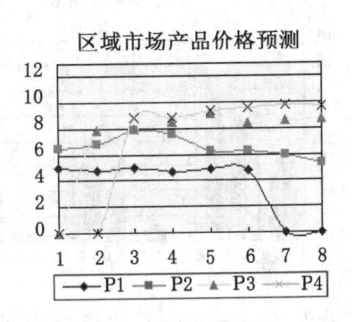

区域市场 P 系列产品需求量预测 / **区域市场产品价格预测**

区域市场的客户相对稳定,对 P 系列产品需求的变化很有可能比较平稳。因紧邻本地市场,所以产品需求量的走势可能与本地市场相似,价格趋势也应大致一样。该市场容量有限,对高端产品的需求也可能相对较小,但客户会对产品的 ISO 9000 和 ISO 14000 认证有较高的要求。

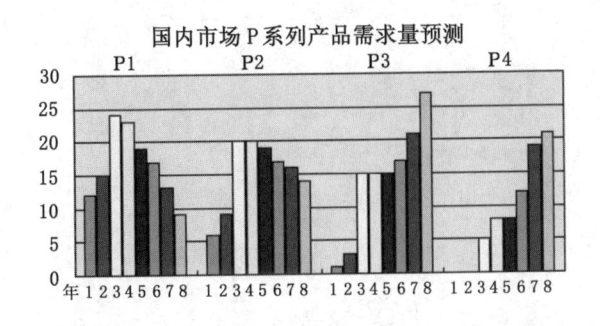

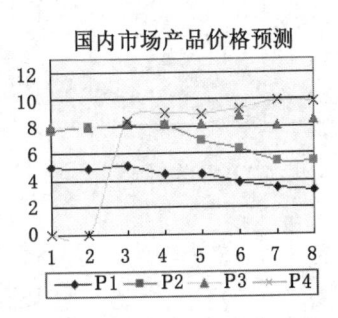

国内市场 P 系列产品需求量预测 / **国内市场产品价格预测**

因 P1 产品带有较浓的地域色彩,估计国内市场对 P1 产品不会有持久的需求。但 P2 产品因更适合于国内市场,估计需求一直比较平稳。随着对 P 系列产品的逐渐认同,估计对 P3 产品的需求会发展较快。但对 P4 产品的的需求就不一定像 P3 产品那样旺盛了。当然,对高价值的产品来说,客户一定会更注重产品的质量认证。

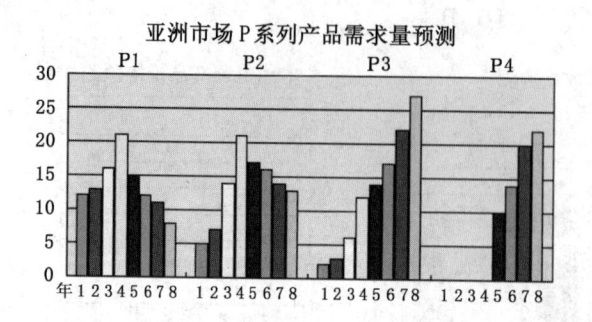

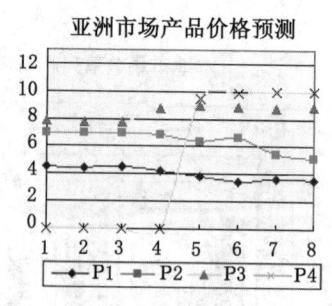

亚洲市场一向波动较大，所以对 P1 产品的需求可能起伏较大，估计对 P2 产品的需求走势与 P1 相似。但该市场对新产品很敏感，因此估计对 P3、P4 产品的需求量会发展较快，价格也可能不菲。另外，这个市场的消费者很看重产品的质量，所以没有 ISO 9000 和 ISO 14000 认证的产品可能很难销售。

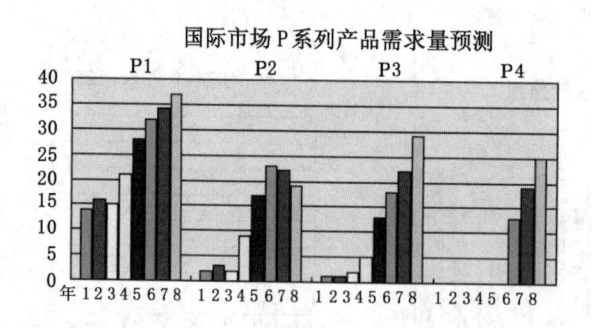

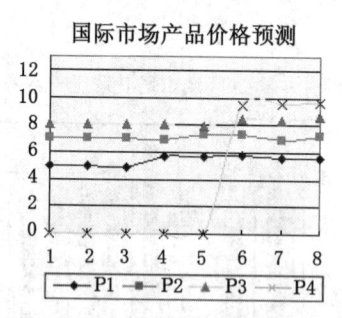

P 系列产品进入国际市场可能需要一个较长的时期。有迹象表明，对 P1 产品已经有所认同，但还需要一段时间才能被市场接受。同样，对 P2、P3 和 P4 产品也会很谨慎地接受，需求发展较慢。当然，国际市场的客户也会关注具有 ISO 认证的产品。

11 组

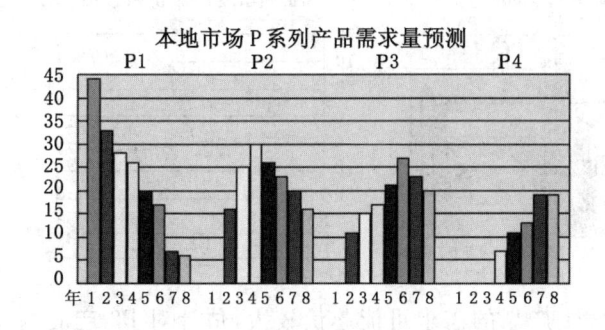

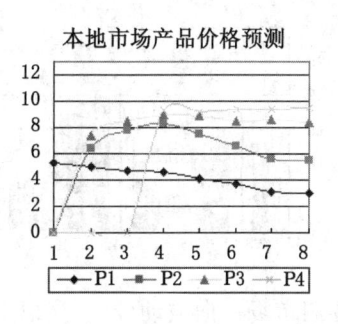

本地市场将会持续发展，对低端产品的需求可能要下滑，伴随着需求的减少，低端产品的价格很有可能走低。后几年，随着高端产品的成熟，市场对 P3、P4 产品的需求将会逐渐增大。由于客户的质量意识不断提高，后几年可能对产品的 ISO 9000 和 ISO 14000 认证有更多的需求。

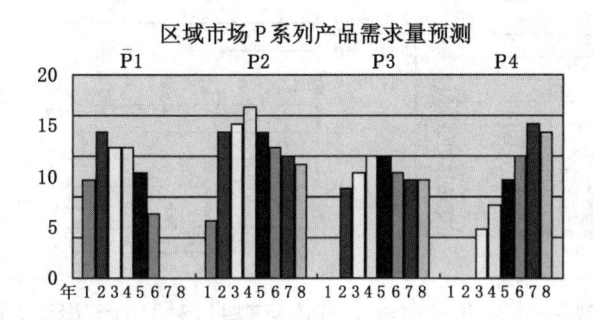

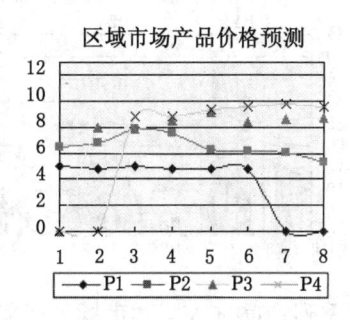

区域市场的客户相对稳定，对 P 系列产品需求的变化很有可能比较平稳。因紧邻本地市场，所以产品需求量的走势可能与本地市场相似，价格趋势也应大致一样。该市场容量有限，对高端产品的需求也可能相对较小，但客户会对产品的 ISO 9000 和 ISO 14000 认证有较高的要求。

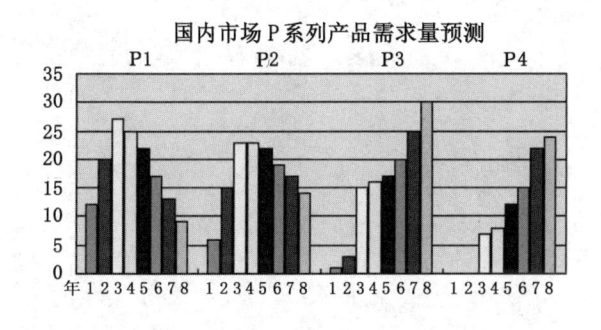

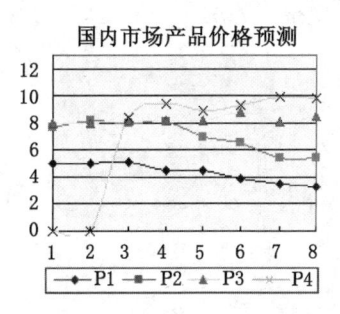

因 P1 产品带有较浓的地域色彩，估计国内市场对 P1 产品不会有持久的需求。但 P2 产品因更适合于国内市场，估计需求一直比较平稳。随着对 P 系列产品的逐渐认同，估计对 P3 产品的需求会发展较快。但对 P4 产品的的需求就不一定像 P3 产品那样旺盛了。当然，对高价值的产品来说，客户一定会更注重产品的质量认证。

亚洲市场P系列产品需求量预测

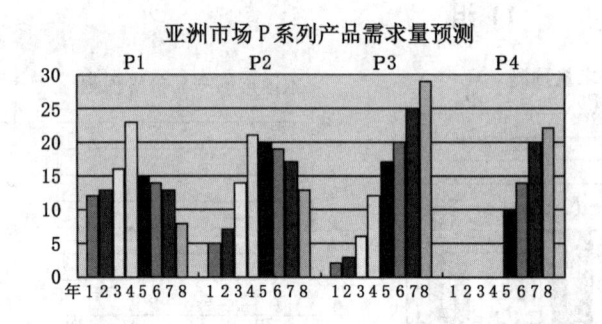

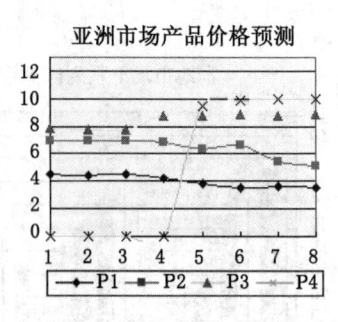

亚洲市场产品价格预测

亚洲市场一向波动较大，所以对P1产品的需求可能起伏较大，估计对P2产品的需求走势与P1相似。但该市场对新产品很敏感，因此估计对P3、P4产品的需求量会发展较快，价格也可能不菲。另外，这个市场的消费者很看重产品的质量，所以没有ISO 9000和ISO 14000认证的产品可能很难销售。

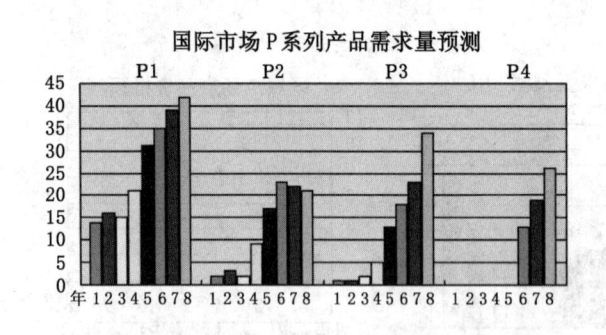

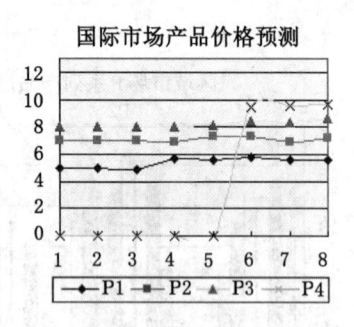

国际市场P系列产品需求量预测

国际市场产品价格预测

P系列产品进入国际市场可能需要一个较长的时期。有迹象表明，对P1产品已经有所认同，但还需要一段时间才能被市场接受。同样，对P2、P3和P4产品也会很谨慎地接受，需求发展较慢。当然，国际市场的客户也会关注具有ISO认证的产品。

12 组

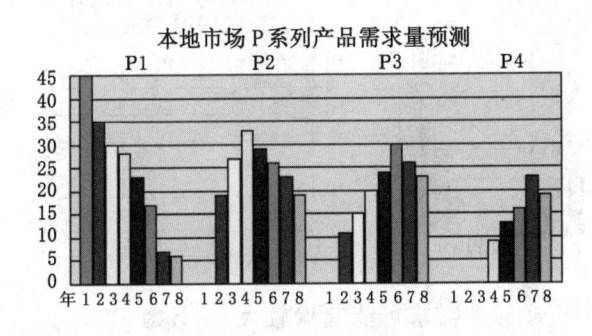

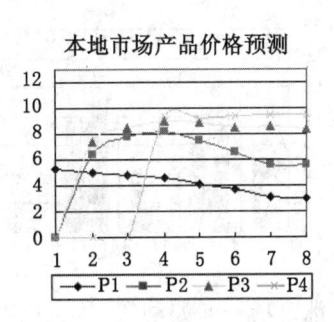

本地市场 P 系列产品需求量预测

本地市场产品价格预测

本地市场将会持续发展,对低端产品的需求可能要下滑,伴随着需求的减少,低端产品的价格很有可能走低。后几年,随着高端产品的成熟,市场对 P3、P4 产品的需求将会逐渐增大。由于客户的质量意识不断提高,后几年可能对产品的 ISO 9000 和 ISO 14000 认证有更多的需求。

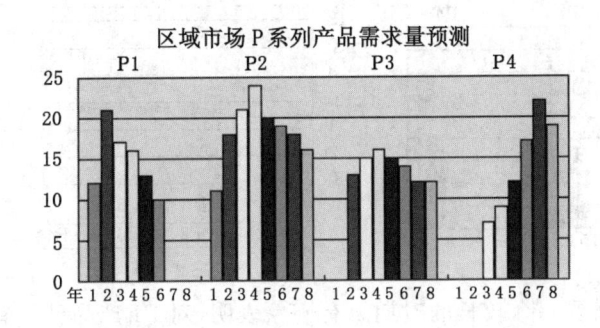

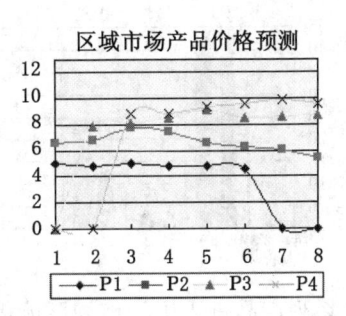

区域市场 P 系列产品需求量预测

区域市场产品价格预测

区域市场的客户相对稳定,对 P 系列产品需求的变化很有可能比较平稳。因紧邻本地市场,所以产品需求量的走势可能与本地市场相似,价格趋势也应大致一样。该市场容量有限,对高端产品的需求也可能相对较小,但客户会对产品的 ISO 9000 和 ISO 14000 认证有较高的要求。

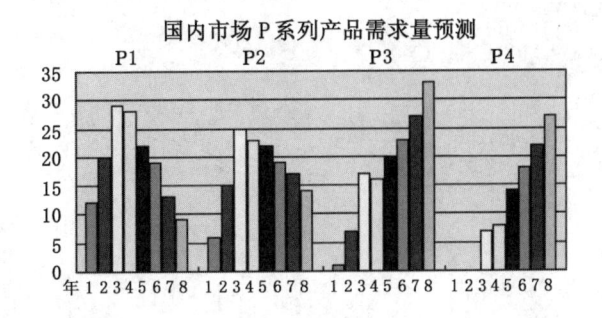

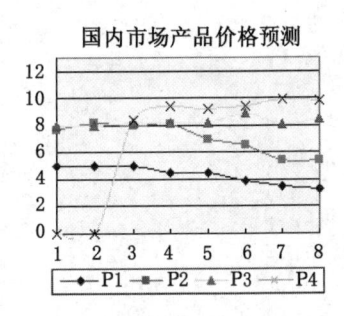

国内市场 P 系列产品需求量预测

国内市场产品价格预测

因 P1 产品带有较浓的地域色彩,估计国内市场对 P1 产品不会有持久的需求。但 P2 产品因更适合于国内市场,估计需求一直比较平稳。随着对 P 系列产品的逐渐认同,估计对 P3 产品的需求会发展较快。但对 P4 产品的的需求就不一定像 P3 产品那样旺盛了。当然,对高价值的产品来说,客户一定会更注重产品的质量认证。

亚洲市场P系列产品需求量预测

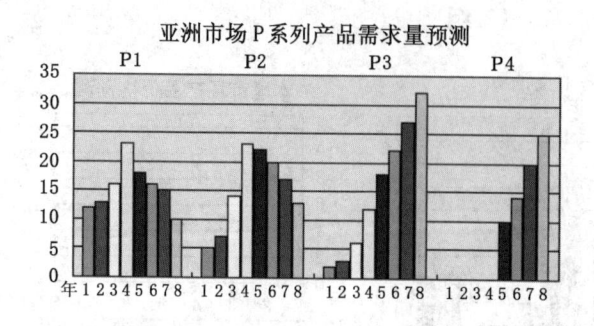

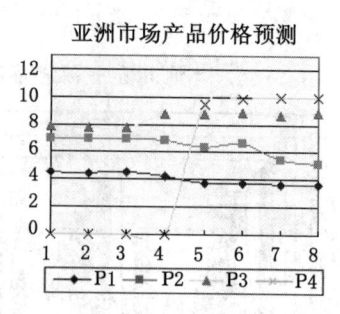

亚洲市场产品价格预测

亚洲市场一向波动较大,所以对P1产品的需求可能起伏较大,估计对P2产品的需求走势与P1相似。但该市场对新产品很敏感,因此估计对P3、P4产品的需求量会发展较快,价格也可能不菲。另外,这个市场的消费者很看重产品的质量,所以没有ISO 9000和ISO 14000认证的产品可能很难销售。

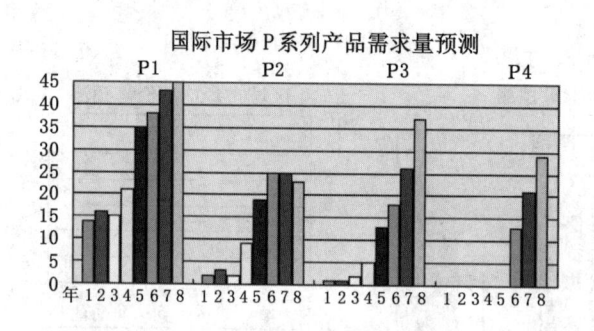

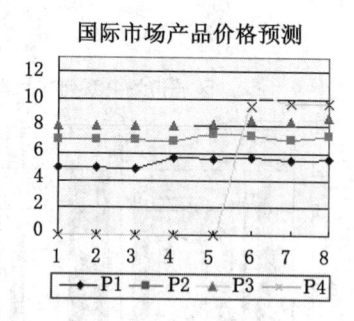

国际市场P系列产品需求量预测

国际市场产品价格预测

P系列产品进入国际市场可能需要一个较长的时期。有迹象表明,对P1产品已经有所认同,但还需要一段时间才能被市场接受。同样,对P2、P3和P4产品也会很谨慎地接受,需求发展较慢。当然,国际市场的客户也会关注具有ISO认证的产品。

附录 I ERP 沙盘模拟经营规则速查表

一、融资

贷款类型	贷款时间	贷款额度	年息	还款方式
长期贷款	每年年初	所有长短贷和不超过上年权益3倍	10%	年初付息,到期还本,10倍数
短期贷款	每季度初		5%	到期一次还本付息,20倍数
资金贴现	任何时间	不超过应收款总额	1/8(3季,4季),1/10(1季,2季)	变现时贴息
库存拍卖	任何时间	原材料八折(向下取整),成品原价		
厂房出售	可将拥有的厂房出售,获得相应的应收账款;也可以将厂房贴现,得到现金			

(1) 长期贷款期限为 1~5 年,短期贷款期限为 4 个季度(一年)。

(2) 长期贷款借入当年不付利息,第二年年初开始,每年按年利率支付利息,到期还本时,支付最后一年利息。

(3) 长期贷款、短期贷款均不可提前还款。

(4) 短期贷款到期时,一次性还本付息。

二、厂房投资

厂房	买价	租金	售价	容量
大厂房	40M	5M/年	40M	6条
小厂房	30M	3M/年	30M	4条

(1) 厂房可随时按购买价值出售,得到的是 4 个账期的应收账款。如将大厂房贴现后,得到 4 账期 40 M 应收账款,按照 4 个季度贴现率 12.5% 计算,再扣除大厂房租金 5 M/年,从而得到净现金 30 M。

(2) 厂房在模拟经营中不提折旧。

三、生产线

生产线	购买价格	安装周期	生产周期	转产周期	转产费用	维修费	残值
手工线	5M	无	3Q	无	0	1M/年	2M
半自动线	10M	2Q	2Q	1Q	1M	1M/年	2M
全自动线	15M	3Q	1Q	1Q	2M	1M/年	3M
柔性线	20M	4Q	1Q	无	0	1M/年	4M

(1) 不论何时出售生产线,从生产线净值中取出相当于残值的部分记入现金,净值与残值之差计入损失。

(2) 只有空闲的生产线方可转产。

（3）已建成的生产线都要交维修费。

四、产品研发

产品	开发费	开发周期	加工费	直接成本	产品组成
P1	1/季×2＝2	2	1	2	R_1
P2	1/季×4＝4	4	1	3	R_2+R_3
P3	1/季×6＝6	6	1	4	$R_1+R_2+R_3$
P4	2/季×6＝12	6	1	5	$R_2+R_3+2R_4$

五、ISO 资格认证

ISO 类型	每年研发费用	年限	全部研发费用
ISO 9000	1M/年	2 年	2M
ISO 14000	2M/年	2 年	4M

六、市场开拓

市场	每年开拓费	开拓年限	全部开拓费用
本地	1M/年	1 年	1M
区域	1M/年	1 年	1M
国内	1M/年	2 年	2M
亚洲	1M/年	3 年	3M
国际	1M/年	4 年	4M

七、物流组织（原料）

名 称	购买价格	提前期
R1	1M/个	1 季
R2	1M/个	1 季
R3	1M/个	2 季
R4	1M/个	2 季

八、市场选单

无论是主动放弃还是因超时系统强制放弃，都将视为退出本市场本产品的选单，即在本回合中不得再选订单。放弃一个产品的选单，不影响本市场其他产品的选单权利。

九、按订单交货和更新应收款

订单必须在规定季或提前交货，应收账期从交货季开始算起。应收款收回时，系统需要各队填写收回金额。

十、取整规则和重要参数

违约金扣除——四舍五入	违约金比例——20%
扣税——四舍五入	所得税税率——25%
贷款利息——四舍五入	

参考文献

[1] 何晓岚."创业者"企业模拟经营系统特点及在教学中的应用[J].高等工程教育研究,2010(S1):225-227.
[2] 胡凯.企业经营沙盘模拟实验教学研究[J].实验技术与管理,2012,29(3):134-137.
[3] 金雷,沈庆林.ERP原理与实施[M].北京:清华大学出版社,2017.
[4] 曲立,陈元凤,金春华,等.企业经营模拟教学方案设计与实施[J].实验室研究与探索,2012(9):190-191,198.
[5] 王其文.决策模拟[M].北京:北京大学出版社,2012.
[6] 谢筠,周菁.用友ERP沙盘模拟系统缺陷及对策[J].财会月刊,2013(5下):120-121.